高等学校教材

大学生军事技能训练

主　编　班　凯　杨继钢
副主编　杨　萌　王照峰
主　审　张永天

西北工业大学出版社

西安

【内容简介】 本书根据《普通高等学校军事课教学大纲》编写,共分 8 章,内容包括大学生军训工作概述、解放军共同条令教育与训练、轻武器射击、军事地形学、战术基础动作、核生化防护与安全防护训练、综合训练以及防卫技能与战场医疗救护等。

本书可作为普通高等学校军事课教材,也可供军训干部、军事教官阅读参考。

图书在版编目(CIP)数据

大学生军事技能训练/班凯,杨继钢主编. —西安:西北工业大学出版社,2018.8(2022.7 重印)
ISBN 978-7-5612-6193-4

Ⅰ.①大… Ⅱ.①班… ②杨… Ⅲ.①军事训练—高等学校—教材 Ⅳ.①G641.8

中国版本图书馆 CIP 数据核字(2018)第 183848 号

DAXUESHENG JUNSHI JINENG XUNLIAN
大 学 生 军 事 技 能 训 练

责任编辑:蒋民昌		**策划编辑**:蒋民昌	
责任校对:高永斌		**装帧设计**:董晓伟	

出版发行:西北工业大学出版社
通信地址:西安市友谊西路 127 号　　邮编:710072
电　　话:(029)88491757,88493844
网　　址:www.nwpup.com
印 刷 者:兴平市博闻印务有限公司
开　　本:710 mm×1 000 mm　　1/16
印　　张:22.375
字　　数:413 千字
版　　次:2018 年 8 月第 1 版　　2022 年 7 月第 5 次印刷
定　　价:49.00 元

如有印装问题请与出版社联系调换

前　言

大学生军事技能训练是适应党和国家人才培养战略，加强国防后备力量建设的一项重要战略举措。三十多年来，学生军事技能训练工作取得的丰硕成果已经充分证明：军事技能训练已成为高等学校全面推进素质教育，实现人才培养，优化育人环境不可替代的重要环节。同时，它也成为适合青年学生特点，最受大学生欢迎，教育效果较好的形式之一。军事课作为本科生的一门必修课，已纳入高等学校课程建设体系，成为学校一种常态教学行为。据此，尽快编写一本适应新形势、新任务和新时代要求的《大学生军事技能训练》教材势在必行。

本教材在编写过程中注重学习贯彻党的十九大精神，尤其是全面贯彻习近平强军思想，坚持党对人民军队的绝对领导，全面深入贯彻军委主席负责制，贯彻新形势下军事战略方针，坚持"五个更加注重"战略指导，适应军委管总、战区主战、军种主建新格局，把全面从严治军要求体现在条令的各个方面，增强了时代性、科学性、精准性和操作性，是新时代军队正规化建设的基本法规和全体军人共同遵守的行为准则。根据教育部中央军委国防动员部关于印发《普通高等学校军事课教学大纲》的通知（教体艺〔2019〕1号）的规定要求，结合多年来组织实施学生军事技能训练工作实践经验，围绕立德树人根本任务和强军目标根本要求，以提升学生国防意识和军事素养为重点，通过教育训练使学生了解掌握军事基础知识、基本军事技能和个人防护技能，增强国防观念、安全意识和忧患意识，弘扬爱国主义精神、提高学生综合国防素质。特编写《大学生军事技能训练》一书。

本教材在结构内容上具有以下突出、鲜明的特点：

（1）原则上严格按照《普通高等学校军事课教学大纲》规定的教育训练内容编写。

（2）本教材编写中，采用了西北工业大学自1986年开展学生军事技能训练工作以来，在实践中总结的一套具有本校传统特色的组织实施、物资器材管理发放、后勤服务保障等完善、规范的军训各项管理规章制度。

（3）为了适应时代要求，我们还十分注重针对学校专业和学生特点，加大了大学生应具备和掌握的一些实用性军事知识技能教育训练内容。如：战场医疗救护、核生化防护、擒拿格斗、民兵战备工作规定、行军、宿营、野外生存和防灾逃生等。

（4）从训练实际出发，增加了军事技能实际操作中常犯的一些毛病、纠正方法及训练要点提示等。

（5）教材内容丰富新颖、资料完整翔实，具有较强的适应性、实用性和可操作性。

本教材编写过程中，引用和参阅了有关学校军事课教材及学术刊物和网络上发表过的有关文献资料，在此对相关作者表示衷心感谢！

由于笔者水平有限，书中不足疏漏之处在所难免，恳请读者批评指正。

编　者

2021 年 3 月

目　录

第一章　大学生军训工作概述 ··· 1
第一节　大学生军训的指导思想、目的和工作机构 ··················· 1
第二节　大学生军训的阶段、时间、形式和内容 ······················· 2
第三节　军事课教师与军训工作保障 ······································ 4
第四节　军事课课程简介与军训工作的基本要求 ······················· 6
思考题一 ·· 9

第二章　解放军共同条令教育与训练 ·· 10
第一节　解放军共同条令概述 ·· 10
第二节　队列条令 ·· 18
第三节　单个军人的队列动作 ·· 26
第四节　班、排队列队形和队列动作 ······································ 55
第五节　阅兵 ·· 60
第六节　队列与阅兵训练方法提示 ·· 67
思考题二 ·· 71

第三章　轻武器射击 ·· 73
第一节　轻武器常识 ·· 73
第二节　简易射击原理 ·· 94
第三节　武器操作动作 ·· 103
第四节　实弹射击训练及考核方案 ·· 110
思考题三 ·· 114

第四章　军事地形学 ·· 115
第一节　地形对军事行动的影响 ··· 115
第二节　地形图基本知识 ·· 130
第三节　现地使用地图 ·· 144
思考题四 ·· 155

第五章　战术基础动作 156
第一节　持枪 156
第二节　卧倒、起立 164
第三节　前进 167
思考题五 173

第六章　核生化防护与安全防护训练 174
第一节　防护基本知识 174
第二节　个人防护装备使用 177
第三节　对常规武器的防护 186
第四节　对核生化武器的防护 189
第五节　防火逃生 197
第六节　抗震逃生 202
思考题六 222

第七章　综合训练 223
第一节　《中国人民解放军内务条令》（试行）日常战备 223
第二节　民兵战备工作规定 225
第三节　行军 232
第四节　宿营 237
第五节　野外生存 240
思考题七 249

第八章　防卫技能与战场医疗救护 251
第一节　防卫技能基本常识 251
第二节　军体拳 296
第三节　刺杀操 306
第四节　匕首操 313
第五节　战场医疗救护 317
思考题八 346

附录　西北工业大学学生军训安全工作及应急预案 347

参考文献 351

第一章 大学生军训工作概述

第一节 大学生军训的指导思想、目的和工作机构

一、大学生军训的指导思想和目的

大学生军训工作的指导思想：全面贯彻党的十九大和十九届历次全会精神，深入贯彻习近平总书记系列重要讲话精神和新时代治国理政新理念、新思想、新战略，认真落实党中央、国务院、中央军委决策部署，严格执行《中华人民共和国兵役法》《中华人民共和国教育法》，全面贯彻党的教育方针、新形势下军事战略方针和总体国家安全观，围绕立德树人根本任务和强军目标根本要求，着眼培育和践行社会主义核心价值观，以促进青年健康成长和全面发展为目标，以提升学生国防意识和军事素养为重点。着力创新制度机制，着力增强基础保障，着力加强质量监测，全面提高学生军训质量效益，充分发挥学生军训综合育人功能，为国家人才培养战略实施和国防后备力量建设作出重要贡献。

大学生军训工作的目的：通过组织学生军训，提高学生的思想政治觉悟，激发爱国热情，增强国防观念和国家安全意识；强化爱国主义和集体主义观念，培养组织纪律观念和艰苦奋斗、吃苦耐劳的作风，促进综合素质的提高；使学生掌握基本军事理论与军事技能，为中国人民解放军储备合格后备兵源和培养预备军官打下坚实基础。

二、学生军训的工作机构

根据《国务院办公厅、中央军委办公厅转发〈教育部、总参谋部、总政治部关于在普通高等学校和高级中学开展学生军事训练工作意见〉的通知》精神，对学生军训的工作机构做了下述规定。

（1）全国学生军训工作在国务院、中央军委领导下，由教育部、中央军委国防动员部负责。各省（自治区、直辖市）教育行政部门要配备学生军训工作人员，组织承办学生军训工作。

（2）省军区战备建设局按照职能分工负责组织承办学生军训日常工作。

（3）编配派遣军官的省军区和军队院校分别成立学生军训教研室，主要担负本区域内重点普通高等学校部分军事理论课的教学任务，协助普通高等学校对专职军事教师进行培训。学生军训教研室接受学生军训工作办公室的工作指导。

（4）普通高等学校要确定机构负责学生军训工作的管理。设有人武部的普通高等学校，学生军训工作、枪支管理和其他兵役、动员等工作，由人武部负责。

第二节　大学生军训的阶段、时间、形式和内容

一、大学生军训的阶段

依照教育部、中央军委国防动员部新修订的《普通高等学校军事课教学大纲》规定，学生军训分两个阶段组织实施：一是集中军事技能课训练，一般安排在第一、二学期内完成；二是军事理论课教育阶段，一般分散安排在一、二年级内完成。

二、大学生军训的时间

依据大纲规定，结合学校教学实际工作安排，集中军事技能课训练时间为2～3周（2学分），军事理论课教学时间为36学时（2学分）。

三、大学生军训的形式

军事技能课训练主要采取在校内集中组织实施或在训练基地分批轮训的形式进行；军事理论课采取在校内以课堂教学的形式进行。

四、大学生军训的内容

集中军事技能课训练和分散军事理论课教学的课目内容，原则上应根据大纲要求，同时结合学校专业特点及教学工作安排实际情况而定。

(一) 集中军事技能课训练主要课目内容和要求

(1) 中国人民解放军共同条令、条例教育和阅兵训练。通过学习《中国人民解放军内务条令》《中国人民解放军纪律条令》《中国人民解放军队列条令》和严格的队列训练、阅兵训练,学生能够懂得军队颁布共同条令的重要意义和基本内容,掌握队列动作基本要领,增强组织纪律观念、集体主义观念,培养良好的军人举止、习惯和作风,并贯穿于日常生活之中。

(2) 轻武器射击训练。了解手枪、自动步枪等轻武器的基本战斗性能和简易射击原理,掌握射击基本动作要领和方法,完成 95 式自动步枪或冲锋枪第一练习实弹射击。

(3) 思想政治教育。主要进行解放军优良传统教育,爱国主义、集体主义教育以及时事政策教育,使学生初步了解人民解放军成长壮大的光辉历程,认识人民军队的性质、宗旨和任务,继承和发扬人民解放军的优良传统和作风,树立爱国主义、集体主义和全心全意为人民服务的思想,激发爱军尚武、献身国防的革命热情。

(4) 军事地形学。主要包括地形对作战行动的影响,地形图的基本知识和现地使用地图,使学生初步了解军事地形学的基本知识,掌握、识别和使用地图的一些主要方法和要领。军事地形学的学习可与定向运动相结合,以增强学习的趣味和效果。

(5) 综合拉练。综合拉练可结合军事技能课训练的实际情况,既可专门安排组织进行,也可结合实弹射击或参观活动安排进行。通过综合拉练,大学生能够了解行军、宿营的基本程序和方法,锻炼行军、野营的适应能力,培养艰苦奋斗和集体主义精神,磨练意志,培养严格遵守纪律的习惯,增长野营拉练的知识。

(二) 分散军事理论课教学的主要科目内容和要求

(1) 中国国防。主要包括国防概述、国防法规、国防建设、国防动员、我国武装力量等内容,使学生了解我国国防历史和国防建设的现状及发展趋势,熟悉国防法规及国防政策的主要内容,明确我军的性质、任务和军队建设的指导思想,掌握国防建设和国防动员的主要内容,增强依法建设国防的观念。

(2) 军事思想。主要包括军事思想概述、毛泽东军事思想、邓小平新时期军队建设思想、江泽民国防和军队建设思想、胡锦涛国防和军队建设重要论述、习近平关于国防和军队建设的重要论述,使学生了解军事思想的形成与发展过程,熟悉我国现代军事思想的主要内容、地位作用及科学含义,树立科学的战争观和方法论。

（3）国际战略环境。主要包括战略环境概述、国际战略格局、我国周边安全环境概况等，使学生了解国际战略格局的现状特点和发展趋势，正确认识我国的周边安全环境现状和安全策略，增强国家安全意识。

（4）军事高技术。主要包括军事高技术概述、精确制导技术、隐蔽伪装技术、侦察监视技术、电子对抗、航天技术、指挥控制技术、新概念武器等在军事上的应用以及高技术与新军事变革，使学生了解军事高技术的内涵、分类、发展趋势及对现代战争的影响，熟悉高技术在军事上的应用范围，掌握高技术与新军事变革的关系，激发学习科学技术的热情。

（5）信息化战争。主要内容包括信息化战争概述、信息化战争的特征与发展趋势、信息化战争与国防建设，使学生了解信息化战争的形成、发展趋势和国防建设的关系，熟悉信息化战争的特征，树立打赢信息化战争的信心。

第三节　军事课教师与军训工作保障

一、军事课教师的配备与队伍建设

普通高等学校按照有关规定和担负军事课任务的需要配备军事教师，这是加强军事课程建设，规范军事课教学，提高教学质量，保证军事课教学连续性的关键，对深化高校国防教育，拓宽军事教学空间，对军事教育训练工作长期健康的发展具有重要意义。

（一）高校军事课教师（军事教官）配备派遣原则

（1）高校军事课教学所需的教师，原则上采取学校聘任与部队派遣军官相结合的办法解决。

（2）军事教师所需的数量，应根据高校教师配备的有关规定和学校国防教育、军事技能课训练、军事理论课教学任务确定。一般情况下按年招收新生数量每500名学生配备1名军事课教师。

（3）高校组织学生进行集中军事技能训练期间如需要部队派学员或战士帮助训练，由学校向省（自治区、直辖市）教育行政部门和省军区提出计划，经审核后，报军区批准安排。

（4）军事教师要选配政治思想好，热爱国防教育事业，具有较高的军事专业素质和训练管理能力，身体健康，能胜任军事教学工作的人员担任，以保证军事教育的教学质量。

（二）军事教师队伍建设

（1）学校要把军事教师队伍建设纳入师资队伍建设的总体规划，按照上级有关规定，落实军事教师编制，使其结构合理、人员落实。在编配军事教师时，要参照其他教师的任职条件优先确定教师的素质要求和编配比例，使教师队伍成员不仅年龄、职称、学历、学科专业要素结构合理，而且要有较高的思想水平、学术水平与科研能力。

（2）学校应按有关规定，建立军事学科技术职务评聘体系，对专门从事军事教学工作的教师聘任教师职务，并进行专业技术职务评审，解决好教师的任职资格和职称待遇问题，稳定教师队伍。

（3）制订军事教师培训规划，采取短期培训、学习进修、观摩教学、举办教学经验交流、开展军事学术研究等方法，对军事教师进行培养，努力提高在岗教师的学历层次、职称结构、教学能力和学术水平，以适应军事理论课的需要。

（4）拓宽军事教师的选配渠道，提高教师队伍整体素质，要注意将具有较强组织指挥、训练管理能力和军事教学工作实际经验的军队转业干部充实到军事教师队伍中来，同时，适当补充一些普通高校的本科生、研究生，经过短期培训，传、帮、带或送军队院校培养后，任军事教师。

（5）建立系统、严格的军事教师管理制度，实现军事教师队伍建设的科学化、规范化。内容主要包括军事教师的任职条件，教师职称评定和聘任，建立考查淘汰制度，合理定岗、定编等。

（6）对军队派遣的军事教官，在学校开展军事课教学工作期间，由学校按本校教师的同等待遇，提供必要的工作条件和生活保障。

二、大学生军训工作的保障

《国务院办公厅、中央军委办公厅转发〈教育部、总参谋部、总政治部关于在普通高等学校和高级中学开展学生军事训练工作意见〉的通知》，对有关学生军训的保障做了下述规定。

（1）学生军训工作的经费，按照国家现行财政管理体制，中央部（委）属学校学生军训工作经费由国家财政纳入学校主管部门预算管理，实行综合定额拨款；地方所属学校学生军训工作经费，由地方人民政府根据学生军训工作的实际情况予以保障。普通高等学校要将学生军训工作经费纳入学校经费预算内予以保障。学生军训工作经费主要用于集中训练期间参训学生及派遣军官、帮训战士的伙食补助；训练器材、资料的购置；参训学生服装补助；学生在军训基地训练期间的水电费补助等。

（2）学生军训工作所需枪支、弹药由各省军区在民兵武器装备中调整解决。配发给学校的军训枪支，由各省军区进行技术处理，使其不具备实弹射击的条件。实弹射击用枪，由学校提出使用计划，省军区安排解决，用后由学校按规定进行擦拭保养并及时交回。实弹射击用弹，按学生军训大纲规定的弹药使用标准，由省军区按计划从民兵训练弹药中拨给。学生军训期间使用的枪支、弹药，要按照民兵武器装备管理的有关规定严格管理，确保安全。

（3）为解决大多数高等学校军事技能训练场地有限的问题，保证学生军训的质量和效果，高等学校学生军训应逐步向基地化训练的方向发展。

第四节　军事课课程简介与军训工作的基本要求

一、大学生军事课课程简介

（一）课程名称

军事技能训练与军事理论。

（二）英文名称

Military Training and Theory。

（三）学时数

集中军事技能训练，2～3周约120学时（根据学校教学安排实施）；

分散军事理论，36学时。

（四）课程简介

集中军事技能训练主要安排组织进行中国人民解放军条令、条例教育与训练、轻武器射击、综合训练、解放军优良传统、军事地形学等科目的教育训练。训练期间，以中国人民解放军条令、条例为依据，对参训学生实行军事化管理，建立健全相应的领导、训练和管理体系，使学生在军事生活环境中经受锻炼，掌握基本的军事知识技能，培养良好的军人素质和作风。

军事理论课教学，根据学校实际和专业课特点，主要对中国国防、军事思想、国际战略环境、军事高技术、信息化战争等知识进行详细介绍。通过教学，学生能够掌握基本的军事理论知识，增强国防观念，激发为国防现代化献身的热情。

(五) 教学大纲

1. 本课程的地位、性质和任务

本课程是按照《中华人民共和国兵役法》《中华人民共和国国防法》《中华人民共和国国防教育法》的有关规定和《中共中央关于深化教育改革，全面推进素质教育的决定》的要求作为高等学校实施军事技能训练、军事理论教学的基本依据。

通过军事教育训练，学生在就学期间履行兵役义务，接受国防教育，培养爱国热情，树立革命英雄主义精神，增强国防观念和组织纪律性，掌握基本的军事知识和技能，为中国人民解放军训练后备兵员和培养预备役军官打好基础。

高校开设的军事技能训练课和军事理论课是党和国家具有长远意义的重大决策，是法律赋予学校的一项任务，是提高学生综合素质，加强国防后备力量建设，培养"四有"人才的重要措施，也是学生就学期间参加社会实践的一种基本形式。实践证明，军事技能训练和军事理论课形式多渠道、多途径、灵活多样，最适合青年学生的特点，是青年愿意参加，而且是效果最好的形式之一，它同学生的知识结构、智能发展相适应，对全面提高学生的思想政治素质、军事素质、文化素质和身心素质有着特别效应，是其他教育手段难以替代的。学生军训取得的显著成效赢得社会、赢得学校师生员工和学生家长的广泛支持和赞誉。军事理论课也成为最受学生欢迎的科目之一。

2. 本课程理论教学安排

军事理论课教学，除集中军事技能训练阶段安排1～2门理论课目教学外，其余课目主要在集中军训后1～2学年内分散安排。

3. 本课程实验教学内容

本课程实验教学主要指集中阶段学生军事技能训练。按照学校教学计划，一般安排2～3周约120学时。内容主要安排进行中国人民解放军条令、队列训练、方队阅兵、射击训练与实弹射击、单兵战术、野营拉练、野外生存、防灾救护综合训练等科目。

二、大学生军训工作的基本要求

（1）学校要认真学习有关学生军训的方针政策、法律、法规和上级的指示，围绕贯彻党的教育方针，从为国家培养合格人才和国防后备力量建设的战略高度，充分认识做好学生军训工作的重要性；要摆正学生军训在学校教育中的位置，从学校实际出发，研究制订学生军训发展规划和年度计划，切实把学生军训工作作为新时期学校工作的一件大事，纳入学校教育体系，依照《中华人民共和国兵役法》关于"高等院校设军事训练机构"和"配备军事教员"的有关规定，建立健全学生军训机构，落实人员编制，保证学生军训和国防教育工作正常开展。

（2）高校必须按规定把学生军训作为普通高等学校本、专科学生的公共基础课，纳入学校教学计划，纳入学籍管理，列入学校教学评估系列，统一考试，军训成绩记入学生档案。要制订学生军事课教学计划，建立适合学生军训特点的各项管理制度和办法，努力创造良好的军训工作氛围，保证学生军训工作的顺利开展。

（3）学校党政领导要把学生军训作为一项职责，列入议程和总体工作规划，严格按照学生军事训练大纲的规定，科学制订计划，严密组织实施，保证军训内容和课时的落实；要负责制定每届学生军训工作目标，实行目标逐级负责，及时研究解决工作中遇到的新情况、新问题；积极创造条件，解决好训练场地、物资器材、教学条件经费保障、师资队伍等实际问题，以满足军事训练工作的需要。

（4）学校人武部、军事教研室要把组织实施学生军训作为主体工作，积极主动、务实创新，努力使学生军训工作与学校现有教学形式、教学环境、专业特点结合起来，形成一套具有自己学校特色的军事训练教学模式。采取必修课与选修课相结合，普通基础常识课与专业性较高的课程相结合，理论教学与实践教学相结合，正规的课堂理论教学、集中军事技能训练与经常性的国防教育、国防体育相结合，学生军训、国防教育与学生思想政治教育、学生行政管理相结合，促进学生军训工作向深层次、制度化、规范化方向发展。

（5）遵循教学规律，结合军事课教学特点，建立普通高等学校军事学科体系。学校要充分认识在普通高校建立军事学科的重要意义，深入研究，借鉴军事院校和普通高校其他学科的经验，积极探索高校军事学科的内在规律，尽快建立符合高校实际的军事学科体系。

（6）要努力加强军事课师资队伍和学术骨干队伍建设，不断提高教学质量与学术水平；要加强军事课程建设，积极组织开展军事教学科研活动，改善军事训练设施条件；要组织研究开发军事课教学软件，采取现代化教学手段，加大事军科技教学含量，增强教学效果，提高教学质量；建立设施资料比较完备而又规范的多媒体国防教育专用教室、训练器材室、图书资料室、武器库、办公设施等。

（7）针对学生军训的特点和规律，努力探索符合学校实际的军训工作新思路，营造良好的学生军训工作氛围，切实推进学生军训工作的创新发展，促进学生军训工作的落实。通过开展多种形式的教育训练工作，建立督导和评估机制，定期分析军训工作形势，研究解决重点、难点问题，及时总结经验，适时表彰奖励，切实提高学生军训质量，推进学生军训工作深入发展。

（8）认真总结学生军训工作经验，从学校实际出发，积极探索，不断完善学生军训的内容和方法，制定一整套管理工作制度和措施，使学生军训工作有章可循，既能体现"严格训练、严格要求"的军训特点，又能体现学校教学规律，使学生军训工作取得最佳效果。

（9）要充分运用学生军训的成果，建立良好的学风、校风，促进学校的全面建设。

三、军训誓词

我是中华人民共和国公民，依法律服兵役是我应尽的光荣义务，为肩负起保卫祖国的神圣职责，圆满完成军训任务，我宣誓：

热爱中国共产党，热爱社会主义祖国，热爱中国人民解放军，全心全意为人民服务。

执行党的路线、方针、政策，苦练杀敌本领，爱护武器装备，保守军事秘密，发扬优良传统，参加社会主义物质文明和精神文明建设，以优异的成绩向党和人民汇报。

思 考 题 一

1. 大学生军训的指导思想和目的是什么？
2. 大学生军事技能训练期间主要进行那几个科目的训练？各科目的主要内容有哪些？
3. 简述军事课的地位、性质和任务。

第二章　解放军共同条令教育与训练

中国人民解放军共同条令，即《中国人民解放军内务条令》《中国人民解放军纪律条令》《中国人民解放军队列条令》，是中央军委以简明条文的形式发布给全军的命令，是军队战斗、训练、工作、生活的法规和准则。它是以毛泽东思想、邓小平新时期军队建设思想、"三个代表"、科学发展观和习近平关于军队和国防建设重要论述为指针，根据有关法律和军队建设的实际制定的，是全军必须遵照执行的准则。因此，军队的各项工作和军人的一切行动都必须以条令为准绳，并达到条令所规定的标准。认真学习和贯彻共同条令，对于我军贯彻执行党中央、中央军委关于新时期军队建设的方针、原则，继承和发扬优良传统，坚持从严治军、依法治军，加强革命化、现代化、正规化建设，提高战斗力，具有极为重要的意义。

第一节　解放军共同条令概述

一、军队颁布共同条令的意义

中国人民解放军是人民的军队，是中华人民共和国的武装力量，是人民民主专政的坚强柱石，肩负着巩固国防、抵抗侵略、捍卫祖国的历史重任。我军的性质和任务，要求我军必须要有高度统一的组织纪律和行动。而军队的成员，来自五湖四海，出身、经历、生活习惯各不相同，文化水平、思想修养、觉悟程度也不完全一致，这就必须用科学、严谨、统一的军事法规来规范每个人的行动。认真贯彻执行共同条令，坚决做到令行禁止，全军才能步调一致、整齐划一，保持高度的集中统一；才能维护良好的军人形象，保持人民军队的政治本色，更加赢得人民群众的爱戴与信赖；才能保证军队能经受住各种困难和复杂局面的考验，充分发挥人民民主专政柱石的作用，完成党和人民赋予的神圣使命，成为名副其实的"钢铁长城"。

我军历来重视条令法规建设。红军初创时期，毛泽东同志在古田会议上就提出了"编制红军法规"的任务。红军先后颁发了政工条例、纪律条令、内务条令等基本法规，之后，曾多次进行编写、修改。随着军队建设的发展，我军条令建设目标日臻完善，逐步形成了科学、配套的条令法规体系。现行的内务、纪律、队列三大共同条令，以马克思列宁主义、毛泽东思想和邓小平理论为指针，贯彻了党对军队的绝对领导和加强我军政治建设的原则，充分体现了我军政治建设的原则以及我军的性质、宗旨、任务和优良传统；进一步确立了以提高战斗力为标准、以军事训练为中心的方针，突出了正规化建设。它是我军几十年建军、作战经验的科学总结，具有鲜明的政治性、强烈的时代性和科学的规范性。在新的历史时期，执行和落实好共同条令是实现我军现代化、正规化建设战略目标的重要措施之一。只有全面认真地贯彻执行条令，才能更好地维护我军内部良好的上下级关系、军内外关系和正规的工作秩序、生活秩序，才能严格履行职责，搞好行政管理，才能培养优良作风，增强纪律性，巩固和提高战斗力，提高我军质量建设的水平。

按照《普通高等学校军事课教学大纲》的要求，在普通高等学校开展学生军训工作，进行中国人民解放军共同条令教育训练，对于增强学生的组织纪律性，树立良好形象，提高学生综合素质，培养"四有新人"，加强和维护校园正常的学习、生活和工作秩序，促进校园文明建设，将起到积极的推动作用。

二、怎样贯彻共同条令

共同条令是军队建设的基本准则，也是高校学生军训生活必须遵循的原则和准则。通俗地讲，条令就是学生军训的规矩。因此，每一个接受军训学生，首先，要认真学习条令内容，把握条令精神。紧密结合自身实际，切实从理论与实践的结合上，把条令精神融入学习、训练、生活和工作中，使《中国人民解放军内务条令》《中国人民解放军纪律条令》和《中国人民解放军队列条令》真正成为每个学生军训生活的行为准则。其次，搞好条令教育，增强条令意识。高校学生来自全国各个不同的民族和地区，在文化、思想、观念和素质等方面具有相当大的差异性，据此，高校管理部门要坚持以教育为导向，采取集中教育与分散教育、集体教育与个别教育、管理教育与思想教育的多种形式并举的方法，转变思想观念，真正把大家的思想和行动统一到条令精神上来。最后，抓好条令落实，促进全面发展。通过认真落实条令，让广大参训学生从军事技能训练的实践中领悟条令丰富而深远的育人内涵，激发科技强军、知识报国、振兴中华的自信心和责任感，促进学生素质与能力的全面发展。

三、中国人民解放军共同条令简介

（一）《中国人民解放军内务条令》

中国人民解放军历来重视内务管理。1936年，统一颁发了第一部《中国工农红军暂行内务条令》。随着军队的发展，1942－2010年，对内务条令先后修订9次。现行《中国人民解放军内务条令》，于2018年4月15日，由中央军委主席习近平签署颁行，主要内容包括：总则、军人宣誓、军人职责、内部关系、礼节、军人着装、军容风纪、与军外人员的交往、作息、日常制度、值班、警卫、零散人员管理、日常战备和紧急集合、后勤日常管理、装备日常管理、营区管理、野营管理、常见事故防范、国旗军旗军徽的使用、附则等。这些规定体现了人民军队的建军宗旨和原则。全军贯彻执行内务条令，对于保持和发扬优良传统。促进革命化、现代化、正规化建设，具有十分重要的作用。

世界上许多国家的军队制定了不同形式的内务法规，如美军的《军官手册》《军士手册》和《士兵手册》中也有内务方面的规定。

新修订的《中国人民解放军内务条令》，在总则中增写了把科学发展观作为国防和军队建设的重要指导方针，全面履行新世纪新阶段我军历史使命，发扬"听党指挥、服务人民、英勇善战"的优良传统，大力培养当代革命军人核心价值观，实施科学管理，坚持安全发展理念等重要内容。针对我军内务建设和管理教育工作面临新情况新问题，对军人誓词、着装规定、仪容举止、与军外人员的交往、保密守则、警卫制度、财务管理、装备日常管理和常见事故防范等做了修改与完善，增加了心理疏导、士官留营住宿、军人居民身份证使用、移动电话和国际互联网使用管理、军事交通运输管理等新内容。内务条令由原来的21章420条，调整为15章325条。

第一章　总则。即整个条令的纲，集中阐述了我军的性质、宗旨和任务，指出了我军在新的历史时期建军的总方针，强调党对军队的绝对领导和政治工作的生命线地位，强调要进行马克思列宁主义、毛泽东思想和邓小平理论教育，保证全军上下在思想上、政治上、行动上都与党中央保持高度一致，加强社会主义精神文明建设，培养有理想、有道德、有文化、有纪律的革命军人，塑造军队文明之师、威武之师的良好形象。

第二章　军人宣誓。强调军人必须履行自己的神圣职责和光荣使命。为保卫社会主义国家，保卫人民的和平劳动，在任何情况下，军人都要忠于党、忠于国家、忠于社会主义、忠于人民、无私奉献、勇于牺牲、报效祖国、绝不背叛。同时，规定了宣誓的基本要求和宣誓大会的程序。还规定军人退出现役前士兵、军官应举行向军旗告别仪式。

第三章　军人职责。规定了士兵职责、军官职责、首长职责、主管人员职责等。

第四章　内部关系。规定了军人的相互关系及各机关、部队之间的相互关系。

第五章　礼节。主要规定了军队内部的礼节，军人和部队对军外人员的礼节。

第六章　军人着装。主要规定军人着装要求。

第七章　军容风纪。规定了仪容、举止、军容风纪检查。（男军人发型见图2-1和女军人发型见图2-2）、称呼和举止的具体要求。还规定了进行军容风纪检查制度。

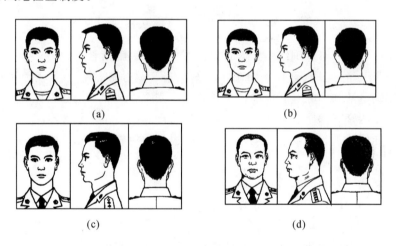

图2-1　男军人发型
(a) 刚健型（平头）；(b) 青年型（一边倒）；
(c) 奔放型（小分头）；(d) 稳健型（背头）

第八章　与军外人员的交往。规定了军人在对外交往中必须遵纪守法。

第九章　作息。规定了军队时间分配、基层单位和机关的一日生活

第十章　日常制度。明确了值班、警卫、行政会议、请示报告、内务设置、登记统计、请假销假、查铺查哨、留营住宿、点验、交接、接待、证件和印章管理和保密等具体事项。

第十一章 日常战备。明确了日常战备、紧急集合和节日战备的基本要求。

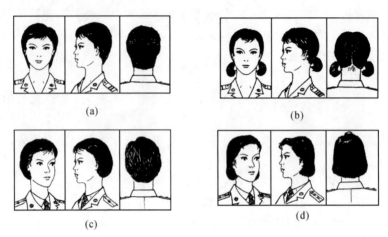

图 2-2 女军人发型
(a) 运动型；(b) 秀丽型；(c) 青春型；(d) 端庄型

第十二章 军事训练和野营管理。军事训练和野营管理的要求。

第十三章 日常管理。明确了零散人员、财务和伙食、车辆使用、装备、移动电话和国际互联网的使用、营区、安全管理和军人健康保护。

第十四章 国旗、军旗、军徽的使用管理和国歌、军歌的奏唱。规定了国旗的使用管理和国歌的奏唱，军旗、军徽的使用管理，军歌的奏唱。

第十五章 附则。

军旗式样、军徽式样及军歌。

(二)《中国人民解放军纪律条令》

《中国人民解放军纪律条令》由军队最高领导机关或领导人颁发全军执行，是军人遵守纪律的准则，军队维护纪律、实施奖惩的依据，目的在于培养军人高度的组织性和纪律性，执行命令，服从指挥，令行禁止，协调一致，巩固和提高战斗力。世界上许多国家都根据本国的社会制度和军队建设的需要与传统，制定了不同形式的维护纪律的法规，如东欧一些国家的军队有纪律条令，美国军队有《军事统一法典》，英国军队有《军队法令》等。

中国人民解放军历来重视维护纪律。在建军初期，制定了三项纪律六项注意，后发展为三大纪律八项注意。1933 年 8 月 1 日，颁布第一部《中国工农红军纪律暂行条令》。随着军队的发展，1935－2010 年对纪律条令先后进行了13次修订。现行的《中国人民解放军纪律条令》，于2018年4月15日，由中央军委主席习近平签署颁行，由原来的7章179条，调整为10章262条，围绕听党指挥、备战打仗和全面从严治军，提出了政治纪律、组织纪律、作战纪律、训练纪律、工作纪律、保密纪律、廉洁纪律、财经纪律、群众纪律、生活纪律等10个方面纪律的内容要求；充实思想政治建设、实战化训练、执行重大任务、科技创新等奖励条件；新增表彰管理规范，对表彰项目、审批权限、时机等作出规范，同时取消表彰与奖励挂钩的相应条款；充实违反政治纪律、违规选人用人、降低战备质量标准、训风演风考风不正、重大决策失误、监督执纪不力等处分条件；调整奖惩项目设置、奖惩权限和承办部门，增加奖惩特殊情形的处理原则和规定。

《中国人民解放军纪律条令》阐述了我军纪律条令产生的基础、目的和基本内容。总则指出，我军的纪律是建立在政治自觉基础上的严格的纪律，是军队战斗力的重要因素，是团结自己、战胜敌人和完成一切任务的保证。全体军人必须自觉地遵守，不论在任何艰难危险的情况下，都应忠诚地履行保卫社会主义祖国、保卫人民的神圣职责，坚决执行命令，不允许有任何违反纪律的现象。其基本内容是执行党的路线、方针、政策，遵守国家的宪法、法律、法规，执行军队条令、条例和规章制度，执行上级的指示和命令，执行三大纪律八项注意，规定了每个军人必须做到的十条。

《中国人民解放军纪律条令》明确了奖惩的目的、原则、项目和条件以及实施奖惩的具体权限、要求和方法。奖励是维护纪律的积极手段，其目的在于鼓励先进，调动官兵的积极性、创造性，发扬爱国主义、共产主义和革命英雄主义精神，保证作战训练和其他各项任务的完成。奖励分为嘉奖、三等功、二等功、一等功、荣誉称号。

贯彻在法律面前人人平等的原则。处分是维护纪律的辅助手段，其目的在于严明纪律，增强团结，加强集中统一，巩固和提高部队的战斗力。处分应当坚持惩前毖后、治病救人的原则，对一次错误只能给一次处分。处分有警告、严重警告、记过、记大过、降职或降衔（级）、撤职、开除军籍等。

《中国人民解放军纪律条令》规定了在各种特殊情况下发生问题处理的原则和方法以及所负的责任，明确了保障法律赋予军人的民主权利的方法。对控告和申诉的目的、条件、程序形式和要求以及控告军外人员的注意事项做了具体的规定。

《中国人民解放军纪律条令》规定了各首长应当以身作则、严于律己，严格遵守和执行纪律，并对部属进行纪律教育；规定了军人委员会、军人代表会应履行职责,正确行使民主权利,对首长、机关执行和维护纪律情况实行监督。

(三)《中国人民解放军队列条令》

《中国人民解放军队列条令》是规定军队队列动作、队列队形和队列指挥的法规,由军队最高领导机关或领导人颁发全军执行。是军队队列动作的准则,队列训练和队列生活的依据。目的在于培养良好的军人姿态,严整的军容,协调一致的动作,优良的战斗作风和严格的组织纪律,以增强军队的战斗力。中国人民解放军历来重视队列训练。中华人民共和国建立后,于1951年颁发第一部《中国人民解放军队列条令(草案)》,此后,对队列条令进行了9次修改。现行的《中国人民解放军队列条令》,于2018年4月15日,由中央军委主席习近平签署颁行,由原来的11章71条,调整为10章89条,着眼进一步激励官兵士气、展示我军良好形象、激发爱国爱军热情,新增誓师、组建、凯旋、迎接烈士等14种仪式,规范完善各类仪式的时机、场合、程序和要求;调整细化阅兵活动的组织程序、方队队形、动作要领;调整队列生活的基准单位和武器装备操持规范,统一营门卫兵执勤动作等内容。

《中国人民解放军队列条令》的基本内容:

第一章　总则。着重指出制定本条令和加强队列训练的目的是培养良好的军姿、严整的军容、过硬的作风、严格的纪律性和协调一致的动作,促进军队的正规化建设,巩固和提高战斗力。要求军人在队列生活中做到:坚决执行命令,令行禁止;姿态端庄、军容严整、精神振作、严肃认真;按照规定的位置列队,集中精力听指挥,动作迅速、准确、协调一致;保持队列整齐,出、入列应当报告并经允许。

第二章　队列指挥。对队列指挥位置、指挥方法和指挥要求等方面做了明确规定:队列指挥要做到位置正确,姿态端正,精神振奋,动作准确;口令准确、清楚、洪亮;清点人数、检查着装、认真验枪;严格要求,维护队列纪律。

第三章　队列队形。对队列的基本队形、队列间距和班、排、连、营、团和军兵种部(分)队的队形做了明确规定。

第四章　单个军人的队列动作。明确单个军人所有队列动作要领。

第五章　分队、部队的队列动作。对班、排、连、营、团和军兵种部(分)队的队列动作以及团以下分队集合、离散、整齐、报数、出列、入列、行进、停止、队形、方向变换、指挥位置的变换等做了明确规定。

第六章　分队乘坐交通工具。对乘座运输车、客车、火车、舰（船）艇、飞机以及车辆行进中的调整进行明确规定。

第七章　国旗的掌持、升降和军旗的掌持、授予与迎送。明确国旗的掌持、升降，军旗的掌持、授予和迎、送军旗具体要求。

第八章　阅兵。明确阅兵时机和权限、形式、指挥和旅阅兵程序、师级以上部队阅兵、其他部队和院校阅兵、海上阅兵和码头阅兵、空中阅兵。

第九章　仪式。明确升国旗、誓师大会、码头送行、迎接任务舰艇、凯旋、组建、转隶交接、授装、晋升（授予）军衔、首次单飞、停飞、授奖（授称、授勋）、军人退役、纪念、迎接烈士、军人葬礼、迎外仪仗等仪式的组织实施、鸣枪礼的组织实施。

第十章　附则。

四、贯彻执行共同条令应注意的问题

（1）坚持以思想教育为主的方针，采取多种方法进行教育。共同条令是军队建设的结晶，军队建设的法宝，军人行动的准则，部队管理的依据。因此在贯彻条令中，要着重讲清贯彻执行条令的目的、意义和要求，使大家既知道应该怎样做，又知道为什么这样做，切实从思想上提高贯彻执行条令的自觉性。贯彻落实条令的有效性，有赖于学习的科学性，教育的多样性，如采用集中时间系统教育，抓住时机典型教育，针对问题重点教育，坚持制度经常教育。

（2）贯彻条令要注意培养典型，抓好示范。要以表扬为主，积极开展检查评比活动，充分调动大家贯彻执行条令的积极性。

（3）贯彻"教养一致"的原则。贯彻落实条令，训练是基础，养成是关键。在日常生活、工作和训练中，必须坚持日常养成，从点滴抓起，要严格按条令办事，做到"教养一致"。

（4）干部要以身作则，言传身教，做执行条令、遵守纪律的模范。在贯彻执行条令中，各级干部必须以身作则，做好表率，要身教重于言教，以自己的模范行动去影响部属、带动部属。

（5）理论联系实际，促进校园文明建设。高校学生要通过条令的教育，学习解放军的优良传统和作风，加强组织纪律性，促进文明班级、文明宿舍建设，遵守学校各项规章制度，创造良好的学习和生活环境，使自己成为有理想、有道德、有文化、有纪律的一代新人。

第二节 队列条令

队列,是指军人进行集体活动时按一定顺序列队的组织形式。在军队的训练、工作和生活中,队列必不可少,凡是集体活动都离不开队列。其一般要求是:坚决执行命令,做到令行禁止;姿态端正,军容严整,精神振作,严肃认真;按照规定的位置列队,集中精力听指挥,动作迅速、准确、协调一致;保持队列整齐,出列、入列应当报告,经允许方可出列、入列。

一、总则

(一)立法目的

为了规范中国人民解放军的队列动作、队列队形和队列指挥,保持整齐划一和严格正规的队列生活,制定本条令。

(二)适用范围

本条令适用于中国人民解放军现役军人和单位,以及参训的预备役人员。

本条令没有规定的队列生活事项,按照有关条令、条例和战区、军兵种制定的规章执行。

(三)作用与意义

本条令是中国人民解放军队列生活的准则和队列训练的基本依据。全体军人必须严格执行本条令,加强队列训练,培养良好的军姿、严整的军容、过硬的作风、严格的纪律性和协调一致的动作,促进军队正规化建设,巩固和提高战斗力。

(四)队列纪律

(1) 坚决执行命令,做到令行禁止。

(2) 姿态端正,军容严整,精神振作,严肃认真。

(3) 按照规定的位置列队,集中精力听指挥,动作迅速、准确、协调一致。

(4) 保持队列整齐,出列、入列应当报告并经允许。

二、队列指挥

(一)队列指挥位置

指挥位置应当便于指挥和通视全体。通常是停止间,在队列中央前;行进间,纵队时在左侧中央前,必要时在中央前,横队、并列纵队时在左侧中央前或者偏后,必要时在右侧前(右侧)或者左(右)侧后。

(二)队列指挥方法

队列指挥通常用口令。行进间,动令除向左转走和齐步、正步互换时落在左脚,其他均落在右脚。变换指挥位置,通常用跑步(5 步以内用齐步),进到预定的位置后,成立正姿势下达口令。纵队行进时,可以在行进间下达口令。

(三)队列指挥要求

(1)指挥位置正确。
(2)姿态端正,精神振作,动作准确。
(3)口令准确、清楚、洪亮。
(4)清点人数,检查着装,认真验枪。
(5)严格要求,维护队列纪律。

三、队列队形

(一)基本队形

队列的基本队形为横队、纵队、并列纵队。需要时,可以调整为其他队形。

(二)列队的间距

队列人员之间的间隔(两肘之间)通常约 10 cm,距离(前一名脚跟至后一名脚尖)约 75 cm。需要时,可以调整队列人员之间的间隔和距离。

(三)分队的队形

1. 班的队形

班的基本队形,分为横队和纵队。需要时,可以成二列横队或者二路纵队(见图 2-3)。班通常按照身高列队,必要时按照战斗序列列队。

2. 排的队形

排的基本队形,分为横队和纵队(见图 2-4)。

排横队,由各班的班横队依次向后排列组成。

排纵队,由各班的班纵队依次向右并列组成。

排长的列队位置:横队时,在第一列基准兵右侧;纵队时,在队列中央前。

3. 连的队形

连的基本队形,分为横队、纵队和并列纵队(见图 2-5)。

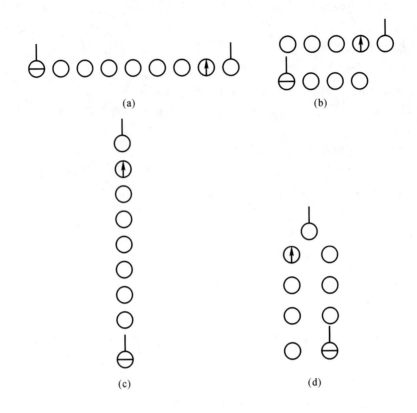

图 2-3 班的队形
(a) 班横队；(b) 班二列横队；(c) 班纵队；(d) 班二路纵队

连横队，由各排的排横队依次向左并列组成。

连纵队，由各排的排纵队依次向后排列组成。

连并列纵队，由各排的排纵队依次向左并列组成。

连部和炊事班等，以二列（路）或者三列（路）组成相应的队形，位于本连队尾。

连指挥员的列队位置：横队、并列纵队时，位于一排长右侧，前列为连长、副连长，后列为政治指导员、副政治指导员；纵队时，位于一排长前，前列为连长、政治指导员，后列为副连长、副政治指导员（未编有副政治指导员时，后列中央为副连长）。

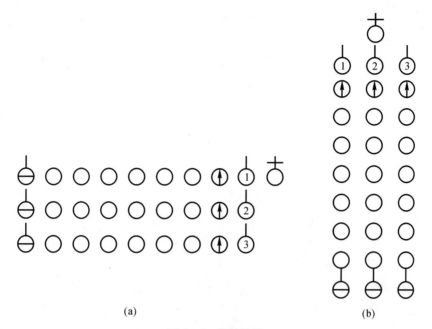

图 2-4 排的队形
（a）排横队；（b）排纵队

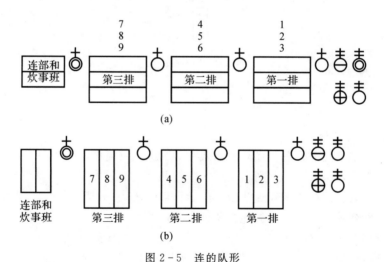

图 2-5 连的队形
（a）连横队；（b）连并列纵队

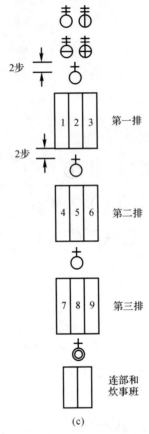

续图 2-5 连的队形
(c) 连纵队

4. 营的队形

营的基本队形，分为横队、纵队和并列纵队（见图 2-6）。

营横队，由各连的并列纵队依次向左并列组成。

营纵队，由各连的连纵队依次向后排列组成。

营并列纵队，由各连的连纵队依次向左并列组成。

营部所属人员编为三列（路）队形，按照编制序列列队。

营指挥员的列队位置：横队、并列纵队时，位于营部右侧，前列为营长、副营长，后列为政治教导员（编有副政治教导员时，为政治教导员、副政治教导员）；纵队时，位于营部前，前列为营长、政治教导员，后列中央为副营长（编有副政治教导员时，后列为副营长、副政治教导员）。

第二章 解放军共同条令教育与训练

5. 旅（团）的队形

旅（团）的基本队形，分为营横队的旅（团）横队、营并列纵队的旅（团）横队和旅（团）纵队（见图2-7）。

营横队的旅（团）横队，由各营的营横队依次向左并列组成。

营并列纵队的旅（团）横队，由各营的营并列纵队依次向左并列组成。

旅（团）纵队，由各营的营纵队依次向后排列组成。

旅（团）机关按照编制序列以及旅（团）队形性质，编成纵队或者横队，位于第一营前或者右侧。

旅（团）属其他分队，应当采用同营、连相应的队形，按照编制序列列队，位于本旅（团）队尾。

旅（团）指挥员的列队位置：各种队形中，旅（团）指挥员成二路。横队时，位于旅（团）机关右侧，右路为旅（团）长、副旅（团）长、参谋长（团未编副政治委员时，为团长、副团长），左路为政治委员、副政治委员（团未编副政治委员时，为政治委员、参谋长）；纵队时，位于旅（团）机关前，左路为旅（团）长、副旅（团）长、参谋长（团未编副政治委员时，为团长、副团长），右路为政治委员、副政治委员（团未编副政治委员时，为政治委员、参谋长）。

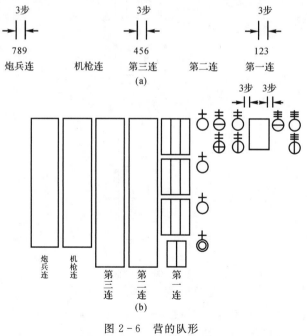

图2-6 营的队形
(a) 营横队；(b) 营并列纵队

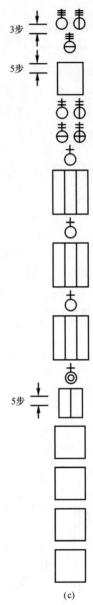

(c)

续图 2-6 营的队形
(c) 营纵队

军旗位置:掌旗员和护旗兵成一列。横队时,在旅(团)指挥员右侧;纵队时,在旅(团)指挥员前。

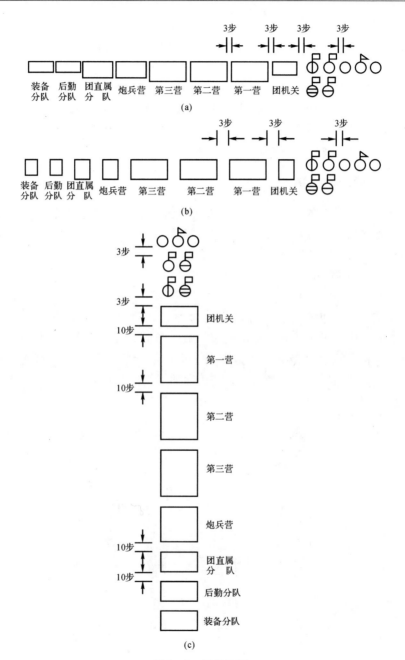

图 2-7 团的队形

(a) 营横队的团横队；(b) 营并列纵队横队的团横队；(c) 团纵队

第三节 单个军人的队列动作

单个军人是军队的基石。单个军人队列动作训练是部（分）队队列动作和技术、战术训练的基础。通过严格正规的训练和养成，不仅能使每个受训者达到军容严整、姿态端正、动作规范，而且能培养其雷厉风行、令行禁止的作风和服从命令、听从指挥的良好习惯。

一、立正、稍息

立正，是军人的基本姿势，是队列动作的基础。军人在宣誓、接受命令、进见首长和向首长报告、回答首长问话、升降国旗、迎送军旗、奏唱国歌等严肃庄重的时机和场合，均应当立正。

(一) 动作要领

口令：立正、稍息。

要领：两脚跟靠拢并齐，两脚尖向外分开约60°；两腿挺直；小腹微收，自然挺胸；上体正直，微向前倾；两肩要平，稍向后张；两臂下垂自然伸直，手指并拢自然微曲，拇指尖贴于食指第二节，中指贴于裤缝；头要正，颈要直，口要闭，下颌微收，两眼向前平视。参加阅兵时，下颌微上仰约10°。见图2-8。

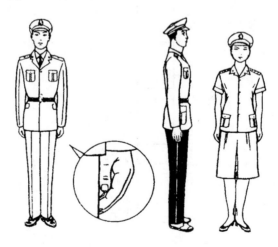

图2-8 徒手立正姿势

肩冲锋枪时，右手在右胸前握背带（拇指由内顶住），右大臂轻贴右肋。枪身垂直，枪口向下。见图2-9。

持半自动步枪时，右臂自然下垂，左手将枪背带挑起、拉直，右拇指在内压住，余指并拢在外将枪握住，同时，左手放下，托底钣在右脚外侧全部着地，托后踵同脚尖齐。见图2-10。

图2-9　肩枪（筒）立正姿势　　　图2-10　持枪立正姿势

稍息时，左脚顺脚尖方向伸出约全脚的三分之二，两腿自然伸直，上体保持立正姿势，身体重心大部分落于右脚。携枪时，携带的方法不变，其余动作同徒手。稍息过久，可以自行换脚，动作应当迅速。

（二）动作标准与要求

立正时，要着装整齐，精神振奋，姿态端正，表情自然，要求做到挺腿、挺胸、挺颈和自然睁大眼睛。

挺腿：两膝内合向后挺，使两腿挺直，并向前上收臀。

挺胸：腰杆挺直，向后上收腹提气，同时两肩稍向后张。

挺颈：头正直向上顶，下颌微收，使颈后部与衣领轻贴，保持颈部挺直。

立正时，眼睛要自然睁大，精力集中，向前平视时，眼皮稍向上挑，使黑眼珠保持在眼睛中央，注视正前方一个目标，做到目不斜视，少眨眼。

稍息时，出收脚要迅速，方向要正，距离准确，保持上体姿态不变。

（三）训练重点和难点

立正、稍息训练时，重点练好军姿，着重掌握三点：一是身体重心大部分落于两脚前脚掌上，保证立正时身体的稳固和持久站立；二是掌握正确的呼吸方式，保证吸气时胸部自然挺出，呼气时胸部不下塌，小腹不鼓胀；三是掌握好两膝后压与并拢相协调，收小腹、收臀部与自然挺胸相协调，收下颌与挺颈、头上顶相协调。

（四）训练步骤

（1）手型练习。

口令：手型练习，一、二。

要领：听到"手型练习"的口令，两手手型不变平行前举，约与肩同宽；听到"二"的口令，两手放下成立正姿势，尔后按"一、二"的口令反复练习。

主要解决的问题：手型的准确和定位。

立正时，四指自然微屈、不要绷成三角形，拇指尖内侧贴于食指第二节，拇指与食指略平，两臂自然下垂，中指贴于裤缝。

（2）军姿练习。

口令：立正。

要领：（同立正）。

主要解决的问题：准确掌握立正要领，并使军姿定型。

站立时，注意做到挺腿、挺胸、挺颈，保持立正姿势不变，达到半小时不动，一小时不倒，20秒钟不眨眼。训练中，首先进行有依托军姿练习，尔后在此基础上进行无依托军姿练习和眼功训练。

（3）综合练习。

主要解决的问题：出收脚的方向、距离和上体姿态。

出收脚时脚腕稍用力，脚跟稍提起，脚掌迅速伸出和收回。做到上体稳、两腿直、方向正、距离准、速度快，训练中可结合画线进行练习。

（五）组织练习的方法

（1）体会练习。以班为单位进行个人体会，练习时，班长应对所属人员进行检查，发现问题要及时纠正。

（2）模仿练习。班长做一动，受训者跟着做一动，避免教学对象形成孤僻动作。

（3）队伍练习。分两人一组进行练习。练习时下口令的同志要大胆纠正动作，应防止只下口令，不纠正动作的现象。

（4）分组练习。将3～5人编成一个小组，指定小组长组织练习，也可以轮流组织练习。练习中，组织者应及时纠正动作。

（5）集体练习。由班长下口令组织练习，进行合练，也可进行流水作业边下口令,边检查,边纠正。必要时,也可进行全排或全连(队)合练,合练时,指挥员应注意检查纠正动作。

(6) 评比竞赛。

(六) 常见错误动作及纠正方法

(1) 两脚跟未靠拢并齐,两脚尖向外分开大于或小于60°。

纠正方法:通常由教练员以口令、限制法(角度尺和划线)进行纠正。

(2) 站立方向不正。

纠正方法:强调两肩线与两脚尖的连线平行,鼻尖线、衣扣线与两脚尖连线的中点在同一线上。

(3) 腿挺不直、夹不紧。

纠正方法:强调两膝后压的同时内合,臀部上提使裆部夹紧,并保持力量不变,可结合夹纸片等方法进行纠正。

(4) 小腹不能自然微收,上体后仰。

纠正方法:强调小腹向后上微收,腰杆正直上顶,同时重心落在两脚形成的三角形中央,可用辅助器材来加以限制。

(5) 蹶臀部。

纠正方法:强调小腹向后上收与臀部向前上提,两者形成向上的合力。

(6) 下颌不能自然微收。

纠正方法:强调颈部正直上顶,而不是后靠,下颌稍有一股往后收的力量即可。

(7) 眼不能平视,眨眼。

纠正方法:强调注视前方100米处与眼同高的目标,眼睛在自然的情况下稍睁大。

(8) 两肘外张,手腕不直。

纠正方法:强调两臂自然下垂,肘部稍用力向里合,使之轻贴两肋,手腕自然伸直。

(9) 手型不正确。

纠正方法:强调手部肌肉自然放松,依靠掌心和手指肌肉自然收缩,将手指并拢使之微屈,并使拇指尖贴于食指的第二节上。

(10) 稍息出脚时,速度慢,方向、距离不准。

纠正方法:出脚时,脚腕稍用力,脚跟稍抬起,脚向脚尖方向出脚。可结合地面划线反复练习。

二、整理着装训练要点

整理着装是军人在日常生活中和队列活动时必不可少的动作。其目的是为了军容严整，维护军人的良好形象，便于操课。通常在立正的基础上进行。

（一）动作要点

保持良好的军姿，动作迅速，整理全面、仔细。

（二）容易出现的错误动作及纠正的方法

(1) 整理过程流于形式，做表面文章。纠正的方法：应遵循实事求是的原则，根据个人的着装情况，确实将着装整理好。

(2) 整理顺序不正确。纠正的方法：由帽子开始，自上而下整理。

（三）训练步骤

(1) 逐个整理。

(2) 集体练习。

三、跨立

（一）动作要领

口令：跨立。

要领：左脚向左跨出约一脚之长，两腿挺直，上体保持立正姿势，身体重心落于两脚之间。两手后背，左手握右手腕，拇指根部与外腰带下沿（内腰带上沿）同高；右手手指并拢自然弯曲，手心向后。携枪时不背手。见图 2-11。

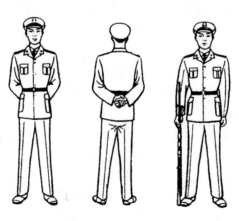

图 2-11 跨立姿势

（二）动作标准与要求

跨立时，要军姿端正，精神振作，左脚跨出与两手后背协调一致，定位准确。

（三）练习重点和难点

上体保持立正姿势，左脚跨出迅速，同时两手在背后交叉定位准确。

（四）组织练习的方法

(1) 个人体会。

(2) 模仿练习。

(3) 对伍练习。

(4) 分组练习。

(5) 集体练习。

(6) 评比竞赛。

（五）常见错误动作及纠正方法

(1) 跨立时，方向不正，距离不准。

纠正方法：在地上画线反复练习。

(2) 两手后背的位置不准确。

纠正方法：强调左手握右手腕时，左手拇指根部与外腰带下沿（内腰带上沿）同高；

四、停止间转法

停止间转法，是停止间变换方向的方法。分为向右（左）转，向后转，必要时也可半面向右（左）转。

（一）动作要领

(1) 向右（左）转。

口令：向右（左）——转。

要领：以右（左）脚跟为轴，右（左）脚跟和左（右）脚掌前部同时用力，使身体和脚一致向右（左）转90°，体重落在右（左）脚，左（右）脚取捷径迅速靠拢右（左）脚，成立正姿势。转动和靠脚时两腿挺直，上体保持立正姿势。

(2) 向后转。

口令：向后——转。

要领：按向右转的要领向后转180°。

(3) 半面向右（左）转。

口令：半面向右（左）——转。

要领：按向右（左）转的要领转 45°。

持枪转动时，除按照徒手动作要领外，听到预令，将枪稍提起，拇指贴于右胯，使枪随身体平稳转向新方向，托前踵（95 式班用机枪托底）轻轻着地，成持枪立正姿势。

（二）动作标准与要求

上体正直，动作迅速、准确、协调、节奏分明。要求做到"两快、一停、稳、正、齐"。"两快"即转体快、靠脚快；"一停"即转体和靠脚之间稍有停顿；"稳"即身体要稳，转动时腰杆挺直，身体重心落在支撑腿上；"正"即转体角度要正确；"齐"即靠脚要齐。

（三）训练重点和难点

训练重点是转体的速度和动作的协调一致。停止间转法用力部位是通过两腿交错用力，再通过脚跟、脚掌的作用力，使身体迅速转向新方向。在转动中腰要挺直使上体和腿保持一致。

（四）训练步骤

（1）分解动作练习。

口令：分解动作，向右（左、后）——转、二。

要领：听到"分解动作，向右（左、后）——转"的口令，按要领转向新方向，不靠脚；听到"二"的口令，迅速靠脚成立正姿势。

主要解决的问题：转动时用力的部位和靠腿的力量。

练习时应做到，转体迅速，上体稳固，两手不得外张，眼睛平视，直腿靠脚。

（2）连贯动作练习。

主要解决的问题，转体和靠脚的速度及协调性。

练习时应做到："两快、一停"。结合"十"字线反复练习。

（五）组织练习的方法

（1）个人体会。

（2）模仿练习。

（3）对伍练习。

（4）分组练习。

（5）集体练习。

（6）评比竞赛。

(六) 常见错误动作及纠正方法

（1）转体时，上下体转动不一致。

纠正方法：强调两腿挺直，腰杆当家，使上体和腿一致转动。

（2）转动和靠脚时，身体晃动。

纠正方法：要注意掌握好重心的移动，向左（右）转动时，身体重心落在左（右）脚跟上，向后转动时，身体重心大部分落在右脚跟上。在转正身体后脚掌迅速着地，左腿蹬直，裆部夹紧。

（3）靠脚时外扫、跺脚。

纠正方法：由慢到快地反复体会取捷径靠脚的要领，靠脚时注意膝盖用力向后挺压，以防止弯腿、跺脚。

（4）靠脚时速度慢，无力。

纠正方法：注意脚跟、脚腕发力，使脚内侧加力前靠。

五、齐步行进与立定

齐步是军人行进的常用步法。一般用于队列整齐行进，是队列训练的重点。

（一）动作要领

口令：齐步——走，立——定。

要领：左脚向正前方迈出约 75 cm，按照先脚跟后脚掌的顺序着地，同时身体重心前移，右脚照此法动作；上体正直，微向前倾；手指轻轻握拢，拇指贴于食指第二节；两臂前后自然摆动，向前摆臂时，肘部弯曲，小臂自然向里合，手心向内稍向下，拇指根部对正衣扣线（着海军藏青色春秋常服、冬常服时，拇指根部对正双排扣中间位置），并高于春秋常服或者冬常服最下方衣扣约 5 cm（着夏常服、水兵服时，高于内腰带扣中央约 5 cm；着作训服时，与外腰带扣中央同高），离身体约 30 cm；向后摆臂时，手臂自然伸直，手腕前侧距裤缝线约 30 cm。行进速度 116～122 步/min。见图 2-12。

听到"立——定"的口令、左脚再向前大半步着地（脚尖向外约 30°），两腿挺直，右脚取捷径迅速靠拢左脚，成立正姿势。

（二）动作标准与要求

齐步行进时，要精神振奋，姿态端正，臂腿协调，节奏分明。摆臂自然大方，定型定位，步幅、步速准确，两眼注视前方。要求做到"脚跟先着地，脚腕稍用力，膝盖向后压，身体向前移"。

立定时，两腿挺直，做到不弯膝、不外扫、不跺脚，靠脚要迅速有力，腿臂靠放一致。

图 2-12　齐步姿势

（三）训练重点和难点

重点：摆臂的定型定位和臂腿动作的协调自然。臂腿协调是动作的关键，强调出脚的同时摆臂，脚跟着地手摆到位。

练习时，强调军姿端正，摆臂自然，步幅、步速准确。可结合步幅线、秒表和乐曲进行训练。

（四）训练步骤

(1) 摆臂练习。

口令：摆臂练习，一、二、停。

动作要领：听到"摆臂练习，一"的口令，按照动作要领，右臂前摆，左臂后摆到位不动。听到"二"的口令，换臂。然后，反复实施。听到"停"的口令（通常是右臂在前时下达），两手放下，恢复立正姿势。练习时还可以用限制线进行限制性练习。这一练习用以解决摆臂路线和到位等问题。

(2) "三步一靠"立定练习。

口令：三步一靠，齐步——走，二。

动作要领：听到"三步一靠，齐步——走"的口令，按齐步走的动作要领，向前走两步，左脚再向前大半步，脚尖向外约30°，右脚不靠拢左脚，听到"二"的口令，右脚取捷径迅速靠拢左脚，同时将手放下，恢复立正姿势。

(3) 立定练习。

口令：分解动作立定练习，齐步——走，立定，停。

动作要领：听到"分解动作立定练习，齐步——走"的口令后，按齐步走的动作要领实施。听到"立定"的口令后，左脚向前大半步着地（脚尖向外约30°），身体重心前移，两腿挺直，听到"停"的口令后，右脚靠拢左脚，同时收臂成立正姿势。

(4) 连贯动作练习

主要解决正直行进和协调自然等问题。

(5) 步幅、步速练习。

这一练习是通过步幅线和秒表计时练习来解决步幅、步速等问题。

（五）组织练习的方法

(1) 个人体会。

(2) 模仿练习。

(3) 对伍练习。

(4) 分组练习。

(5) 集体练习。

(6) 评比竞赛。

（六）常见错误动作及纠正方法

(1) 上体不正，左右晃动。

纠正方法：行进时强调上体要正直，自然收腹挺胸，腰要挺直，头要有上顶的感觉，肩关节放松，两臂自然摆动，两膝用力要适当。

(2) 摆臂路线不正确。

纠正方法：强调以小臂带动大臂轻擦身体两侧前后摆动，可结合摆臂线进行纠正。

(3) 摆臂不自然，耸肩。

纠正方法：强调肩关节下沉放松，大臂不要夹得过紧，手和手腕适当用力，使两臂自然摆动。

(4) 臂腿不协调。

纠正方法：强调在出脚的同时摆臂，脚跟着地时，手摆到位。在脚跟着地，身体向前移时，注意臂不要摆动，以免同手同脚。练习时可采用踏步的方法进行反复练习纠正。

(5) 脚尖着地方向不正。

纠正方法：行进时要按选定的目标照直前进，脚掌着地时脚尖向里合，两脚内侧走直线。

（6）步幅、步速不准确。

纠正方法：采用走步幅线、踏乐和卡秒表等方法反复练习纠正。

（7）立定时身体后仰，弯膝。

纠正方法：向前大半步步幅要准确，左脚全部着地的同时身体重心前移到位；右脚跟抬起，右膝适当用力向后挺压，保持力量取捷径迅速向左脚靠拢。

（8）立定时，臂腿不协调。

纠正方法：强调靠腿的同时手腕稍用力，放手到位，做到靠放一致。

六、正步行进与立定

正步主要用于分列式和其它礼节性场合，是队列训练的重点和难点。

（一）动作要领

口令：正步——走，立——定。

要领：左脚向正前方踢出约75 cm（腿要绷直，脚尖下压，脚掌与地面平行，离地面约25 cm），适当用力使全脚掌着地，同时身体重心前移，右脚照此法动作；上体正直，微向前倾；手指轻轻握拢，拇指伸直贴于食指第二节；向前摆臂时，肘部弯曲，小臂略成水平，手心向内稍向下，手腕下沿摆到高于春秋常服或者冬常服最下方衣扣约15 cm处（着夏常服、水兵服时，高于内腰带扣中央约15 cm处；着作训服时，高于外腰带扣中央约10 cm处），离身体约10 cm；向后摆臂时（左手心向右，右手心向左），手腕前侧距裤缝线约30 cm。行进速度110～116步/min。见图2-13。

听到"立——定"的口令后，左脚再向前大半步着地（脚尖向外约30°），两腿挺直，右脚取捷径迅速靠拢左脚，成立正姿势。

（二）动作标准与要求

正步行进时，要军姿端正，神色从容，动作自然大方，节奏分明，摆臂定型定位，步幅、步速准确，要求做到"四快一停"，"四快"即：踢腿快、摆臂快、脚着地快、跟身体快；"一停"即踢腿摆臂要同时到位，臂在胸前应有停顿感。

（三）训练重点和难点

重点：踢腿的速度、定位及臂腿的协调。踢腿时，应将力量集中到脚上，以脚带动小腿，以小腿带动大腿猛力向前踢出，同时迅速绷压脚面。行进中，做到踢腿的同时迅速摆臂，脚着地时臂不动。

难点：摆臂的定型定位及步幅、步速的准确性。

图 2-13　正步姿势

（四）练习步骤

（1）摆臂练习。

口令：摆臂练习，一、二、停。

要领：听到"摆臂练习，一"的口令后，按照要领右臂向前摆，左臂向后摆。听到"二"的口令，两臂交替摆动；听到"停"的口令，两手迅速放下（通常右臂在前时下达"停"的口令），恢复立正姿势。

主要解决的问题：摆臂的路线、弯臂加速的时机及定位的准确。摆臂时，两臂要轻擦身体前后摆动，前摆时，当肘部超过身体前平面时屈肘，同时小臂加力上提，肘部前迎下压。将小臂摆至略平，使小臂与大臂略成直角。

摆臂的要领可归纳为："摆""平""直""松"。

"摆"——即以小臂带动大臂，按正确要领前后自然摆动。

"平"——即前摆定位后，小臂要平。

"直"——即前摆定位后，小臂与大臂略成直角，后摆时臂要伸直。

"松"——即摆臂时肩关节和大臂要放松。

训练中可结合摆臂限制线、多功能检查尺等器材进行练习，首先掌握动作要领，并逐渐做到摆臂快、定位准。

（2）原地踢腿练习。

口令：原地踢腿练习准备，左（右）腿练习，一、二，停。

要领：听到"原地踢腿练习，准备"的口令后，两手后背（左手在上握右臂，右手在下托左肘）同时两脚尖并拢；听到"左腿练习"的口令后，左胯上提，左脚跟离地，脚跟下踩，脚尖上翘，左脚靠在右脚跟内侧，听到"一"的口令，左脚按要领迅速踢出，听到"二"的口令，左脚迅速收回，使脚内侧弯曲部位靠在右脚跟内侧，尔后按"一、二"的口令依次反复进行。听到"右脚练习"的口令后，进行交换（即左脚着地，右脚抬起）。听到"停"的口令，两手放下，恢复立正姿势。

主要解决的问题：踢腿的速度、力量、定位以及上体稳固。

踢腿的要领可归纳为："踢""压""绷""挺""端"。

踢——即在踢腿时，将力量集中到脚上，按脚带动小腿，小腿带动大腿的顺序向前猛力踢出。

压——即向前踢腿时，边踢边压脚尖，使脚掌与地面平行。

绷——在踢压的同时迅速绷脚面，脚将到达定位时脚腕用力向前顶送，控制定位，此时，膝关节绷紧下压，大腿肌肉紧张。

挺——即支撑腿和腰杆挺直，收小腹，头部向上顶，胸部稍向前倾，以控制身体的平衡。

端——即腿踢出后，大腿稍向上端（提臀）以控制踢腿的高度，使其定位。训练中可结合踢腿高度线、沙袋、检查尺等器材进行练习，正确掌握动作要领，做到踢腿快、姿态稳、定位准。

（3）一步两动练习。

一步两动练习分为背手和臂腿结合两种。

口令：一步两动，正步——走、二、停。

要领：听到"一步两动，正步——走"的口令后，左脚按要领踢出后停住，同时两臂跟随摆动到位；听到"二"的口令后，左脚着地，右脚迅速前跟（此时右脚跟离地并下踩，腿伸直，脚尖上翘，弯曲部位靠在左脚跟内侧），两臂不摆动，尔后按"一、二"的口令反复练习。

主要解决的问题：背手一步两动主要是解决行进间踢腿的力量、速度、脚着地的力度，以及跟体、跟腿的速度。臂腿给合的一步两动主要解决臂腿结合的时机及动作的协调。臂腿结合要领可归纳为：踢腿摆臂要协调，脚踢定型手到位，着地用力臂不动，跟体跟腿要迅速。

练习时可结合步幅线、沙袋等器材训练，应做到"四快一停"。

（4）一步一动练习。

一步一动练习分为背手和臂腿结合两种。

口令：一步一动，正步——走、二、停。

要领：听到"一步一动，正步——走"的口令，左脚迅速踢出并着地，右脚再踢出，同时两臂跟随踢腿而摆动，听到"二"的口令后，右脚着地，左脚踢出，同时两臂跟随摆动。尔后按"一、二"的口令，反复实施。听到"停"的口令（通常左脚在前时下达），左脚着地，右脚靠拢左脚，同时将手放下，恢复立正姿势。

主要解决的问题：臂腿动作的协调及行进的节奏。

练习时应做到，收腹挺腰，摆臂踢腿定型定位，着地有力不回拖，臂腿结合紧密、协调。

（5）连贯动作练习。

主要解决的问题：行进间臂腿动作的协调和步幅、步速的准确。

练习时应强调腰往上拔，上体挺直，头上顶，面部表情自然，踢腿迅速，着地有力，臂腿结合紧密，协调一致，节奏分明。在训练中，结合步幅线、沙袋、秒表等器材进行练习。

（五）组织练习的方法

（1）个人体会。

（2）模仿练习。

（3）对伍练习。

（4）分组练习。

（5）集体练习。

（6）评比竞赛。

（六）常见错误动作及纠正方法

（1）摆臂时耸肩。

纠正方法：强调肩关节下沉放松，用手腕和小臂内侧的力量带动大臂摆动。

（2）摆臂时外扫。

纠正方法：强调向前摆臂过垂直部位时，小臂内侧上迎迅速弯臂，向后摆臂时，肘部稍向里合，手腕向后摆至定位。

（3）踢腿时掏腿。

纠正方法：摆动腿向前运动，过垂直线时，膝盖向后压，压脚尖加速踢出，踢腿时以小腿带动大腿，以膝盖向后，脚尖向下的压力绷直腿猛力踢出，脚尖对正前方。

(4) 踢腿时弓腿端腿。

纠正方法：强调踢腿时踢动腿过垂直线时，膝关节后压，使腿拉直，踢出时要压脚尖，绷脚面，膝关节用力使小腿带动大腿。

(5) 脚着地无力，上体不稳。

纠正方法：强调上体正直上顶，脚着地时上体要跟上，脚要正直向下落地；着地时，以脚腕的力量使全脚掌适当用力着地。

(6) 上体后仰，步幅小，身体下塌。

纠正方法：腰杆挺直，脚着地不回拖，重心前移，支撑腿挺直。

(7) 臂腿不协调。

纠正方法：强调踢腿同时摆臂，脚着地臂不动，反复练习。

(8) 步速不准。

纠正方法：训练时结合卡表、踏乐，反复练习。

(9) 步幅不准。

纠正方法：采取走步幅线的方法反复练习。

七、跑步行进与立定

跑步主要用于快速行进。

（一）动作要领

口令：跑步——走，立——定。

要领：听到预令，两手迅速握拳（四指蜷握，拇指贴于食指第一关节和中指第二节），提到腰际，约与腰带同高，拳心向内，肘部稍向里合。听到动令，上体微向前倾，两腿微弯，同时左脚利用右脚掌的蹬力跃出约 85 cm，前脚掌先着地，身体重心前移，右脚照此法动作；两臂前后自然摆动，向前摆臂时，大臂略垂直，肘部贴于腰际，小臂略平，稍向里合，两拳内侧各距衣扣线约 5 cm（着海军藏青色春秋常服、冬常服时，两拳内侧各距双排扣中间位置约 5 cm）；向后摆臂时，拳贴于腰际。行进速度 170～180 步/min。见图 2-14。

听到"立——定"的口令，再跑 2 步，然后左脚向前大半步（两拳收于腰际，停止摆动）着地，右脚取捷径靠拢左脚，同时将手放下，成立正姿势。

（二）动作标准与要求

跑步行进时，上体正直，两眼注视前方，利用前脚掌的弹力前进。臂腿协调自然，摆臂时，两拳不要上下打鼓，不左右围绕腹部摆动，肘部不得外张,做到前摆不露肘,后摆不露手。立定时不垫步,不跨步,不弯膝,腿臂靠放要一致。

图 2-14 跑步姿势

(三) 训练重点和难点

重点:摆臂的定型定位和臂腿的协调自然。摆臂时,两臂要轻贴身体前后自然摆动,脚着地时前脚掌先着地,不要全脚掌着地或脚跟先着地。行进中身体重心前移,利用前脚掌的弹力前进。

难点:步幅、步速的准确。

(四) 训练步骤

(1) 摆臂练习。

口令:摆臂练习,准备,一、二、停。

要领:听到"摆臂练习,准备"的口令,两手迅速握拳提于腰际,听到"一"的口令,右臂前摆,左臂不动。听到"二"的口令,两臂交换摆动,尔后按"一""二"的口令依次反复练习。听到"停"的口令(通常左臂在前时下达),先将左拳收回腰际,两手迅速放下,恢复立正姿势。

主要解决的问题:摆臂的路线和定位的准确。

练习时,握拳要迅速、准确,两臂摆动要自然。小臂内侧轻擦身体前后摆动,肘部适当内合不要外张。做到前不露肘,后不露手。

(2) 立定练习。

口令:齐步代跑步立定练习,准备,一、二、三、四。

动作要领：听到"齐步代跑步立定练习，准备"的口令，两手迅速握拳提到腰际，听到"一"的口令，按齐步的要领迈左脚，同时按跑步的要领摆右臂，听到"二"的口令，迈右脚换臂，听到"三"的口令，左脚再向前大半步，左拳收于腰际，右臂不动，听到"四"的口令，靠脚放手，成立正姿势。

这一练习用于学会立定时的臂腿动作。

（3）五步一靠练习。

口令：五步一靠练习，跑步——走，停。

要领：听到"五步一靠练习，跑步——走"的口令，按要领向前跑四步，第五步左脚向前大半步，收回左拳，右拳不摆动。听到"停"的口令，两手放下同时右脚迅速靠拢左脚恢复立正姿势。

主要解决的问题：臂腿的协调和立定动作的准确。

练习时，要求做到听到预令抱拳快，听到动令跃出快，利用前脚掌的蹬力前进，立定时，腿臂靠放一致。训练中结合步幅线，首先进行以齐步代跑步的五步一靠训练（即：两腿按齐步要领前进，两臂按跑步要领摆动），而后进行跑步的五步一靠练习。

（4）．综合练习。

主要解决的问题：臂腿动作的协调自然和步幅、步速的准确。

练习时，可结合步幅线、秒表进行训练，以达到步幅、步速的准确，同时强调行进时动作要协调自然。

（五）组织练习的方法

（1）个人体会。

（2）模仿练习。

（3）对伍练习。

（4）分组练习。

（5）集体练习。

（6）评比竞赛。

（六）常见错误动作及纠正方法

（1）听到预令弯膝。

纠正方法：强调听到预令腿部不动，听到动令两腿微弯，身体重心前移。

（2）摆臂时上下打鼓或围绕腹部摆动。

纠正方法：强调肩关节放松，肘部适当用力稍向里合，摆臂时小臂内侧轻擦身体前后运动可利用摆臂线反复练习。

（3）摆臂时，前后不到位。

纠正方法：强调向前摆时不露肘，肘贴于腰际；向后摆时不露手，拳贴于腰际。

（4）行进时，全脚掌着地或脚跟先着地。

纠正方法：强调行进时身体重心前移，脚腕适当放松，脚尖自然下垂，使前脚掌先着地。

（5）行进时，上体后仰或臀部下坐。

纠正方法：强调收小腹，收臀部，腰杆挺直，上体前倾。

（6）立定时臂腿不协调。

纠正方法：用五步一靠练习反复训练纠正。

（7）步幅、步速不准确。

纠正方法：利用秒表，结合步幅线进行反复练习。

八、踏步与立定

踏步用于调整步伐和整齐。

（一）动作要领

停止间口令：踏步——走。

行进间口令：踏步。

要领：两脚在原地上下起落（抬起时，脚尖自然下垂，离地面约 15 cm；落下时，前脚掌先着地），上体保持立正，两臂按齐步或跑步摆臂的要领摆动。

踏步时，听到"前进"的口令，继续踏 2 步，再按齐步或跑步行进。见图 2-15。

听到"立——定"的口令，左脚踏 1 步，右脚靠拢左脚，原地成立正姿势（跑步的踏步，听到口令，继续踏 2 步，再按照上述要领进行）。

持枪立定时，在右脚靠拢左脚后，迅速将托底钣（95 式班用机枪托底）轻轻着地。其余要领同徒手。

（二）动作标准和要求

踏步时，上体保持正直，两眼向前平视，臂腿动作协调，两脚正直上下起落；立定时，不得向左或左前跨步；重点掌握两脚正直上下起落要领。

（三）训练步骤

首先在原地练习，尔后结合齐步或跑步进行练习。

图 2-15 踏步

(四) 组织练习的方法

(1) 个人体会。

(2) 模仿练习。

(3) 对伍练习。

(4) 分组练习。

(5) 集体练习。

(6) 评比竞赛。

(五) 常见错误动作及纠正方法

(1) 脚抬起时脚尖不能自然下垂。

纠正方法：脚掌离开地面时同时收脚跟，压脚尖，踝关节自然放松，使脚尖自然下垂。

(2) 脚着地移动或立定时跨步。

纠正方法：强调两脚原地起落，立定时，强调左脚正直下落。练习时，可在地面划限制线，反复练习。

(3) 踏步时膝盖外张。

纠正方法：强调抬腿时膝盖正直向上抬起。

九、移步

移步（五步以内），用于调整队列位置。

（一）动作要领

（1）右（左）跨步。

口令：右（左）跨×步——走。

要领：上体保持正直，每跨1步并脚一次，其步幅约与肩同宽，跨到指定步数停止。

（2）向前或后退。

口令：向前×步——走，后退×步——走。

要领：向前移步时，应按单数步要领进行（双数步变为单数步）。向前1步时，用正步，不摆臂，向前3、5步时，按照齐步走的要领进行。向后退时，从左脚开始。每退1步靠脚一次，不摆臂，退到指定步数停止。

（二）动作标准与要求

移步时，要姿态端正，动作准确，节奏分明；重点掌握移动时距离的准确及动作协调。

（三）训练步骤

先练习右（左）跨1步或向前1步练习，然后逐步加步进行练习。

（四）组织练习的方法

（1）个人体会。

（2）模仿练习。

（3）对伍练习。

（4）分组练习。

（5）集体练习。

（6）评比竞赛。

（五）常见错误动作及纠正方法

（1）移步时身体不稳。

纠正方法：要注意掌握好身体重心的移动，右（左）跨步和退步时，上体保持立正姿势，向前移步时，按齐步的要领（1步用正步，不摆臂）进行。

（2）移步动作慢，靠腿无力。

纠正方法：强调移步时出脚要快，靠腿时要迅速有力。

十、步法变换

步法变换均从左脚开始。分齐步、正步互换；齐步、跑步互换；齐步、踏步互换；跑步、踏步互换。

(一) 动作要领

(1) 齐步、正步互换。

口令：正步——走、齐步——走。

要领：齐、正步互换时，听到"正（齐）步——走"的口令，右脚按原步法前进1步，左脚即换新的步法。

(2) 齐步、跑步互换。

口令：跑步——走、齐步——走。

要领：齐步行进时，听到"跑步——走"的预令，两手迅速握拳提到腰际，两臂前后自然摆动；听到动令，左脚即换跑步行进。跑步行进时，听到"齐步——走"的口令，继续跑2步，然后换齐步行进。

(3) 齐步、踏步互换。

口令：踏步、前进。

要领：齐步进行时，听到"踏步"的口令，即从左脚开始踏步，踏步时，听到"前进"的口令，继续踏2步，尔后左脚换齐步行进。

(4) 跑步、踏步互换。

口令：踏步、前进。

动作要领：跑步行进时，听到"踏步"的口令，继续跑2步，然后换踏步（步速同跑步）。跑步踏步时，听到"前进"的口令，继续踏2步，尔后换跑步行进。

(二) 动作标准与要求

步法变换时，时机要准确，动作要自然、协调；变换后按新步法的要领和步速进行；重点把握变换后的第一步要准确。

(三) 训练步骤

组织练习应把握先慢后快的原则，先分解动作，后连贯动作。

(1) 分解动作练习。

行进中，听到步法变换的口令，按步法变换的要领，左脚以新步法出脚后停住；听到"二"的口令，再以新的步法继续行进。

(2) 连贯动作练习。

按步法变换的口令和要领反复练习。

(四) 组织练习的方法

(1) 个人体会。

(2) 模仿练习。

(3) 对伍练习。

(4) 分组练习。
(5) 集体练习。
(6) 评比竞赛。

（五）常见错误动作及纠正方法

(1) 军姿变形。

纠正方法：纠正时要求上体稳定，动作自然。

(2) 齐步换踏步、齐步换正步时步速快。

纠正方法：强调齐步换踏步后控制好步速，抬腿的高度要达到标准，控制好臂的摆动速度；齐步换正步后注意踢腿的高度，控制好步速。

十一、行进间转法

行进间转法是行进间变换方向的方法，分向右（左）转走、半面向右（左）转走和向后转走。下达口令时，除向左转走和半面向左转走的动令落在左脚外，其余动作的动令均落在右脚。

（一）动作要领

(1) 齐步、跑步向右（左）转。

口令：向右（左）转——走。

要领：听到口令，左（右）脚向前半步（跑步时，继续跑2步，再向前半步），脚尖向右（左）约45°，身体向右（左）转90°时，左（右）脚不转动，同时出右（左）脚按照原步法向新的方向行进。

(2) 齐步、跑步半面向右（左）转。

口令：半面向右（左）转——走。

要领：按照向右（左）转走的要领转45°。

(3) 齐步、跑步向后转。

口令：向后转——走。

要领：左脚向右脚前迈出约半步（跑步时，继续跑2步，再向前半步），脚尖向右约45°，以两脚的前脚掌为轴，向后转180°，出左脚按照原步法向新的方向前进。

（二）动作标准与要求

转动时，保持行进时的节奏，两臂自然摆动，不得外张；行进间转法要做到三快（转体快、出脚快、摆臂快）、两准（向前半步的位置准、转体角度和出脚方向准）、一稳（向前半步后稍稳再转体摆臂）；掌握转体、出脚、摆臂的协调动作。

（三）训练步骤

（1）向右（左）转走分解动作练习。

口令：分解动作，向右（左）转——走，二。

要领：听到口令，左（右）脚向前半步（跑步时继续跑2步，再向前半步）停住，脚尖向右（左）约45°；听到"二"的口令，身体向右（左）转90°，同时出右（左）脚向新方向行进。

（2）向后转走分解动作练习。

口令：分解动作，向后转——走、二、三。

要领：听到动令，左脚向右脚前半步（跑步时继续跑2步，再向前半步），脚尖向右约45°；听到"二"的口令，以两脚的前脚掌为轴，从右向后转180°；听到"三"的口令，出左脚向新的方向行进。

（3）连贯动作练习。

按行进间转法的口令和要领反复练习。

（四）组织练习的方法

（1）个人体会。

（2）模仿练习。

（3）对伍练习。

（4）分组练习。

（5）集体练习。

（6）评比竞赛。

（五）常见错误动作及纠正方法

（1）转动身体时，两臂外张，上体不稳。

纠正方法：控制两臂轻贴身体自然摆动；向前半步准确，上体保持正直，身体重心平稳移动。

（2）动作不协调。

纠正方法：强调向前半步后稍稳再转体摆臂，并注意转体、出脚、摆臂三者的协调一致。

（3）向右（左）转走时，前脚掌随身体转动。

纠正方法：向前半步及脚尖方向准确，转体同时出脚，前脚掌不转动。

十二、敬礼

（一）动作要领

敬礼分为举手礼、注目礼和举枪礼。

(1) 举手礼。

口令：敬礼、礼毕。

要领：上体正直，右手取捷径迅速抬起，五指并拢自然伸直，中指微接帽檐右角前约 2 cm 处（戴卷檐帽、无檐帽或者不戴军帽时微接太阳穴，约与眉同高），手心向下，微向外张（约 20°），手腕不得弯曲，右大臂略平，与两肩略成一线，同时注视受礼者。见图 2-16。

图 2-16　徒手敬礼姿势

听到"礼毕"的口令，将手放下，成立正姿势。

(2) 注目礼。

要领：面向受礼者成立正姿势，同时注视受礼者，并目迎目送（右、左转头角度不超过 45°）。

(3) 举枪礼（用于阅兵式或者执行仪仗任务）。

口令：向右看——敬礼、礼毕。

要领：右手将枪提到胸前，枪身垂直并对正衣扣线，枪面向后，离身体约 10 cm，枪口与眼同高，大臂轻贴右胁；同时左手接握表尺上方，小臂略平，大臂轻贴左胁；同时转头向右注视受礼者，并目迎目送（右、左转头角度不超过 45°）。见图 2-17。

听到"礼毕"的口令，将头转正，右手将枪放下，使托前踵轻轻着地，同时左手放下，成持枪立正姿势。

(4) 单个军人敬礼。

要领：单个军人在距受礼者 5~7 步处，行举手礼或者注目礼。

徒手或者背枪时，停止间，应当面向受礼者立正，行举手礼，待受礼者还礼后礼毕；行进间（跑步时换齐步），转头向受礼者行举手礼（手不随头转动），并继续行进，左臂仍自然摆动（见图 2-18），待受礼者还礼后礼毕。

携带武器（除背枪）等不便行举手礼时，不论停止间或者行进间，均行注目礼，待受礼者还礼后礼毕。

图 2-17 举枪礼姿势　　　　图 2-18 行进间徒手敬礼
(a) 携 81 式自动步枪举枪姿势；
(b) 携半自动步枪举枪礼姿势

(5) 分队、部队敬礼。

1) 停止间敬礼。

要领：当首长进到距本分队（部队）适当距离时，指挥员下达"立正"的口令，跑步到首长前 5~7 步处敬礼。待首长还礼后礼毕，再向首长报告。

2) 行进间敬礼。

要领：由带队指挥员按照单个军人行进间敬礼的规定实施，队列人员按照原步法行进。

(二) 动作标准与要求

敬礼时精神振作，姿态端正，动作敏捷有力；行注目礼时转头迅速，目迎目送的角度把握准确，行举手礼时转头、举手要一致；行举枪礼时举枪和转头要同时到位；礼毕时转头、放手要一致。

（三）训练步骤

练习敬礼、礼毕动作时，先练分解动作，后练连贯动作，先个人体会，后以班为单位进行练习。

（四）组织练习的方法

（1）个人体会。

（2）模仿练习。

（3）对伍练习。

（4）分组练习。

（5）集体练习。

（6）评比竞赛。

（五）常见错误动作及纠正方法

（1）举手时画弧。

纠正方法：要求手从胸前直接抬起，手取捷径。

（2）偏头，右手腕伸不直。

纠正方法：强调上体正直，头不动；手腕不得弯曲，稍用力。

（3）手心外张过大或过小。

纠正方法：手扶纠正外张的角度。

十三、坐下、蹲下、起立

（一）动作要领

（1）坐下。

口令：坐下、枪靠右肩——坐下、右手扶枪——坐下。

要领：左小腿在右小腿后交叉，迅速坐下（坐凳子时，听到口令，左脚向左分开约一脚之长；女军人着裙服坐凳子时，两腿自然并拢），手指自然并拢放在两膝上，上体保持正直。

携枪坐下时，两腿按照徒手坐下的要领进行，尔后枪靠右肩（枪面向右），右手自然扶贴护木（或者护盖），左手手指自然并拢，放在左膝上。肩冲锋枪、81式自动步枪、03式自动步枪坐下时，听到预令，右手移握护木（或者护盖），使背带从肩上滑下，将枪取下。

携95式自动步枪坐下时，听到"右手扶枪——坐下"的口令，两腿按照徒手坐下的要领进行，同时将枪置于右小腿前侧，枪身与地面垂直，枪面向后；右手自然扶握上护盖前端，左手手指自然并拢，放在左膝上。肩枪坐下时，听到预令，右手移握下护手前端，使背带从肩上滑下，将枪取下。

携便携式折叠写字椅坐下时，当听到"放凳子"的口令，左手将折叠写字椅提至身前交于右手，右手反握支脚上横杠，左手移握写字板和座板上沿，两手协力将支脚拉开；尔后上体右转，两手将折叠写字椅轻轻置于脚后，写字板扣手朝前，恢复立正姿势；当听到"坐下"的口令，迅速坐在折叠写字椅上。

使用折叠写字椅的靠背或者写字板时，应当按照"打开靠背"或者"打开写字板"的口令，调整折叠写字椅和坐姿；组合使用写字板时，根据需要确定组合方式和动作要领。

背背囊（背包）坐下时，听到"放背囊（放背包）"的口令，两手协力解开上、下扣环，握背带；取下背囊（背包），上体右转，右手将背囊（背包）横放在脚后，背囊口向右（背包口向左）；按照口令坐在背囊（背包）上。携枪放背囊（背包）时，先置枪（架枪），后放背囊（背包）。

（2）蹲下。

口令：蹲下。

要领：右脚后退半步，前脚掌着地，臀部坐在右脚跟上（膝盖不着地），两腿分开约60°（女军人两腿自然并拢），手指自然并拢放在两膝上，上体保持正直。蹲下过久，可以自行换脚。见图2-19。

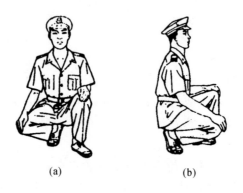

图2-19 蹲下时的姿势
(a) 正面；(b) 侧面

持枪时，右手移握护木（95式班用机枪，握上护盖前端；冲锋枪、自动步枪的携带方法不变),左手手指自然并拢,放在左膝上。

(3) 起立。

口令:起立、取背囊(背包)——起立、取凳子——起立。

要领:全身协力迅速起立,成立正姿势或者成持枪、肩枪立正姿势。

班用机枪架枪时,起立后取枪。

携背囊(背包)起立时,当听到"取背囊(背包)——起立"的口令后,按照放背囊(背包)的相反顺序进行。

携便携式折叠写字椅起立时,当听到"取凳子——起立"的口令后,按照放折叠写字椅的相反顺序进行。

(二) 动作标准与要求

坐下时上体正直,姿态端正,起立时手不扶地,左脚靠拢右脚迅速;蹲下时,右脚后退半步时动作迅速,距离准确,前脚掌着地,两腿挺直,上体后移快,蹲下迅速,臀部确实坐在右脚跟上,上体保持正直;起立时身体重心前移快,两腿挺直,靠脚迅速。

(三) 训练步骤

练习时可先分解动作后连贯动作。

(1) 坐下、起立。

口令:分解动作,坐下、二;起立、二。

动作要领:听到"分解动作,坐下"的口令,左小腿在右小腿后交叉;听到"二"的口令,迅速坐下。听到"起立"的口令,迅速起立不靠腿;听到"二"的口令,右脚靠拢左脚成立正姿势。

(2) 蹲下、起立。

口令:分解动作,蹲下、二;起立、二。

动作要领:听到"分解动作,蹲下"的口令,右脚后退半步,前脚掌着地;听到"二"的口令,迅速蹲下,臀部坐在右脚跟上,手指自然并拢放在两膝上,上体保持正直。听到"起立"的口令,全身协力迅速起立;听到"二"的口令,右脚靠拢左脚,成立正姿势。

(四) 组织练习的方法

(1) 个人体会。

(2) 模仿练习。

(3) 对伍练习。

(4) 分组练习。

(5) 集体练习。

(6) 评比竞赛。

(五) 常见错误动作及纠正方法

(1) 坐下、蹲下时上体不正直。

纠正方法：强调上体正直，挺胸，收下颌。

(2) 蹲下时两腿分开的角度不准确。

纠正方法：使用辅助器材。

十四、脱帽、戴帽

(一) 动作要领

口令：脱帽、戴帽。

要领：立姿脱帽时，双手捏帽檐或者帽前端两侧，将帽取下，取捷径置于左小臂，帽徽朝前，掌心向上，四指扶帽檐或者帽墙前端中央处，小臂略成水平，右手放下（见图2-20）。坐姿脱帽时，双手捏帽前端两侧，将帽取下，置于桌（台）面前沿左侧或者膝上（帽顶向上，帽徽朝前），也可以置于桌斗内。戴贝雷帽脱帽不便放置时，将帽左右向内折叠，左手将左肩袢提起，右手将帽插入左肩袢下，帽顶向上，帽徽朝前。需夹帽时，双手捏帽檐或者帽前端两侧，取捷径将帽取下，左手握帽墙（女军人戴卷檐帽时，将四指并拢，置于下方帽檐与帽墙之间），小臂夹帽自然伸直，帽顶向左，帽徽朝前。

戴帽时，双手捏帽檐或者帽前端两侧，取捷径将帽迅速戴正。

(a)　　　　　(b)

图2-20　徒手脱帽姿势

(二) 动作标准与要求

上体正直，姿态端正；脱戴帽动作有节奏。

(三) 训练步骤及方法

（1）分解练习。脱帽时，可将动作分为三步：第一步，双手捏帽檐或者帽前端两侧；第二步，双手将帽取下，取捷径置于左小臂；第三步，右手放下，成立正姿势。戴帽时，也可将动作分为三步：第一步，双手捏帽檐或者帽前端两侧；第二步，双手取捷径将帽迅速戴正；第三步，双手放下成立正姿势。

（2）连贯动作练习。将动作连贯起来进行练习。

(四) 组织练习的方法

（1）个人体会。

（2）模仿练习。

（3）对伍练习。

（4）分组练习。

（5）评比竞赛。

(五) 常见错误动作及纠正方法

（1）脱戴帽时，上体晃动。

纠正方法：强调上体保持立正姿势，头往上顶。

（2）动作没有节奏。

纠正方法：按分解动作反复练习。

第四节 班、排队列队形和队列动作

一、队列队形和队列动作

队列的基本队形为横队、纵队、并列纵队，需要时可以调整为其他队形。队列人员之间的间隔（相邻队员两肘之间）通常约 10 cm，距离（前一名队员脚跟与后一名队员脚尖距离）约 75 cm，需要时可以调整人员之间的间距和距离。

(一) 集合

集合，是指单个军人、分队、部队按照规范队形聚集起来的一种队列动作。

集合时，指挥员应当先发出预告或者信号，如"全连（或者×排）注意"，然后，站在预定队形的中央前，面向预定队形成立正姿势，下达"成××队——集合"的口令。所属人员听到预告或者信号，原地面向指挥员成立正姿势；听到口令，跑步到指定位置面向指挥员集合（在指挥员后侧的人员，应当从指挥员右侧绕过），自行对正、看齐，成立正姿势。

1. 班集合

口令：成班横队（二列横队）——集合。

动作要领：基准兵迅速到班长左前方适当位置，成立正姿势；其他士兵以基准兵为准，依次向左排列，自行看齐。

成班二列横队时，单数士兵在前，双数士兵在后。

口令：成班纵队（二路纵队）——集合。

动作要领：基准兵迅速到班长前方适当位置，成立正姿势；其他士兵以基准兵为准，依次向后排列，自行对正。

成班二路纵队时，单数士兵在左，双数士兵在右。

2. 排集合

口令：成排横队——集合。

动作要领：基准班在指挥员前方适当位置，成班横队迅速站好；其他班成班横队，以基准班为准，依次向后排列，自行对正、看齐。

口令：成排纵队——集合。

动作要领：基准班在指挥员右前方适当位置，成班纵队迅速站好；其他班成班纵队，以基准班为准，依次向右排列，自行对正、看齐。

3. 连集合

口令：成连横队——集合。

动作要领：队列内的连指挥员或者基准排，在指挥员左前方适当位置，成横队迅速站好；各排和连部成横队，以连指挥员或者基准排为准，依次向左排列，自行对正、看齐。

口令：成连纵队——集合。

动作要领：队列内的连指挥员或者基准排，在指挥员前方适当位置，成纵队迅速站好；各排和连部成纵队，以连指挥员或者基准排为准，依次向后排列，自行对正、看齐。

口令：成连并列纵队——集合。

动作要领：队列内的连指挥员或者基准排，在指挥员左前方适当位置，成纵队迅速站好；各排和连部成纵队，以连指挥员或者基准排为准，依次向左排列，自行对正、看齐。

（二）离散

离散是使列队的单个军人、分队、部队各自离开原队列位置的一种队列动作。

1. 离开

口令：各营（连、排、班）带开（带回）。

动作要领：队列中的各营（连、排、班）指挥员带领本队迅速离开原列队位置。

2. 解散

口令：解散。

动作要领：队列人员迅速离开原列队位置。

（三）整齐

整齐，是使列队人员按照原规定的间隔、距离，保持行、列齐整的一种队列动作。整齐分为向右（左）看齐和向中看齐。

口令：向右（左）看——齐。向前——看。

动作要领：基准兵不动，其他士兵向右（左）转头（持枪、炮时，听到预令，迅速将枪、炮稍提起，看齐后自行放下），眼睛看右（左）邻士兵腮部，前四名能通视基准兵，自第五名起，以通视到本人以右（左）第三人为度。后列人员，先向前对正，后向右（左）看齐。听到"向前——看"的口令，迅速将头转正，恢复立正姿势。

口令：以×××为准，向中看——齐。向前——看。

动作要领：当指挥员指定"以×××为准（或者以第×名为准）"时，基准兵答"到"，同时左手握拳高举，大臂前伸与肩略平，小臂垂直举起，拳心向右。见图2-21。

图2-21 向中看齐时基准兵的举手姿势

听到"向中看——齐"的口令后，其他士兵按照向左（右）看齐的要领实施。听到"向前——看"的口令后，基准兵迅速将手放下，其他士兵迅速将头转正，恢复立正姿势。

一路纵队看齐时，可以下达"向前——对正"的口令。

（四）报数

口令：报数。

动作要领：横队从右至左（纵队由前向后）依次以短促洪亮的声音转头（纵队向左转头）报数，最后一名不转头。数列横队时，由最后一名报"满伍"或者"缺×名"。连集合时，由指挥员下达"各排报数"的口令，各排长在队列内向指挥员报告人数，如"第×排到齐"或者"第×排实到×名"。

必要时，连也可以统一报数。

动作要领：连实施统一报数时各排不留间隔，要补齐，成临时编组的横队队形。见图2-22。

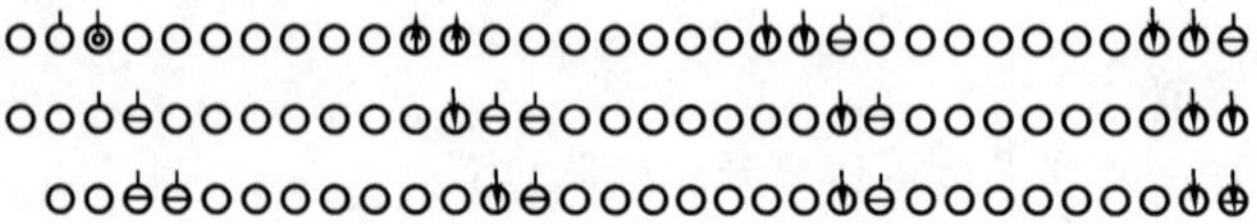

图2-22 全连统一报数时的临时队形

报数前，连指挥员先发出"看齐时，以一排长为准，全连补齐"的预告，而后下达"向右看——齐"口令，待全连看齐后，再下达"向前——看"和"报数"的口令，报数从一排长开始，后列最后一名报"满伍"或者"缺×名"。

二、出列、入列

单个军人和分队出、入列通常用跑步（5步以内用齐步，1步用正步），或者按照指挥员指定的步法执行，然后，进到指挥员右前侧适当位置或者指定位置，面向指挥员成立正姿势。

（一）单个军人出列、入列

1. 出列

口令：×××（或者第×名），出列。

动作要领：出列军人听到呼点自己姓名或者序号后应当答"到"，听到"出列"的口令后，应当答"是"。

（1）位于第一列（左路）的军人，按照本条上述规定，取捷径出列。

（2）位于中列（路）的军人，向后（左）转，待后列（左路）同序号的军人向右退1步（左后退1步）让出缺口后，按照本条的上述规定从队尾（纵队时从左侧）出列；位于"缺口"位置的军人，待出列军人出列后，即复原位。

（3）位于最后一列（右路）的军人出列，先退1步（右跨1步），然后，按照本条有关规定从队尾出列。

2. 入列

口令：入列。

动作要领：听到"入列"口令后，应当答"是"，然后，按照出列的相反程序入列。

（二）班、排出列、入列

1. 出列

口令：第×班（排），出列。

动作要领：听到"第×班（排）"的口令后，由出列班（排）的指挥员答"到"，听到"出列"的口令后，由出列班（排）的指挥员答"是"，并用口令指挥本班（排），按照本条的有关规定，以纵队形式从队尾（位于第一列的班取捷径）出列。

2. 入列

口令：入列。

动作要领：听到"入列"的口令后，由入列班（排）指挥员答"是"，并用口令指挥本班（排），以纵队形式从队尾（位于第一列的班取捷径）入列。

三、行进、停止与队形变换

横队和并列纵队行进以右翼为基准，纵队进行以左翼为基准（一路纵队行进以先头为基准）。

（一）行进

指挥员应当下达"×步——走"的口令。听到口令，基准兵向正前方前进，其他士兵向基准翼标齐，保持规定的间隔、距离行进。纵队行进时，排、连通常成三路纵队，也可以成一、二路纵队。行进中，需要时用"一二一"（调整步伐的口令）、"一二三四"（呼号）或者唱队列歌曲，来保持步伐的整齐和振奋士气。

（二）停止

指挥员应当下达"立——定"的口令。听到口令，按照立定的要领实施，分队的动作要整齐一致。停止后，听到"稍息"的口令，先自行对正、看齐，再稍息。

（三）队形变换

队形变换，是列队后，由一种队形变为另一种队形的队列动作。

1. 横队和纵队的互换

（1）横队变纵队：停止间口令：向右——转。

行进间口令：向右转——走。

（2）纵队变横队：停止间口令：向左——转。

行进间口令：向左转——走。

动作要领：停止间，按照单个军人向右（左）转的要领实施。行进间，按照单个军人向右（左）转走的要领实施。分队动作要整齐一致。队形变换后，排以上指挥员应当进到规定的列队位置。

2. 停止间班横队和班二列横队、班纵队和班二路纵队互换

（1）班横队变班二列横队。

口令：成班二列横队——走。

动作要领：变换前，先报数。听到口令，双数士兵左脚后退1步，右脚（不靠拢左脚）向右跨1步，左脚向右脚靠拢，站到单数士兵后，自行对正、看齐。

（2）班二列横队变班横队。

口令：间隔1步，向左离开。

成班横队——走。

动作要领：听到"间隔一步，向左离开"的口令，取好间隔；听到"成班横队——走"的口令，双数士兵左脚左跨1步，右脚（不靠拢左脚）向前1步，左脚向右脚靠拢，站到单数士兵左侧，自行看齐。

（3）班纵队变班二路纵队。

口令：成班二路纵队——走。

动作要领：变换前，先报数。听到口令，双数士兵右脚右跨1步，左脚（不靠拢右脚）向前1步，右脚向左脚靠拢，站到单数士兵右侧，自行对正、看齐。

第五节　阅　　兵

阅兵是队列训练的最高形式，是对队列动作的综合运用和检验，它涵盖了队列训练的全部内容。对于军队而言，阅兵是一种非常隆重的军事盛事，也是一项重要的制度，是向党和国家领导人、军队首长以及全国人民展现良好的军政素质、军容、军姿和武器装备的一种重要形式，是检验军队建设成就、展现军事力量、直接表现官兵素质的主要形式，能达到壮军威、振国威、鼓士气的目的。

阅兵分为阅兵式和分列式。通常进行两项，根据需要，也可以只进行一项。

在我国，阅兵由党和国家领导人，中央军事委员会主席、副主席、委员以及团以上部队军政首长或者被上述人员授权的其他领导和首长实施。通常由1人检阅。

大学生集中军事技能训练过程中，一般都要举行盛大的学生军训成果汇报暨军训总结汇报大会，其中隆重的学生军训阅兵是军训总结汇报的重要环节。

一、军旗的掌持

军旗由部队首长指派一名掌旗员掌持，两名护旗兵护旗，护旗兵携带自动步枪（冲锋枪）成挂枪姿势，位于掌旗员两侧。掌旗员通常由连、排职军官或士官充任，护旗兵通常由士官或士兵充任。掌旗员和护旗兵应具备良好的军政素质和魁梧匀称的体形。

掌持军旗的姿势分为持旗、扛旗和端旗。

（一）动作要领

1. 持旗

立正时，右臂自然下垂，右手持旗杆，使旗杆垂直立于右脚外侧（见图2-23）。稍息时，持旗姿势不变。

2. 扛旗

听到"齐步——走"的预令后，左手握旗杆套下方约10 cm处，两手协力将旗上提，扛于右肩，旗杆套稍高于肩，右臂伸直，右手掌心向下握旗杆，左手放下（见图2-24）。听到动令，开始行进。

图2-23 立正持旗姿势

图2-24 准备行进时的扛旗姿势

3. 端旗

右手握旗杆套下约 10 cm 处，右臂向前伸直，右手约与肩同高，左手握旗杆下部，左小臂斜贴于腹部（见图 2-25）。

图 2-25 端旗姿势

4. 扛旗、端旗互换

（1）扛旗换端旗。

口令：正步——走。

动作要领：听到"正步——走"的口令后，在左脚落地时，左手在右手腕处握旗杆；在右脚落地时，右手移握距旗杆套约 10 cm 处；再出左脚的同时，右臂向前伸直，左手向后压，两手协力转换成端旗姿势，继续行进。

（2）端旗换扛旗。

口令：齐步——走。

动作要领：听到"齐步——走"的口令后，在左脚落地同时，收右臂，左手前推，将旗扛于右肩；在右脚落地时，右手移握旗杆下部，右臂伸直；再出左脚的同时，左手放下，换齐步行进。

5. 掌旗员、护旗兵行进中方向变换

掌旗员、护旗兵行进中变换方向时，以掌旗员为轴。迎送军旗时，其行进、转弯、步法变换和停止的口令均由掌旗员下达。

（二）动作要点

（1）在持旗的基础上换扛旗时，左手握旗杆套下约 10 cm 处，两手协力将旗上提于右肩时，左手拇指在内微接于右肩，以保证旗杆套稍高于右肩，右手沿旗杆下滑使右臂伸直，而后左手放下。

（2）扛旗换端旗时，左手掌心向下，在左脚向下用力着地的同时，于右手腕处握旗杆，位置要准确；右脚向前踢出时右手不动，当右脚向下开始运动时，右手迅速向上移握旗杆，大臂紧贴右肋。右小臂迅速向上运动，同时右手掌心向上在旗杆套下约 10 cm 处握旗杆，再踢左脚时，同时右手向前用力推旗杆，五指放松，以保证向前推旗的速度，两手协力使端旗到位。

（3）端旗换扛旗时，于左脚着地的同时，两手协同将旗收至右肩，左手控制向前推的距离，以保证正确的扛旗角度，旗上肩后，右手迅速下握，同时左手向后摆动。

二、迎军旗、送军旗

（一）动作要领

1. 迎军旗

将展开的军旗持入队列时，部队应当整队举行迎军旗仪式。步兵团迎军旗时，通常成营横队的团横队。特殊情况下，可由机关和指定的分队参加，按照部队首长临时规定队形列队。

步兵团迎军旗时，主持迎军旗的指挥员下达"立正""迎军旗"的口令。听到口令后，掌旗员（扛旗）、护旗兵齐步行进，当由正前或者左前方向本团右翼进至距队列 40~50 步时（见图 2-26），主持迎军旗的指挥员下达"向军旗——敬礼——"的口令，听到口令后，位于指挥员位置的军官行举手礼，其余人员行注目礼；掌旗员（由扛旗换端旗）、护旗兵换正步，取捷径向本团右翼排头行进，当超过团机关队形时，主持迎军旗的指挥员下达"礼毕"的口令，部队礼毕；掌旗员（由端旗换扛旗）、护旗兵换齐步。军旗进至团指挥员右侧 3 步处时，左后转弯立定，成立正姿势。

2. 送军旗

将军旗持出队列时，部队应当整队举行送军旗仪式。步兵团送军旗时，参加人员和队形与迎军旗同。

步兵团送军旗时，主持送军旗的指挥员下达"立正""送军旗"的口令。听到口令后，掌旗员（成扛旗姿势）、护旗兵按照迎军旗路线相反方向齐步行进。军旗出列后行进至团机关队形右侧前时，主持送军旗的指挥员下达"向军旗——敬礼——"的口令。听到口令后，掌旗员（由扛旗换端旗）、护旗兵换正步，全团按照迎军旗的规定敬礼。当军旗离开距队列正面 40~50 步时，主持送军旗的指挥员下达"礼毕"的口令，部队礼毕；掌旗员（由端旗换扛旗)、护旗兵换齐步，返回原出发位置。

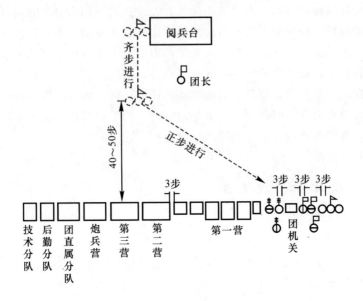

图 2-26 步兵团阅兵队形和军旗持入队列行进路线

军兵种团以上部队和院校迎送军旗，参照步兵团迎送军旗的规定组织实施。

(二) 动作要点

主持迎送军旗的指挥员要掌握下达口令的时机，列队人员注意转头的角度和转头、眼神的一致性。掌旗员、护旗兵，扛、端旗互换时，走直线，步法变换要协调一致。

三、阅兵程序

(一) 迎军旗

迎军旗在阅兵式开始前进行。具体方法按照迎军旗的动作要领进行实施。

(二) 阅兵式

团阅兵式的队形通常为营横队的团横队，或者由团首长临时规定。

1. 阅兵首长接受阅兵指挥报告

当阅兵首长行至本团队列右翼适当距离时，或者在阅兵台就位后（当上级首长检阅时，通常由团政治委员陪同入场并陪阅），阅兵指挥在队列中央前下达"立正"的口令,随后跑到距阅兵首长 5~7 步处敬礼,待阅兵首长还礼后礼毕并报告。例如"师长同志,步兵第×团列队完毕,请您检阅"。报告后,左跨 1 步,向右转,让首长先走,而后在其右后侧(当上级首长检阅时,团政治委员在团长右侧)跟随陪阅。

2. 阅兵首长向军旗敬礼

阅兵首长行致距军旗适当位置时,应当立正向军旗行举手礼(陪阅人员面向军旗,行注目礼)。

3. 阅兵首长检阅部队

当阅兵首长检阅行至团机关、各营部、各连及后勤分队队列右前方时,团机关干部由副团长或者参谋长、各营部由营长、各连由连长、后勤分队由团指定的指挥员下达"敬礼"的口令。听到口令,位于指挥位置的军官行举手礼,其余人员行注目礼,目迎目送首长(左、右转头不超过 45°)。当首长问候"同志们好!"或者"同志们辛苦了!"时,队列人员应当齐声洪亮地回答"首——长——好!"或者"为——人民——服务!"当首长通过后,指挥员下达"礼毕"的口令,队列人员礼毕。

(三)分列式

团分列式队形由团阅兵式队形调整变换,或者由团首长临时规定。团分列式应当设四个标兵,一、二标兵之间和三、四标兵之间的间隔各为 15 m,二、三标兵之间的间隔为 40 m(见图 2-27)。标兵应当携带自动步枪或者半自动步枪,并在枪上插标兵旗(见图 2-28)。

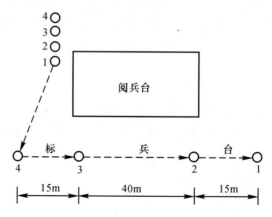

图 2-27 步兵团阅兵标兵设置位置和标兵就位行进路线

分列式程序:

1. 标兵就位

分列式开始前,阅兵指挥在队列中央前,下达"立正""标兵就位"的口令。标兵听到口令,成一路纵队持(托)枪跑步到规定的位置,面向部队成持枪立正姿势。

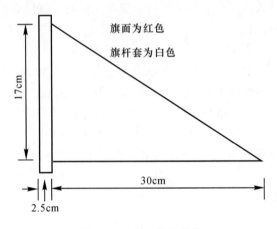

图 2-28 标兵旗的规格

2. 调整部(分)队为分列式队形

标兵就位后,阅兵指挥下达"分列式,开始"的口令,而后,跑步到自己的列队位置。听到口令后,各分队按照规定的方法携带武器(掌旗员扛旗),团、营指挥员分别进到团机关和营部的队列中央前,各分队指挥员进到本分队队列中央前,下达"右转弯,齐步——走"的口令,指挥分队变换成分列式队形。

3. 开始行进

变换成规定的分列式队形后,团机关由副团长或参谋长下达"齐步——走"的口令。听到口令后,团指挥员、团机关人员齐步前进,其余分队依次待前一分队离开约 15 m 时,分别由营、连长及后勤分队指挥员下达"齐步——走"的口令,指挥本分队人员前进。

4. 接受首长检阅

各分队行至第一标兵处,将队列调整好。进到第二标兵处,掌旗员下达"正步——走"口令,并和护旗兵同时由齐步换正步,扛旗换端旗(掌旗员和护旗兵不转头）。此时，阅兵首长和陪阅人员应当向军旗行举手礼。副团长或者参谋长和各分队指挥员下达"向右——看"的口令，队列人员听到口令后（可喊"一、二"），按照规定换正步（步枪手换端枪）行进，并在左脚着地的同时向右转头（位于指挥位置的军官行举手礼，并向右转头，各列右翼第一名不转头），不超过45°，注视阅兵首长，此时阅兵台最高首长行举手礼，其他人员行注目礼。

进到第三标兵处，掌旗员下达"齐步——走"的口令，并与护旗兵由正步换齐步，同时换扛旗；其他分队由上述指挥员分别下达"向前——看"的口令，队列人员听到口令后，在左脚着地时礼毕（将头转正），同时换齐步（步枪手换托枪）行进。

当上级领导检阅时，团长和政治委员通过第三标兵后，到阅兵首长右侧陪阅。各分队通过第四标兵，换跑步带到指定位置。待最后一个分队通过第四标兵，阅兵指挥下达"标兵，撤回"的口令，标兵按照相反顺序跑步撤至预定位置。

（四）阅兵首长讲话

分列式结束后，阅兵指挥调整好队形，请阅兵首长讲话。讲话完毕，阅兵指挥下达"立正"的口令，向阅兵首长报告阅兵结束，由团政治委员陪同阅兵首长离场。

（五）送军旗

送军旗，在阅兵首长讲话后或结束后进行，具体方法按照送军旗的动作要领及规定进行。

第六节　队列与阅兵训练方法提示

队列训练是学生军事技能训练的重点科目，是学生基本素质训练和军人基本常识、举止、动作的基础训练，也是参训领导、军事教官花费时间长投入精力大的训练科目。显而易见，队列训练质量效果的好坏，是对训练成果的最直观的综合性检验，影响深远。从一定意义上看，它将直接关系到军事技能训练工作的成败。因此，在学生军事技能训练实践中，探索教学规律，认真研究，吸纳和运用适合大学生特点的队列训练教学方法和手段，对提高教学组织能力和训练质量，促进军事技能训练工作圆满完成将产生重要影响。

一、队列训练方法提示

(一) 研究训练方法的目的和意义

训练方法指组织实施教学的方法。也就是在训练过程中,为完成训练任务而采取的工作方式。"训"是指训练的组织和教的方法;"练"是指学的方法。训和练是密不可分的两个方面,是活动的统一体。

从一定意义上讲,训练质量的好坏,主要取决于教练员的训练方法、带兵方法、组织管理方法。训练方法是否恰当,也是衡量教练员的思想方法、工作方法、专业技术水平、组织管理能力的重要标志。同样的课目,同样的时间,教练员的水平有高有低,训练的效果就大不一样。可见方法不当,就会使训练走弯路,影响训练效果。

(二) 研究改进训练方法应着重抓好的问题

(1) 按条令要求认真做好教学准备。"凡事预则立,不预则废"。认真做好准备是搞好队列训练的前提。作为教练员必须在开训之前统一规范训练内容、方法、时间、标准、程序和要求,做好认真细致的教学准备。

(2) 要把军姿作为训练的重点和基础,贯彻在队列训练的全过程,把训练与日常养成教育结合起来。

大家知道,队列训练首先是要练好军姿。军姿,即立正,这是军人姿态中最具代表的姿态,是队列动作的基础。它有助于养成端庄的仪容,突出威武矫健的形象;它是其它队列动作的组成部分或基础,做各种动作,通常都是从立正开始,最后又恢复立正;立正可以锻炼人的意志,有助于培养坚毅的性格。因此,军训队列训练中要把立正的动作要领贯彻到整个训练的始终,任何情况下都要强调军姿,做到精神振奋,姿态端正,军容严整。

练好军姿要注重把训练与日常养成教育结合起来。"冰冻三尺,非一日之寒",讲的就是这个道理。

(3) 要按课目分阶段,分步细训,精讲多练。基础动作要着重于练。俗话说,拳不离手,曲不离口,就是强调反复练,经常练,练多了熟能生巧,巧而变精。苦练是掌握队列动作的基础,要注重引导学生必须下功夫苦练。

一是精讲多练。要突出一个"练"字,讲一动,练一动,在苦练的基础上,让学生摸要领,找窍门。

二是逐步加大训练难度和强度,从训练效果上下功夫。

三是在掌握单个队列动作的基础上,进行合练和综合训练,从总体动作协调一致上下功夫。

（4）在训练的组织方法上要提倡"四先四后，四多四少"，做到"三个结合"，达到"三个统一"。

1）"四先四后"，即先示范后体会；先分练后合练；先分解后连贯；先单兵后整齐。

2）"四多四少"，即多分练，少集合集体练；多开展兵教兵，少一锅煮大呼隆；多让学生体会琢磨，少机械盲目来回走；对基础较差者应多鼓励少批评。

3）"三个结合"，即精讲与多练相结合，关键在练；苦练与巧练相结合，核心在巧；坚持严训与细纠相结合，重点在纠。

4）"三个统一"，即：动作要领统一，操作程序统一，要求标准统一。

（5）把握特点、因材施教。鉴于参训大学生思想敏捷，理解能力强，反应快，但体质较弱，毅力耐力差，军事技能训练人员训练时间集中，野外课目多，体力消耗大，组织管理要求严格，训练艰苦、紧张、节奏快，军事教官与参训学生比例悬殊等特点，短时间内掌握队列动作有一定难度。因此在训练组织方法上要注意以下几点：

1）要做好充分的教学理论准备，把动作要领、要求、常犯毛病、原因及纠正方法讲深、讲透。

2）要按条令标准要求严扣细训、精益求精，从标准、目标上做到"三严"，即队列生活严，训练方法严，教学作风严。

3）在贯彻"严格训练，严格要求"上，要注意从实际出发，充分考虑学生的思想状况、身体素质、生活基础与接受能力，做到严之有理，严之有据，严之有序，严之有度，严在情理之中。

4）做好训练中的思想政治工作，善于调动训练积极性。要不断进行训练动员，及时小结讲评，表扬好人好事；要防止体罚和变相体罚学生，保护学生的训练热情；要言传身教，用军人的气质、形象影响、感染学生；要摸索研究参训学生的心理变化规律，有的放矢地做好训练中的思想政治工作。

（三）教练员应具备的教学作风

（1）对教学训练工作认真负责，积极热情，吃苦精神强，模范作用好，善于动脑筋改革训练方法，想方设法完成教学任务。在组织训练的基本方法上重点抓好以下五个字：

1）讲：一定要按条令要求把动作要领讲清楚，讲解时要言简意赅，要讲得准确无误，使学生易懂易记。

2）做：示范动作要准确、熟练，做示范时要先分解后连贯，边讲边做，讲做结合。

3）练：（体会练习）讲完要领后，一定要给学生体会练习时间，使其对要领融会贯通。练习时方法要灵活多样，要有新颖感。如队列操枪练习方法通常有：两人一组练习；两列横队面对面练习；上、下半班练习；环形队形、三角队形、流水作业练习；对痼癖动作较多者采取集中练习等。

4）纠：（帮助改正动作），要善于发现问题，进行纠正，对个别问题个别纠正，共同问题共同纠正；辅导纠正要有耐心、细心、热心；要百教不厌，以理服人，先指优点，后指缺点，多鼓励少批评，要指出错在哪里，为什么错，使学生乐意接受，自觉改正。

5）管：（维护管理好训练秩序）分开练习时要注意管理秩序；注重仪表姿态；注意安全，严防事故；大胆管理，严密组织。

（2）熟悉本课目的理论知识，充分做好教学理论准备。讲解时语言要简明、精炼、通俗易懂，生动活泼，解答问题准确、透彻。

（3）教学指导思想明确，准备充分，重点突出，层次分明，能因人施教，方法灵活多样，效果明显。

（4）能准确、熟练地进行示范动作，严格区分正确、谬误，指出常犯毛病及纠正方法，善于发现、及时纠正问题。

（5）从关心爱护学生出发，既严格训练严格要求，又要循循善诱，耐心施教，既考虑训练强度，又要注意学生身心承受能力，既突出训练要点，又要兼顾一般内容。在时间安排上，坚持统一而不死板，灵活而不随意的原则，让学生多体会，多练习；训练不搞疲劳战术，时间服从效果，把握好学生训练的"兴奋点"。

二、阅兵方队训练方法提示

阅兵方队训练是学生军事技能训练阶段的重头戏，是对军训成果最直观的综合性检验，从一定意义上看，阅兵方队训练的好坏，将直接关系学生军事技能训练工作的成败。阅兵方队训练是在队列训练的基础上进行的，主要特点是标准高、要求严、阵容大、效果好。只有严密组织，周密计划，精心准备，科学实施，正确指挥，才能确保训练效果。作为参训的每一位教官，必须高度重视，加倍努力，认真探索阅兵方队训练的特点和规律，不断改进训练方法和手段，增加训练的针对性、有效性，促进阅兵方队训练质量的提高。

现将阅兵方队训练方法要点提示如下：

(一) 阅兵训练重点抓好六方面

(1) 军姿定型训练：始终保持良好的军姿，做到精神振奋、严肃认真、姿态端正、军容严整。

(2) 齐步每分钟 116～122 步，正步每分钟 110～116 步。

(3) 动作协调训练：要求动作迅速、准确、协调一致，体现形态美、举止美、展现气质魅力。

(4) 动作节奏训练：齐步、正步的摆臂、踢腿及敬礼（阅兵及方队正步行间摆头），操枪节奏训练要强调"三把枪"有较强节奏感。

(5) 动作力度训练：要以力量、速度作保证，防止松散。

(6) 行进方向训练：保持准确的行进方向，使排列整齐。

(二) 方队合成训练的重点和方法

(1) 抓好"三兵"训练：即基准兵（排头兵），主要把握好行进方向、步幅和距离。钉子兵（排面中间的学生），是排面的支柱，对排面行进方向和稳定协调起重要作用。框子兵（方队外层人员），是方队的门面，是方队整齐的关键。

(2) 抓好"四等"训练：即等距离、等间隔、等步幅、等步速。

(3) 抓好"三个第一步"训练：即踏步换齐步的第一步；正步换齐步的第一步；齐步换正步的第一步。

(4) 方队合成训练：重点要解决好方队行进间的横线齐、纵线齐、斜线齐，使整个方队达到威武雄壮，整齐有力，动作规范，协调一致。

(三) 阅兵方队队列训练的重点

(1) 练好军姿，按"立正"动作要领严格要求，打好基础。

(2) 单个徒手队列动作，重点练好齐步和正步的行进。

(3) 操枪训练，重点是半自动步枪行进间托枪与端枪的互换。携枪时要按要领实施，动作节奏要明显，敏捷、有力、整齐；步法与操枪、劈枪与转头要协调一致；托枪与端枪互换必须保持规定的步幅、步速。

(4) 队列训练要做到"六定"：即军姿定型、摆臂踢腿定高、操枪定位、步幅定距、步速定准、摆头定度。

思 考 题 二

1.《内务条令》第二章的主要内容是什么？
2.《纪律条令》的基本内容是什么？

3. 制定《队列条令》和加强队列训练的目的与要求什么？
4. 立正的动作要领是什么？
5. 齐步的行进、停止动作要领是什么？
6. 正步的行进、停止动作要领是什么？
7. 军人誓词和士兵的一般职责是什么？
8. 《内务条令》对一日生活的规定有哪些？
9. 《纪律条令》在我军的建设中有什么作用？
10. 试论述贯彻执行《共同条令》的意义。
11. 研究改进队列训练方法应着重抓好哪几个方面的问题？
12. 阅兵方队训练的重点是什么？应突出抓好哪几个方面的问题？

第三章 轻武器射击

轻武器的传统概念是指手枪、步枪、冲锋枪、班用机枪等。根据现代战争的特点,轻武器所包含的范畴已扩大到包括单兵或班组使用的其他武器,如火箭筒及单兵防空导弹、步兵反坦克导弹等。

轻武器的主体是枪械。它重量轻、体积小、便于携带、使用方便,特别适用于近战,是军队中装备数量最多的武器。

自动步枪、冲锋枪、班用机枪是步兵分队在近战中歼敌的主要武器,手枪是近距离歼敌的自卫武器。它们构成了轻武器的主要系列。

本章主要介绍手枪和自动步枪的武器常识、射击原理及射击动作要领等。教学目的是了解轻武器的战斗性能和基本的射击原理,掌握射击动作要领,完成轻武器第一练习实弹射击。

第一节 轻武器常识

一、手枪

(一) 54 式手枪

1. 战斗性能

54 式手枪是以单发为主要使用方式的短枪,在 50 m 内射击效果良好。有效射程 500 m。战斗射速约 30 发/min。容弹量 5~20 发。

2. 主要诸元

口径 7.62 mm,枪全重 0.85 kg,枪全长 195 mm,弹头最大飞行距离 1 630 m,弹匣容量 8 发。

3. 主要机件名称

54 式手枪由枪管、套筒、复进机、套筒座、击发机、弹匣组成(见图 3-1)。另有附品筒。

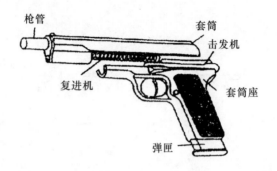

图 3-1 54 式手枪主要机件

(二) 64 式手枪

1. 战斗性能

64 式手枪在隐蔽狭窄地形上和敌人突然遭遇时,使用方便。手枪在 50 m 内射击效果最好,弹头飞到 305 m 仍有杀伤力。战斗射速约 30 发/min。

64 式手枪使用 64 式手枪弹,在 25 m 的距离上能射穿 2 mm 厚的钢板、7 cm 厚的木板、4 cm 厚的砖墙、25 cm 厚的土层。

2. 主要诸元

口径 7.62 mm,枪全重 0.56 kg,枪全长 155 mm,弹头最大的飞行距离 800 m,弹匣容量 7 发。

3. 主要机件名称

64 式手枪由枪管、套筒、复进簧、套筒座、击发机和弹匣六大部件组成(见图 3-2)。另有附品。

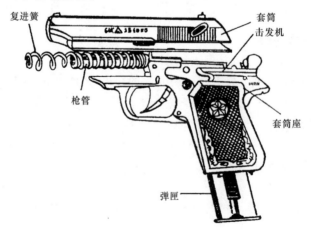

图 3-2 64 式手枪主要机件

二、95式、95-1式自动步枪

95式5.8 mm自动步枪和95-1式5.8 mm自动步枪由我国自主研发，95式5.8 mm自动步枪于1997年首批装备驻港部队，具有口径小、初速高、火力猛、杀伤力大等特点，是我军主要装备的轻武器之一。

（一）战斗性能和主要诸元

95式、95-1式自动步枪与95式5.8 cm班用轻机枪组成班用枪族，活动机件和弹匣、弹鼓可以互换，并能用枪挂榴弹发射器发射40 mm枪榴弹，使射手具有点面杀伤和反装甲的能力，是近战中消灭敌人有生力量的自动武器和步兵分队反装甲目标的辅助武器。

1. 战斗性能

95式、95-1式自动步枪对单个目标在400 m内射击效果最好，集中火力可射击500 m内的敌机、伞兵以及集团目标。

供弹方式：弹匣供弹，每支枪配有5个弹匣。必要时也可使用弹鼓供弹。

射击方法：可实施短点射（2~5发），还可实施长点射（6~10发）和单发射。

战斗射速：点射100发/min，单发射40发/min。

枪管寿命：10000发。

2. 主要诸元

口径	5.8 mm
初速	920 m/s
有效射程	400 m
表尺射程	500 m
瞄准基线长	325 mm
枪全重（含一个弹匣）	3.5（3.3）kg
枪全长（不装刺刀）	746（744）mm
刺刀长（不含刀鞘）	320 mm
刺刀宽	35 mm
刺刀重（含刀鞘）	360 g
弹匣容弹量	30发

注：括号内数值为95-1式5.8 mm自动步枪参数。

(二) 各部机件的名称、用途及自动原理

1. 各部机件的名称和用途

95式、95-1式自动步枪由刺刀、枪管、导气装置、瞄准装置、护盖、枪机、复进簧、击发机、枪托、机匣和弹匣十一大部组成（见图3-3、图3-4）。另有一套附品。

（1）刺刀（匕首）。

刺刀（匕首）用以刺杀敌人。也可作为格斗匕首和野战工作用刀（图3-5）。

多功能刺刀由刺刀和刀鞘组成。刺刀上有剪刀部位、剪刀轴孔、锉削部位、刀环、刀柄座、砍削部位和锯割部位。刀鞘上有挂带、带扣、磨刀石、平口起子、剪板座和轴。

在战斗中，如需用刺刀刺杀敌人时，应将刺刀装在枪上，其要领是：将刀环套入枪的膛口装置前端，刀柄座的T形槽对准枪上刺刀座的T形凸笋，向后拉到定位。卸下刺刀时，左手握护盖，右手用力按压刀柄上左右凸起笋（刻有直纹处），然后将刺刀向枪口方向抽出，并装入刀鞘内，挂在腰带上。

图3-3　95式自动步枪

图3-4　95-1式自动步枪

图 3-5　刺刀

（2）枪管。

枪管用以赋予弹头的飞行方向（见图 3-6）。

枪管内是枪膛，枪膛分为弹膛和线膛。弹膛用以容纳子弹，线膛能使弹头在前进时旋转运动，以保持飞行的稳定性。

枪口装置用来减小发射时枪口的跳动和火焰，并与后定位器配合，作为榴弹发射器及刺刀连接座使用。

图 3-6　枪管

（3）导气装置。

导气装置由气体调节器、活塞簧及活塞组成（见图 3-7）。

气体调节器用以调节火药气体的大小。标有"0"、"1"、"2"的数字，分别表示闭气、小孔和大孔位置。通常装定在"1"上，当武器过脏来不及擦拭或在严寒条件下射击时，可装定在"2"上。发射时，必须将调节塞转动到"0"的位置，以防损坏活动机件。

活塞用以承受火药气体的压力，推动枪机向后。

活塞簧用以使活塞回到原来位置。

图 3-7　导气装置

(4) 瞄准装置。

瞄准装置有机械瞄准具、白光瞄准镜和微光瞄准镜等。用以对目标瞄准。95 式自动步枪表尺上有觇孔，标有 1、3、5 三个字样，分别表示 100 m、300 m 和 500 m，表尺"0"上荧光点与准星两侧的荧光点组成准星、照门倒置式简易夜瞄装置，其使用同表尺。95-1 式自动步枪表尺上有觇孔，标有 3（大孔）、3、4、5 字样，分别表示 300 m（快速瞄准和夜间瞄准）、300 m、400 m 和 500 m。准星由准星座、准星连接座、准星护圈和准星四部分组成。准星可拧高、拧低，准星移动座可以左右移动，准星移动座和准星座上各刻有一条刻线，用以检查准星位置是否正确。

瞄准镜座，用以安装白光、微光瞄准镜。

(5) 护盖。

护盖由上护盖与下护盖组成。上护盖有提把，用以提枪前进。下护盖有握把、扳机护圈、小握把、护盖锁孔、挂合杆，主要用以操持武器和射击（见图 3-8）。

图 3-8　护盖

握把内为附品筒巢，用以容纳附品筒，前端小提把有通气孔，用以及时散热冷却枪管。

(6) 枪机。

枪机由机体和机头组成。用以送弹、闭锁、击发和退壳，并能使击锤向后成待发状态（见图 3-9）。机体上有圆孔和导笋槽，用以容纳机头，并引导机头旋转形成闭锁和开锁。机体上还有解脱凸笋、机柄和复进簧巢。机头上有：击针，用以撞击子弹底火；抓弹钩，用以从膛内抓出弹壳（子弹）；机头上还有导笋、送弹凸笋、开闭锁凸笋、导槽和弹底巢。

(7) 复进簧。

复进簧的作用是储存枪机、枪机框的部分后坐能量，以便赋予枪机、枪机框向前复进及完成推弹、抓弹、闭锁、解除不到位保险等所必需的能量

(见图3-10)。

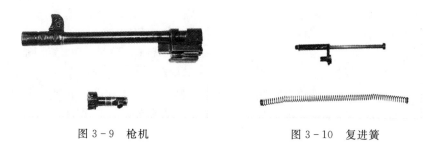

图3-9 枪机　　　　　图3-10 复进簧

(8) 击发机。

击发机由扳机、扳机拉杆、阻铁杠杆、击发阻铁、单发阻铁、不到位保险机、解脱杠杆、快慢机、击锤、击锤簧、击锤簧导杆、顶头及击发机座组成。用以控制待发、操纵击发及保险。快慢机上的"0""1""2"分别为保险、单发射和连发位置。

(9) 机匣。

机匣用以容纳枪机、固定快慢机和弹匣。

机匣外有：弹匣卡笋和弹匣结合口，用以结合弹匣或弹鼓。机匣内有：闭锁卡槽，能解脱枪机闭锁枪膛；拨弹凸笋，用以拨出弹壳（子弹）。

(10) 枪托。

枪托用以保证机匣内部免沾污垢和便于操作（见图3-11）。

枪托右侧有抛弹壳（子弹）口，枪托内有杠杆式缓冲器和后端的变刚度托钣组成双缓冲机构，可降低活动机件后坐时的撞击。

(11) 弹匣。

弹匣由弹匣体、托弹钣、托弹钣簧、卡钣、弹匣盖组成，用以容纳和托送子弹（见图3-12）。

图3-11 枪托　　　　　图3-12 弹匣

弹匣体的后端有三个观察孔，分别对正第 10 发、20 发和 30 发子弹的底缘，用以观察子弹的余量。

附品：用以分解结合、擦拭上油、携带和排除故障。

附品有通条头、通条接杆（7 根）、冲子、铣杆、准星扳手、油刷、油壶、背带和弹匣袋。使用时，将通条接杆与通条头或油刷拧结在一起，用以清除枪管内脏物及涂油；铣杆用以拆卸击针销、拉壳钩轴等；准星扳手用以矫正射效时调节准星的高低；冲子用以清除枪管导气孔的火药残渣。

2. 自动原理

扣扳机后，扳机拉杆拉下击发阻铁，击锤平移向前打击击针，击针撞击子弹底火，点燃发射药，产生火药气体，推送弹头沿膛线向前运动；当弹头经过导气孔时，部分火药气体通过导气孔，涌入导气箍，冲击活塞，推动枪机向后，压缩复进簧，完成开锁抛壳，并使击锤向后成待发状态；当枪机退到最后方时，由于复进簧的伸张，使枪机向前运动，推动次一发子弹入膛、闭锁。此时，如快慢机定在连发位置，扳机未松开，击发阻铁不能卡住击锤，击锤再次打击击针，形成连发；如快慢机定在单发位置，击锤被单发阻铁卡住不能向前，若再次发射，必须松开扳机再扣；如快慢机定在保险"0"的位置，快慢机轴阻挡击发阻铁使其不能回转，成保险状态。当击锤位于后方（即待发状态）保险时，扣不动扳机，不能击发；当击锤位于前方（即击发状态）保险时，活动机件不能压击锤向后成待发，枪机不能推弹进膛。

3. 瞄准镜

（1）白光瞄准镜。白光瞄准镜用以对 600 m 以内（配于自动步枪时）或 800 m 以内（配于班用机枪时）的目标实施瞄准射击和战场观察。当目标宽度为 0.5 m 时，可概略测定目标距离。

（2）微光瞄准镜。微光瞄准镜是一种轻便的被动式夜间瞄准器材，可有效地进行夜间精确瞄准；观察发现敌人所使用的红外光源或其他光源的位置。在无月星空、中等对比度、背景不透空的条件下，能识别 200 m 处站立的人员。

（三）分解结合

分解结合是为了擦拭、上油、检查和排除故障。分解结合的要求为：分解前必须验枪；分解时要按顺序和要领进行，不要强敲硬卸；分解下来的机件应按次序放在干净的物体上；除所讲的分解内容外，未经许可，不准分解其他机件；结合后，应拉送枪机数次，检查机件结合是否正确。

1. 分解

（1）取出附品筒。打开握把盖取出附品筒。两手打开取出附品筒盖，取出附品。

（2）卸下弹匣。左手掌心向上握下护盖前端，使枪面稍向左，右手握弹匣，拇指按压弹匣卡笋（也可右手掌心向上握弹匣，以手掌肉厚部分推压卡笋），前推使弹匣凹槽脱离弹匣卡笋，再向后下方取下弹匣。

（3）卸下枪托。右手握枪托底下部，拇指用力压住枪托底中部偏下部位，左手拇指从左向右将枪托销顶出；左手将枪托销向右拉到尽头。然后，左手托握机匣，右手握枪托并且向后拉，取下枪托。（95－1式自动步枪卸下枪托时，空仓挂机应已解脱。）

（4）取出击锤、枪机及复进簧。右手向后拉动击锤取下，抽出复进簧，再向后拉出枪机。

（5）取下机头。左手向左旋转机头，待机头开闭锁凸笋对准机体上的让位槽时，向前拉出机头。

（6）卸下上护盖。左手握机匣尾部，右手先将上护盖向后移动5～8毫米，然后向上提起上护盖后部，让过瞄准镜座，继续向后上提拉取下上护盖。

（7）卸下气体调节器。按压调节器卡笋，使其退出定位槽，然后转动气体调节器，当其向上两平面处于水平位置时，向外抽拉卸下气体调节器。

（8）取出活塞及活塞簧。用手捏住活塞向前推动，当活塞头部露出导气箍时，取出活塞及活塞簧。（95－1式自动步枪，用右手食指将机匣左侧内的通条体向后推出一段，然后捏住推出的通条体将其抽出机匣。）

2. 结合

结合时，按分解的相反顺序进行，其要领：

（1）装上活塞及活塞簧。左手拿活塞簧，右手拿活塞，将活塞与活塞簧套装好后，从导气箍处插入，即可装上。（95－1式自动步枪，应按照分解的相反顺序装入通条体。）

（2）装上气体调节器。右手将气体调节器上两平面呈水平，放入导气箍内，按压调节器卡笋并转动到"1"的位置。

（3）装上上护盖。右手将上护盖从瞄准镜处装上，并前推下压到定位。

（4）装上机头。右手拿机头，左手拿机体，将机头上闭锁凸笋对准机体上的让位槽，放入机头并向右旋转到定位。

（5）装上枪机、复进簧及击锤。右手拿枪机，左手拿复进簧，将复进簧插入复进簧巢内,尔后将枪机上的导槽沿机匣上的导棱装上枪机,再将击锤头进入复进簧,击锤座对准导棱并装上,此时左手按住击锤不放松。

(6) 装上枪托。右手握住枪托底上部,使击锤后端对正枪托底部的缓冲器座,装上枪托并插上插销。此时,拉送枪机数次检查机件结合是否正确,扣扳机,关上保险。

(7) 装上弹匣。右手握弹匣,使弹匣头部进入机匣上的弹匣结合口后,再向后扳,当弹匣凹槽进入弹匣卡笋时,会发出"咔嚓"的响声,即为装好。

(8) 装上附品筒。将附品装入附品筒内,再将附品筒放入大握把内并盖好握把盖。

三、81 式、81-1 式自动步枪

81 式 7.62 mm 自动步枪和 81-1 式 7.62 mm 自动步枪由我国自主研发,于 1981 年设计定型,于 1985 年生产定型并装备部队,具有射速高、射程远、火力猛、杀伤力大等特点,是步兵作战的重要装备。

(一) 战斗性能和主要诸元

81 式、81-1 式自动步枪与 81 式班用轻机枪组成班用枪族,活动机件和弹匣、弹鼓可以互换,并能用实弹直接从枪管发射 40 mm 枪榴弹,使射手具有点面杀伤和反装甲的能力,是近战中消灭敌人有生力量的自动武器和步兵分队反装甲目标的辅助武器。

1. 战斗性能

81-1 式自动步枪对单个目标在 400 m 内射击效果最好,集中火力可射击 500 m 内的敌人飞机、伞兵以及集团目标,弹头在 1 500 m 处仍有杀伤力,在 290 m 内使用可杀伤敌有生力量和击毁敌装甲目标。

射击方法:可实施短点射(2~5 发),还可实施长点射(6~10 发)和单发射。

战斗射速:点射 90~110 发/min,单发射 40 发/min。

理论射速:680~750 发/min。

使用 56 式普通弹在 100 m 距离上能射穿 6 mm 厚的钢板、15 cm 厚的砖墙、30 cm 厚的土层和 40 cm 厚的木板。使用杀伤弹,在 290 m 距离内射击时,有效杀伤半径为 14 m(有效杀伤破片约 400 片),使用破甲弹在 290 m 内射击时,其破甲能力为 250 mm。

2. 主要诸元

口径	7.62 mm
枪全重	3.5 kg
枪全长	1105 mm
不装刺刀	955 mm
枪托折叠状态（81-1式）	730 mm
普通弹的初速	710 m/s
弹头最大飞行距离	约 2 000 m

（二）各部机件的名称、用途及自动原理

1. 各部机件的名称和用途

81-1式自动步枪由刺刀（匕首）、枪管、瞄准具、活塞及调节塞、机匣、枪机、复进机、击发机、弹匣和枪托十大部组成（见图3-13），另有一套附品。

图3-13　81-1式自动步枪

（1）刺刀（匕首）。

刺刀（匕首）用以刺杀敌人（见图3-14）。

刺刀上有刺刀柄、连接环、限制凸笋及卡笋，平时作匕首用，并装入刀鞘挂在腰带上，战时结合在枪上。

图3-14　刺刀

（2）枪管

枪管用以赋予弹头的飞行方向（见图 3-15）。

枪管内是枪膛，枪膛分为弹膛和线膛。弹膛用以容纳子弹，线膛能使弹头在前进时旋转运动，以保持飞行的稳定性。线膛有四条右旋膛线（阴膛线），两膛线间的凸起部分叫阳膛线，两条相对的阳膛线间的距离是枪的口径。

枪管前端有发射具。发射具前端下方有凹槽，用以控制刺刀的安装位置。

枪管外有导气箍，用以引导火药气体冲击活塞。导气箍上刻有"0""1""2"的数字，用以表示火药气体冲击活塞的大小。下护木，便于操作和携带。枪管外有刺刀座、通条头槽。

图 3-15　枪管

（3）瞄准具。

瞄准具由表尺和准星组成，用以瞄准。表尺板上有缺口和护铁（见图 3-16）。缺口用以通视准星向目标瞄准，护铁用以保护缺口。表尺转轮，用以装定所需的表尺分划和固定活塞护盖，转轮上刻有 0～5 的分划，"0"分划用以分解结合，"1～5"的分划，每一分划相应 100 m。表尺座侧面圆点为表尺定位点，用以指示所装定的分划。

准星可拧高、拧低，准星移动座可左右移动，准星移动座和准星座上刻有一条刻线，用以检查准星位置是否正确。准星座上还有护圈。

图 3-16　瞄准具

(4) 活塞及调节塞。

活塞及调节塞用以承受火药气体的压力，推压枪机向后。活塞簧，用以使活塞回到前方位置，护盖上有护木和活塞定位凸笋（见图3-17）。导气箍上的"1""2"，分别表示调节塞上的小孔和大孔，通常装定在"1"上，当武器过脏来不及擦拭或在严寒的条件下射击时，可装定在"2"上。变换调节塞位置可用弹壳底部卡入弹底槽。

当发射时，必须将调节塞转动到"0"的位置。以防损坏活动机件。

图3-17 活塞及调节塞

(5) 机匣。

机匣用以容纳枪机、复进机、固定击发机和弹匣（见图3-18）。

机匣外有机匣盖，用以保护机匣内部免沾污垢。机匣外还有握把、扳机护圈和弹匣卡笋。

机匣内有闭锁卡槽，能保证枪机闭锁枪膛。枪机阻铁，当弹匣内无子弹时，能使枪机停在后方位置。凹槽用以容纳复进机导管座。拨壳凸笋用以拨出弹壳（子弹）。

图3-18 机匣

(6) 枪机。

枪机由机栓和机体组成。用以送弹、闭锁、击发和退壳，并能使击锤向后成待发状态（见图3-19）。机栓上有圆孔和导笋槽，用以容纳机体，并引导机体旋转形成闭锁和开锁。机栓上还有解脱凸笋、机柄和复进机巢。

机体上有：击针，用以撞击子弹底火，抓弹钩用以从膛内抓出弹壳（子弹）。机体上还有导笋、送弹凸笋、闭锁凸笋和弹底巢。

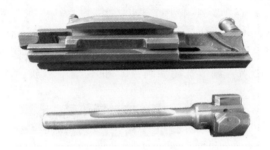

图 3-19　枪机

（7）复进机。

复进机由导管、导杆、导管座、复进簧和支撑环组成（见图 3-20）。用以使枪机回到前方位置。导管座上有机匣盖卡笋。

图 3-20　复进机

（8）击发机。

击发机用以与枪机相互作用形成待发和击发（见图 3-21）。击发机上有：击发控制机，能在枪机闭锁枪膛前防止击发；保险机，用以保险和控制单发射、连发射（"1""2""0"分别为单、连发射、保险）。击发机上还有击发阻铁、单发阻铁、击锤和扳机。

图 3-21　击发机

(9) 弹匣。

弹匣用以容纳和托送子弹（见图 3-22）。可装 30 发子弹。弹匣由弹匣体、托弹钣、托弹钣簧、固定钣、弹匣盖组成。弹匣体上有：凹槽和挂耳，用以将弹匣固定在枪上；检查孔，当看到子弹时，则已装满子弹。

图 3-22 弹匣

(10) 枪托。

枪托：便于操作。

枪托上有枪颈、托底钣、附品盒巢和枪托卡笋组成，平时成打开状态，必要时可折叠（81 式自动步枪为木质枪托，不能折叠）。

(11) 附品。

附品：用以分解结合、擦拭上油、携带和排除故障（见图 3-23）。附品包括擦拭杆、鬃刷、铳子、附品盒、通条、油壶，背带和弹匣袋。

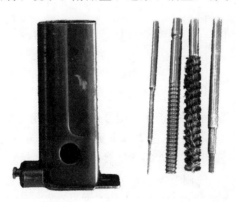

图 3-23 附品

2. 自动原理

扣扳机后，击锤打击击针，撞击子弹底火，点燃发射药，产生火药气体,推送弹头沿膛线向前运动,弹头一经过导气孔,部分火药气体通过导气孔,涌入导气箍,冲击活塞,推动枪机向后,压缩复进簧,完成开锁、抛壳,并使击锤向后成待发状态;枪机退到最后方时,由于复进簧的伸张,使枪机向前运动,推动次一发子弹入膛、闭锁。此时,如保险定在连发位置,扳机未松开,击发阻铁不能卡住击锤,击锤再次打击击针,形成连发,如保险定在单发位置,击锤被击发阻铁卡住不能向前,若再次发射,必须松开扳机,再扣扳机。

(三) 分解结合

分解结合是为了擦拭、上油、检查和排除故障。分解结合的要求为:分解前必须验枪;分解时要按顺序和要领进行,不要强敲硬卸;分解下来的机件应按次序放在干净的物体上;除所讲的分解内容外,未经许可,不准分解其他机件;结合后,应拉送枪机数次,检查机件结合是否正确。

1. 分解（81-1式自动步枪）

（1）卸下弹匣。左手握护木,枪面稍向左,右手握弹匣,拇指按压弹匣卡笋（也可右手掌心向上握弹匣,以手掌肉厚部分推压卡笋）,前推取下。

（2）拔出通条和取出附品盒。左手握护木,右手向外向上拔出通条。然后,用中、食指顶压附品盒底部,使卡笋脱离圆孔,取出附品盒,并从附品盒内取出附品。

（3）卸下机匣盖。左手握枪颈,以拇指按机匣盖卡笋,右手将机匣盖上提取下。

（4）抽出复进机。左手握枪颈,右手向前推导管座,使其脱离凹槽,向后抽出复进机。

（5）取出枪机。左手握枪颈,右手拉枪机向后到定位,向上向后取出,左手转压机体向后,使导笋脱离导笋槽,再向前取出机体。

（6）卸下护盖。右手握上护木,左手将表尺转轮定到"1"上,再向左拉转轮装定在"0"上,然后,左手握下护木,右手向上向后卸下护盖。

（7）卸下活塞及调节塞。左手握下护木,右手将活塞向右（左）转动到定位,压缩活塞杆簧,使调节塞前端脱离导气箍,向前卸下活塞及调节塞,并将活塞及调节塞分开。

2. 结合（81-1式自动步枪）

结合时,按分解的相反顺序进行,其要领:

（1）装上活塞及调节塞。将调节塞、活塞簧套在活塞上,左手握下护木,右手将活塞杆插入表尺座的圆孔内,压缩活塞簧,使调节塞前端进入导气箍，并向左转动调节塞，使下凸起进入导气箍限制槽。

（2）装上护盖。左手握下护木，右手将护盖前端两侧卡在导气箍上，按压护盖后部到定位。左手转动表尺转轮使分划"3"对正定位点。

（3）装上枪机。右手握机栓，使导笋槽向上。左手将机体结合在机栓上，使导笋进入导笋槽并转到定位。左手握枪颈，右手将枪机从机匣后部装入机匣，前推到定位。

（4）装上复进机。左手握枪颈，右手将复进机插入复进机巢内，向前推压，使导管座进入凹槽内。

（5）装上机匣盖。左手握枪颈，右手将机匣盖前端对正半圆槽，使后部的方孔对正机匣盖卡笋，向前下方推压机匣盖，使卡笋进入方孔内。

（6）装上附品盒和通条。将附品装入附品盒内，左手握护木，右手将附品盒装入附品盒巢内，用中、食指顶压附品盒底部，使附品盒卡笋进入圆孔。然后，将通条插入通条孔内，并使通条头进入通条头槽。

此时，拉送枪机数次检查机件结合是否正确，扣扳机，关保险。

（7）装上弹匣。左手握护木，枪面稍向左，右手握弹匣并将弹匣口前端插入结合口内，扳弹匣向后，听到"咔嚓"响声为止。

四、枪弹常识

枪弹是从枪管内发射的配用于各种枪械（手枪、冲锋枪、步枪、轻机枪、重机枪、高射机枪）的弹药，装备使用广泛。枪弹的全称由枪弹年式、适用于枪械口径和弹种组成。如1987年式5.8 mm普通弹，简称87式5.8 mm普通弹。

（一）枪弹的分类、用途及标识

1. 枪弹的分类

枪弹按配用武器可分为：手枪弹、步机枪弹、高射机枪弹等。

枪弹按用途可分为：战斗用弹和非战斗用弹。

战斗用弹又分普通弹（钢心弹、铅心弹）、特种弹（曳光弹、燃烧弹、穿甲弹、穿甲燃烧弹、穿甲燃烧曳光弹、试射燃烧弹、枪榴弹专用空包弹等）。非战斗用弹主要有教练弹、空包弹、高压弹和强装药弹等。

2. 各种枪弹的用途及标识

普通弹：主要用以杀伤有生目标。其被甲内装钢心或铅心。无识别色带。

曳光弹：主要用以试射、指示目标和作信号。穿入易燃物时，可引起燃烧。曳光距离可达 800 m。弹头头部为绿色。

燃烧弹：主要用以引燃易燃物。弹头头部为红色，并有环形沟。

穿甲弹：主要用以射击轻型装甲目标。弹头头部为黑色。

穿甲燃烧弹：主要用以射击飞机和轻装甲目标，并能穿透装甲后引燃汽油。弹头头部黑色并有一道红圈。

(二) 枪弹的一般构造及诸元

1. 枪弹的一般构造

枪弹由弹头、弹壳、底火和发射药四部分组成（见图 3-24）。

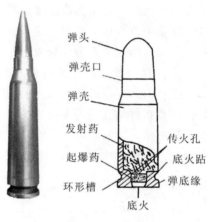

图 3-24 枪弹

弹头：用以杀伤有生力量。弹头中部直径略大于枪的口径。如 56 式步机弹（普通弹）的圆柱直径为 7.87～7.92 mm，枪的口径为 7.62 mm，这是为了发射时，使弹头完全挤入枪管膛线，确实密闭火药气体。

弹壳：用以容纳发射药，安装底火和弹头。由黄铜、复铜钢和软钢等材料制成。

发射药：用以产生火药气体，推送弹头前进。

根据配用枪械的不同，发射药通常有以下几种：

手枪弹发射药：由于手枪枪管短，膛压低，弹头在膛内运动时间极短，采用多孔速燃单基药。如"多-45""多-125"等。

步机枪弹发射药：步枪、机枪枪管较长，为了不增高最大膛压而又尽可能地多装药，以提高弹头的初速，故采用表面加光并钝化的单孔颗粒状单基药，如"轻弹""缩弹"等。

底火：用以点燃发射药。底火里装有起爆剂，具有很大的敏感性，步机枪弹的起爆剂是由雷汞、氯酸钾和硫化锑组成,点燃温度为170~180℃。

2. 枪弹的主要诸元

(1) 56式7.62 mm步机枪弹(普)—适用于81枪族

全长　　　　　56 mm

全重　　　　　15.9~16.9 g

弹头重　　　　7.75~8.05 g

弹头长　　　　26.8 mm

弹头直径　　　7.92 mm

拔弹力　　　　35~100 kg·m

枪口活力　　　203 kg·m

(2) 87式5.8 mm步机枪弹(普)—适用于95枪族

全长　　　　　42 mm

全重　　　　　10.2 g

弹头重　　　　4.1 g

弹头长　　　　24.2 mm

弹头直径　　　5.95 mm

拔弹力　　　　60~110 kg·m

枪口活力　　　280 kg·m

(三) 枪弹标志及使用保管

1. 枪弹标志

枪弹标志由弹壳底面压印和弹种色标组成。

弹壳底面压印:手枪、步机枪弹压印于弹底平面,字型凹入。压印内容为枪弹生产的工厂代号和年份代号(取末尾两位数),字向一致(见图3-25)。

图3-25　弹壳底面压印

枪弹色标：是识别枪弹弹种的依据之一。枪弹色标在枪弹上有弹尖色标和底火色标。弹尖色标的位置，从弹尖起向下延伸一定宽度（步机枪弹为 4~7 mm）。底火色标涂在底火周围（一圈），宽度适宜，颜色与弹尖色标一致。

普通弹无色标；燃烧弹、燃烧曳光弹、试射燃烧弹为红色；曳光弹为绿色；穿甲燃烧弹为黑色弹头并有一道红圈；穿甲燃烧曳光弹为紫色；普通空包弹无色标；枪榴信号弹用空包弹为黄色（收口部）；反坦克枪榴弹用空包弹为灰色（收口部）。

2. 枪弹的使用和管理

(1) 注意密封保管。枪弹的发射药多为单基药，比双基药容易吸潮。在使用时，应尽量少打开密封匣。对于已启封的枪弹，若暂时不用，仍可收回密封匣内，在启封处涂油，密封防潮。

(2) 防止携带枪弹的质量下降。在携带中，防止汗水和雨水等渗入弹壳，以免受潮变质。对弹壳表面不得过多过重擦拭，以防磨掉保护层，加快弹壳的锈蚀，降低强度，避免碰撞、震动、弯折，以免造成拔弹力下降、弹头活动、缩头甚至掉头等疵病。

在射击前，要认真检查枪弹。如发现弹头脱落，应作废品处理；如果弹头松动，但取不下来，发射药没有受潮者，仍可用于步枪、冲锋枪射击。但不能用于机枪射击，否则产生掉头、卡壳等故障。如弹头已缩入弹壳内，不能用于射击。平时，还应注意防止丢失。

五、爱护武器

(一) 爱护武器的要求

爱护武器、子弹是干部、战士的重要职责，是一项经常性的战备措施，也是预防故障的有效方法。为此必须做到：勤检查、勤擦拭、不碰摔、不生锈、不损坏、不丢失，使武器、子弹经常保持完好状态。

(二) 擦拭上油

1. 擦拭时机和要求

实弹射击后，应用浸透油或碱水（肥皂水）的布，将武器内的烟渣、污垢擦洗干净，并用干布擦干后再上油，在以后三四天内应每天擦拭一次；训练、演习后，应适时地用干布和油布进行擦拭；不经常使用时，每周至少擦拭一次。在严寒的室外将枪带到室内时，应待出水珠后再擦拭上油。枪被海水浸过或遭受毒剂和放射性物质沾染后，应先用淡水冲洗后再擦拭。擦拭上油后，应放在通风干燥处晾干，严禁火烤和暴晒。

2. 擦拭上油的方法

擦拭前，应分解武器，准备擦拭用具。使用通条时，应将通条穿过筒盖或枪口罩（冲锋枪先穿过筒体），拧紧擦拭杆。然后，将通条于筒体、铳子或穿钉连接在一起（冲锋枪将扳子插入筒体内）。

（1）擦拭枪膛时，把布条缠在擦拭杆活动部分，并插入枪膛，将筒盖或枪口罩套在枪口上，沿枪膛全长均匀地来回擦拭（弹膛应从后面擦拭），直到擦净。而后，用布条或鬃刷涂油。

（2）擦拭导气箍、活塞筒时，用通条或木杆缠布擦拭。擦净后涂油。

（3）擦拭其他机件时，应先擦净表面的烟渣和污垢，对孔、槽、沟等细小部分，可用竹（木）签缠上布进行擦拭，而后薄薄涂上一层油。

六、排除故障的方法

射击中，若发生故障，通常拉枪机向后，重新装弹继续射击。如仍然有故障，应迅速查明原因，及时排除。可能发生的故障、原因和排除方法见表3-1。

表3-1 故障、原因及排除方法

故障现象	发生原因	排除方法
不送弹	1. 弹仓过脏或损坏； 2. 机件过脏，枪机后退不到定位	擦拭过脏机件或弹仓
不发火	1. 子弹底火失效； 2. 击锤簧弹力不足或击针损坏	1. 更换子弹； 2. 更换击针或击锤簧
不退壳	1. 子弹、枪机、机匣、弹膛及火药气体通路过脏，枪机后退不到定位； 2. 子弹变形	1. 捅出膛内弹壳； 2. 擦拭过脏机件； 3. 更换抓弹钩
枪机未前进到定位	1. 弹膛、机匣、枪机和复进机过脏或枪油凝结； 2. 子弹变形	1. 推枪机到定位； 2. 擦拭过脏机件； 3. 更换子弹
不抛壳	1. 火药气体通路过脏； 2. 机件过脏，枪机后退不到定位	擦拭过脏机件

第二节　简易射击原理

简易射击原理主要介绍发射与后坐、弹道形状及其实用意义、选定表尺分划和瞄准点、外界条件对射击的影响等内容，为提高射手的射击技能打下良好的理论基础。

一、发射与后坐

（一）发射过程

（1）发射。火药气体压力将弹头从膛内推送出去的现象叫发射。

（2）发射过程。击针撞击子弹底火，使起爆药发火，火焰通过传入孔引燃发射药，产生大量火药气体，在膛内形成很大的压力，迫使弹头脱离弹壳，沿膛线旋转加速前进，直至推出枪口。

（3）枪管堪抗力。膛壁承受枪膛内一定火药气体压力而不变形的能力称为枪管堪抗力。

枪管都具有一定的备用堪抗力，使它能承受比最大膛压大一倍以上的压力。射击时，枪管内如塞有杂物（布条、沙子、泥土、弹头等），就会影响弹头的运动，使膛压超过枪管堪抗力，枪管就会发生膨胀或炸裂现象。因此，必须注意保护武器的枪膛，经常擦拭，保持清洁，更不要堵枪口，防止射击时引起胀膛或炸膛。

（二）后坐

（1）后坐。发射时，武器向后运动的现象叫后坐。

（2）后坐的形成。发射药燃烧时，产生的气体同时作用于各个方向，作用于膛壁周围的压力被膛壁所抵消；向前作用于弹头后部的压力推送弹头前进；向后作用于弹壳底部的压力，经过枪机传给整个武器，使武器向后运动，形成后坐。武器的后坐和弹头的运动是同时开始的。在弹头脱离枪口瞬间，大量的火药气体随弹头的后部从膛内向外喷出，形成了反作用力，使武器后坐更加明显。

（3）后坐对命中的影响。弹头在脱离枪口以前，后坐速度、后坐力、后坐距离很小，而且是沿着火身轴线正直向后运动，此时人身位置几乎没有多大的改变。因此，后坐不会影响单发或连发第一发弹的命中。

后坐对连发射击的命中有一定的影响。因为连发射击时，第一发子弹发射后，由于弹头在脱离枪口的瞬间，火药气体猛烈向枪口外喷出形成的反作用力，变动了原来的瞄准线，所以对第二发子弹的命中有一定的影响。

（4）掌握正确要领，克服后坐影响。武器后坐对射击的影响主要是由于不能根据后坐规律采取相应的动作要领。因此，除应该了解武器后坐规律外，还必须认真地钻研要领，正确地掌握要领，使枪不产生角度摆动。射击时应注意以下几点：

1）身体与射向的角度不宜过大。

2）抵肩时要确实，使枪托与身体成为一个整体。操枪时作用于枪身上的力量都要注意保持正直。

3）架枪位置的土质应软硬适当，脚架不应一前一后。

4）击发时应保持姿势和力量不变。

二、弹道及其实用意义

（一）弹道的形成

弹头运动过程中，其重心所经过的路线叫弹道。

弹头脱离枪口飞行时，一面受到地心引力的作用，逐渐下降，一面受到空气阻力的作用越飞越慢。因此，形成一条不均等的弧线，升弧较长较直，降弧较短较弯曲，见图3-26。

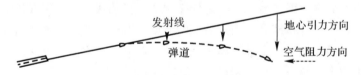

图3-26 弹道的形式

（二）弹道要素（见图3-27）

起点：火身口中心点（外弹道开始点）。

火身口水平面：通过起点的水平面。

射线：发射前火身轴线的延长线。

射角：射线与火身口水平面所夹的角。

发射线：发射瞬间火身轴线的延长线。

发射角：发射线与火身口水平面所夹的角。

弹道最高点：火身口水平面上弹道最高的一点。

升弧：由起点到弹道最高点的弹道。

降弧：由弹道最高点到落点的弹道。

弹道高：弹道上任何一点到火身口水平面的垂直距离。
最大弹道高：弹道最高点到火身口水平面的垂直距离。
弹道切线：弹道上任意一点的切线。
落角：落点的弹道切线与火身口水平面的夹角。

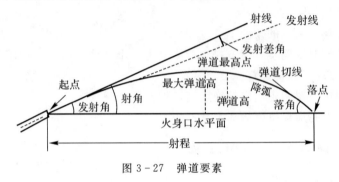

图 3-27　弹道要素

(三) 弹道的实用意义

1. 危险界

危险界分为表尺危险界和实地危险界。

(1) 表尺危险界。瞄准线上的弹道没有超过目标高的部分称为表尺危险界。由于在大多数射击情况下，是依靠弹道降弧杀伤目标，即在落点附近杀伤目标。这样，升弧部分所构成的危险界就没有什么实用意义。所以通常把弹道降弧在瞄准线上的高没有超过目标高的部分，称为表尺危险界。

在平地上以及高低角不超过±15°的情况下射击时，表尺危险界的大小，又决定于目标高低和弹道低伸程度。而弹道的低伸程度，又决定于落角。所以表尺危险界的大小决定于目标和落角，目标越高或落角越小，表尺危险界就越大；反之，目标越低或落角越大，表尺危险界也就越小。

(2) 实地危险界。在实际地形上弹道高没有超过目标高的部分，称为实地危险界。决定实地危险界大小的条件：

1) 弹道低伸程度。对同一地形上的同一目标射击时，弹道越低伸，实地危险界就越大；反之越小。

2) 目标高低。用同一武器对同一地形上的不同目标射击，目标越高，实地危险界越大；反之越小。

2. 遮蔽界

从弹头不能射穿的遮蔽物顶端到弹着点的一段距离，叫遮蔽界。目标在遮蔽界内不能被杀伤的一段距离叫死角。决定遮蔽界和死角大小的条件有：

(1) 遮蔽物的高低。同一目标，同一弹道，遮蔽物越高，遮蔽界和死角就越大，反之就越小。

(2) 落角的大小。同一遮蔽物，同一目标，落角越小，遮蔽和死角就越大；反之就越小。

(3) 目标高低。同一遮蔽物，同一弹道，目标越高，死角越小；反之越大。

3. 危险界、遮蔽界和死角的实用意义

懂得了危险界、遮蔽界和死角。在战斗中就能更好地隐蔽身体，发挥火力。灵活的运用地形地物，隐藏地运动、集结和转移，以避开或尽量减少敌人火力的杀伤。在组织火力配系时就能正确地选择射击位置和组织火力，力求增大危险界和减少射击地带内的遮蔽界和死角，并善于运用弯曲弹道和各种武器的侧射、斜射火力消灭遮蔽界和死角内的敌人。

三、选定表尺分划和瞄准点

为了使射弹准确地命中目标，射击时，射手应根据目标的距离、大小和武器的弹道高，正确地选定表尺（瞄准镜）分划和瞄准点。其方法：

(一) 定实距离表尺（瞄准镜）分划，瞄目标中央

目标距离为百米（轻机枪 50 m）整数时，可根据目标的距离装定相应的表尺分划，瞄准点选在目标中央。如 95 式自动步枪对 100 m 距离上人胸目标射击时，定表尺"1"，瞄准目标中央射击，即可命中目标中央（见图 3 - 28）。

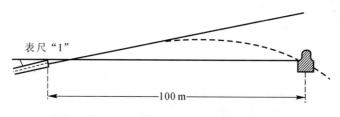

图 3 - 28 定实距离表尺分划射击景况

(二) 定大于或小于实距离表尺分划适当降低或提高瞄准点

目标距离不是百米（轻机枪 50 m）整数时，通常选定大于实距离的表尺分划，根据武器在该距离上的弹道高，相应降低瞄准点射击。81 - 1 式自动步枪对 250 m 距离上人胸目标射击时，定表尺"3"，在 250 m 处的弹道高为 21 cm，这时，瞄准目标下沿中央射击，即可命中目标中央（见

图 3-29）。

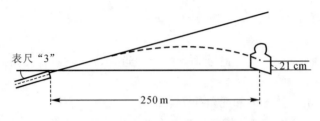

图 3-29 定大于实距离表尺分划射击景况

也可选定小于实距离的表尺分划，根据武器在该距离上的负弹道高，相应提高瞄准点射击。如 81-1 式自动步枪对 250 m 距离上的人头目标（高 30 cm）射击时，定表尺"2"，在 250 m 处的弹道高为负 18 cm，这时，瞄准目标头顶中央射击，即可命中。

用瞄准镜瞄准时，可用两条相邻距离分划中间的相应位置瞄准目标中央。如对 150 m 距离上的目标射击时，可用距离分划"1"和"2"的中间瞄准目标中央。用红外线瞄准镜瞄准时，目标距离大于或小于转螺刻度分划所标示的距离应适当提高或降低瞄准点。

（三）定常用表尺分划，小目标瞄下沿，大目标瞄中央

战斗中，对 300 m 或（狙击步枪 400 m）距离以内的目标射击时，通常定常用表尺（表尺"3"或"4"）分划，小目标瞄下沿，大目标瞄中央射击，即可命中。如 81-1 式自动步枪定常用表尺"3"对 300 m 以内人胸目标（高 50 cm）射击时，瞄目标下沿，则整个瞄准线上最大弹道高为 35 cm，没有超过目标高，目标在 300 m 距离内，都会被杀伤。

在战场上，目标出现突然，大小暴露不一，且距离不断变化。用此种方法，对 300 m（狙击步枪 400 m）以内的目标不需要变更表尺分划即可实施射击，这样可以争取时间，提高战斗射速，增大射击效果。因此，此种方法在实战中有着重要的实用意义，是战斗中常用的一种方法。

四、外界条件对射击的影响及修正

武器弹道基本诸元的计算，都是在标准条件下进行的。射击时，若外界条件不符合标准条件，就会改变弹道的形状，影响射击精度。要使射弹准确地命中目标，就要了解外界条件对射击的影响，学会修正和克服的方法。

(一) 风对射弹的影响及修正

风是一种具有速度和方向的气流，它能改变射弹的飞行方向和距离。在各种外界条件中，风对射弹的飞行影响最大。因此，必须准确地判定风向和风力，根据风对射弹的影响进行修正，以保证射弹准确命中目标。

1. 风向的判定

按风吹的方向和射击方向所形成的角度可分为：横风、斜风和纵风。

横风：从左或右与射向成 90°角吹的风。

斜风：与射向成锐角（小于 90°）的风。射击时，通常当作与射向约成 45 度角的风计算。

纵风：从后或前与射向平行吹的风。顺射向吹的风为顺风；逆射向吹的风为逆风。

2. 风力的判定

风力按其大小分为强风、和风和弱风。

为了便于记忆和运用，将风力判定归纳成如下口诀：风力有大小，和风作比较。迎风能睁眼，耳听呼声响，炸烟成斜角，草弯树枝摇，海面起轻浪，满帆倾一方。强风比它大，弱风比它小。

判定风向和风力，应以射击时的风向和风力为准，并注意射击位置与目标附近风向和风力的差别及变化。

3. 风对射弹的影响及修正

(1) 横（斜）风对射弹的影响及修正

横（斜）风能对弹头的侧面施以压力，使射弹偏向一侧，产生方向偏差（斜风还能使射弹产生距离偏差，因偏差很小，故不考虑）。风力越大，距离越远，偏差就越大。风从左吹来，射弹偏右；风从右吹来，射弹偏左。

各种枪射击时，为了使射弹准确地命中目标，必须根据射弹受风影响的偏差量，将瞄准点或横表尺向风吹来的方向修正。修正时，以横方向的和风修正量（见表 3-1）为准。强风加一倍，弱风减一半。斜方向的强（和或弱）风，应按横方向的强（和或弱）风的修正量减一半。修正量从预期命中点算起，偏差多少，就修正多少。横表尺修正后，瞄准点不变。

各种武器在射击中对横和风的修正量（人体），可按如下口诀求出：距离 200 m，修 1/4 人体；表尺 3、4、5，减去 2.5；强风加一倍，弱（斜）风减一半。

表 3-1 横和风修正量表

枪种	81 式、81-1 式自动步枪 95 式、95-1 式自动步枪		81 式班用轻机枪	
修正量距离/m	横和风修正量/m	人体	横和风修正量/m	人体
200	0.14	1/4	0.14	1/4
300	0.36	1/2	0.36	3/4
400	0.72	3/2	0.72	3/2
500	1.20	5/2	1.20	5/2

为运用方便，将在横和风条件下，对 400 m 内的目标射击时的瞄准景况归纳成如下口诀：一百不用修，二百瞄耳线，三百瞄边沿，四百边接边（见图 3-30）。

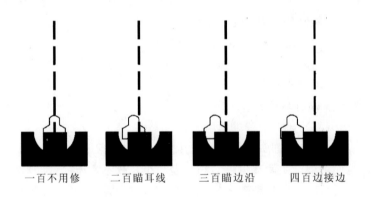

图 3-30 横和风时的修正景况

使用瞄准镜，在有横（斜）风条件下射击时，为了使射击更准确，可运用密位分划进行修正。修正的方法：将确定修正的密位值与目标所在的距离分划的水平线垂直交点，指向目标。在斜风条件下射击时，修正量减去一半。

用机械瞄准具，在有横（斜）风条件下，对重点目标或精度射击时，应按气象条件和弹道变化修正量表中数据进行修正。

4. 纵风对射弹的影响及修正

纵风能影响射弹的飞行距离。顺风时,空气阻力减小,使射弹打远(高);逆风时,空气阻力增大,使射弹打近(低)。但在近距离内,风速为 10 m/s 时,纵风对射弹影响很小。因此,在 400 m(重机枪 600 m)内,风速小于 10 m/s,可不修正。如对远距离目标射击时,应适当降低或提高瞄准点。

(二)阳光对瞄准的影响及克服方法

1. 阳光对瞄准的影响

在阳光下瞄准时,由于阳光照射作用,缺口部分产生虚光,形成三层缺口:虚光部分、真实缺口、黑实部分(见图 3-31)如不注意辨清真实缺口的位置,就容易产生误差,使射弹产生偏差。

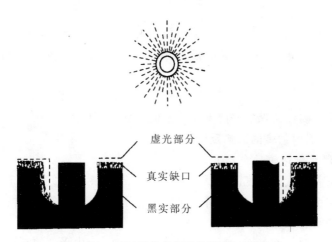

图 3-31 缺口部分产生虚光形成三层缺口

(1)若用虚光瞄准,射弹就偏向阳光照来的方向。阳光从右上方照来时,缺口左边和上沿产生虚光,用虚光部分瞄准,准星实际上偏右高。因此,射弹偏右上。阳光从左上方照来时,射弹则偏左上。

(2)若用黑实部分瞄准,射弹就偏向阳光照来的相反方向(见图 3-32)。阳光从右上方照来时,用黑实部分瞄准,准星实际上偏左低。因此,射弹偏左下。阳光从左上方照来,射弹则偏右下。

(3)在阳光照射下,缺口和准星尖同时产生虚光时,若用虚光部分瞄准,射弹偏低;若用黑实部分瞄准,射弹偏高。

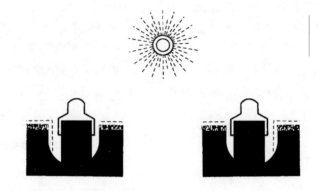

图 3-32 用黑实部分瞄准，射弹偏向阳光照来的反方向

2. 克服的方法

（1）可在不同方向的阳光照射下练习瞄准，采取遮光瞄准不遮光检查，或不遮光瞄准遮光检查的方法，反复练习，确实辨清真实缺口的位置和正确瞄准的景况。

（2）在阳光下瞄准的时间不宜过长，以免眼花而产生误差。

（3）平时要注意保护好瞄准具，不使其磨亮而反光。

（三）气温对射弹的影响及修正

1. 气温对射弹的影响

气温就是空气的温度。它随着天气的炎热和寒冷而变化。气温变化时，空气密度也会随着改变，对射弹的阻力也就不同。因而，影响射弹的飞行速度，使弹道形状发生变化。

气温升高时，空气密度减小（稀薄），射弹飞行中受到的空气阻力就小，射弹就打得远（高）。

气温降低时，空气密度增大（稠密），射弹在飞行中受到的空气阻力就大，射弹就打得近（低）。

2. 修正方法

由于各地区和各季节的气温不同，很难与标准气温（+15°）条件相符。因此，应在当时当地的气温条件下矫正武器的射效，并以矫正射效时的气温条件为准。射击时，若气温差别不大，在 400 m（狙击步枪、重机枪500 m）内对射弹命中的影响较小，不必修正。若气温差别很大或对远距离目标射击时，应适当提高或降低瞄准点射击（修正量见表 3-2），气温降低时，提高瞄准点或增加表尺分划；气温升高时，降低瞄准点或减小表尺分划。

表 3-2　气温修正量表

距离/m	81 式自动步枪和班用轻机枪每差 10℃修正量/m	
	距离	高低
200	3	0.01
300	5	0.02
400	7	0.06
500	10	0.13

第三节　武器操作动作

武器操作动作主要介绍自动步枪验枪、装退子弹及定复表尺等射击准备动作和据枪、瞄准、击发等射击动作的内容，是射击技能形成的关键环节，是射击训练的重点内容。

一、95 式、95-1 式自动步枪射击动作

（一）验枪

验枪是一项保证安全的重要措施。使用武器前后及必要时，均应验枪，认真检查弹膛、弹匣和教练弹中有无实弹。验枪时，严禁枪口对人。

口令："验枪""验枪完毕"。

动作要领：听到"验枪"的口令后，以右脚掌为轴，身体半面向右转，左脚顺势向前迈出一步（两脚约与肩同宽），同时右手放开枪背带，枪自然下落，移握大握把，将枪向前送出，左手接握下护盖，枪托夹于右胁与右大臂之间，枪口约与肩同高。左手大拇指打开保险，移握弹匣，大拇指按压弹匣卡笋，卸下弹匣，弹匣口向上交给右手握于大握把左侧，左手食指或中指向前扣住机柄。

当指挥员检查时，拉枪机向后，验过后，自行送回枪机，装上弹匣，扣扳机，关保险，左手移握下护盖。

听到"验枪完毕"的口令后，左手反握护盖，右手移握右肩前背带，身体半面向左转，在右脚靠拢左脚的同时，两手协力恢复肩枪姿势。也可左手反握护盖，将枪倒置于胸前，上背带环约与肩同高，右手挑起背带，身体半面向左转，在右脚靠拢左脚的同时，两手协力将枪送上右肩，恢复肩枪

姿势。

(二) 装退子弹及定复表尺

1. 向弹匣内装子弹

左手握弹匣，使弹匣口向上，弹匣后连接凸起向前，右手将子弹放于受弹口，两手协力将子弹压入弹匣内。

2. 卧姿装退子弹及定复表尺

口令："卧姿—装子弹""退子弹—起立"。

动作要领：听到"卧姿—装子弹"的口令后，右手移握提把，使枪口向前（背带从肩上脱下），左脚向右脚尖前迈出一大步，左臂伸出，掌心向下，手指稍向右，按照膝、手、肘的顺序顺势卧倒，以身体左侧、左肘支持全身。右手将枪向目标方向送出，左手掌心向上托握下护盖，枪面稍向左，枪托着地，同时左脚从右腿下穿过，两腿伸直，略成剪刀状。稍向左侧身（使用瞄准镜时，右手解开镜袋扣，取出瞄准镜将其安装在镜座上并锁紧，摘下瞄准镜物镜护盖），然后，枪面稍向左，枪托体着地，右手卸下空弹匣（弹匣口朝后）交给左手握于护盖右侧，解开弹袋扣，取出并换上实弹匣，将空弹匣装入弹袋内并扣好。右手掌心向上，虎口向前，食指或中指打开保险，食指或中指拉机柄，送子弹上膛，关上保险（使用机械瞄准具时，右手拇指和食指转动表尺转轮，使所需分划位于上方）。然后，右手移握大握把，全身伏地，两脚分开约与肩同宽，身体右侧与枪身略成一线，目视前方，准备射击。

听到"退子弹-起立"的口令后，稍向左侧身，右手卸下实弹匣交给左手，打开保险，慢拉机柄向后，从膛内退出子弹，送回机柄，将退出的子弹捡起，压入弹匣内，解开弹袋扣，取出并换上空弹匣，把实弹匣装入弹袋内并扣好，扣扳机，关保险，使枪面向左（使用瞄准镜时，右手盖上瞄准镜物镜护盖，卸下瞄准镜装入镜袋内并扣好；使用机械瞄准具时，表尺转至"3"），右手移握提把，将枪收回，同时左小臂向里合，屈左腿于右腿下。以左手和两脚撑起身体，右脚向前一大步，左脚再向前一步，左手反握上护盖，将枪倒置于胸前，右手挑起背带，在右脚靠拢左脚的同时，两手协力将枪送上右肩，恢复肩枪姿势。

(三) 正确瞄准

瞄准是准确射击的前提和基础。因此，在轻武器射击时，正确地实施瞄准，掌握瞄准的方法是非常重要的。

1. 正确的瞄准和正确的瞄准景况

用瞄准具瞄准时，右眼通视缺口（觇孔）和准星，使准星尖位于缺口中央并与上沿平齐或位于觇孔中央（见图 3-33），指向瞄准点，就是正确瞄准。

瞄准时，应集中主要精力于准星与缺口（觇孔）的平正（位置）关系上，如果集中主要精力于准星与目标上，就会忽略准星与缺口（觇孔）的平正（位置）关系，造成瞄准误差。正确瞄准景况（见图 3-34）应是准星与缺口（觇孔）的平正（位置）关系看得清楚而目标看得较模糊。

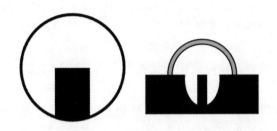

图 3-33　准星与缺口（觇孔）的位置关系

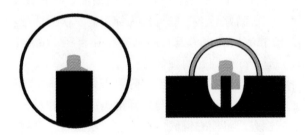

图 3-34　准星与缺口（觇孔）的位置关系

2. 瞄准误差对命中的影响

（1）准星与缺口（觇孔）关系不正确。瞄准时，若准星与缺口（觇孔）的关系不正确，对命中影响很大，准星偏哪，弹着点偏哪。如准星尖在缺口内偏差 1 mm 在 100 m 距离上，81 式步枪偏差 32 cm。95 式自动步枪偏差 31 cm。距离增加几倍，偏差量就增加几倍。射弹偏差量的大小与射击距离和瞄准基线的长短有直接关系。计算公式：

射弹偏差量＝准星在缺口（觇孔）内偏差量×射击距离/瞄准基线长

（2）瞄准线指向的偏差。瞄准时，若准星与缺口（觇孔）的关系正确，而瞄准线指向产生偏差时，射弹也会产生偏差，射弹的偏差与瞄准线指向的偏差相一致。如瞄准线指向偏左 15 cm，射弹也就偏左 15 cm。

（3）枪面倾斜。枪面倾斜对命中精度也有一定影响，因为枪面倾斜，使枪身轴线的指向产生了偏差。枪面偏左，射弹偏左下；枪面偏右，射弹偏右下。

3. 检查瞄准的方法

（1）个人检查。使用缺口式瞄准具瞄准时，头稍上下移动，检查准星是否位于缺口中央；头稍左右移动，检查准星尖是否与缺口上沿平齐。使用觇孔式瞄准具瞄准时，头稍上下左右移动，检查准星是否位于觇孔中央。也可以用平正准星检查器遮挡的方法，检查准星与缺口（觇孔）的平正（位置）关系是否正确。

（2）固定枪检查。将枪放在依托物上，瞄准后不动枪，互相检查瞄准的正确程度。

（3）四点瞄准检查。将枪放在依托物上，在枪前 15 m 处设固定白纸靶。示靶手将检查靶固定在白纸上，由教练员或优秀射手向检查靶瞄准。瞄好后，将枪固定好，示靶手通过检查靶中央的圆孔标记一点，并画"×"作为基准点。然后，移开检查靶，由射手不动枪瞄准，指挥示靶手移动检查靶。连续瞄三次，每次瞄好后点上圆点作为标记。三次的瞄准标记点与基准点能套住在直径 10 mm 圆孔内为及格；能套住在直径 5 mm 的圆孔内为良好；能套住在直径 3 mm 的圆孔内为优等。

四点瞄准时，由于动靶不动枪，而实际射击则是动枪不动靶。因此，瞄准标记点对基准点的方向和高低偏差与实际射击的偏差相反。

（4）用检查镜检查。将检查镜固定在枪上，检查者位于射手的左侧进行检查。

（四）据枪、瞄准、击发

1. 卧姿有依托据枪、瞄准、击发

为了获得更好的射击效果，应力求利用地物和构筑依托物实施射击。依托物的高低应以射手的身体而定，一般为 20～25 cm，依托物内侧应陡些。在紧急情况下，还应善于利用不同高度的依托物实施射击。

（1）据枪。卧姿有依托据枪时，下护盖前端放在依托物上，左手握下护盖后端或小握把（也可掌心向后，虎口向上托握枪托的弧形部），左肘着地外撑。右手虎口向前紧握握把。食指第一节靠在扳机上，右肘尽量里合着地外撑，两肘保持稳固。身体前跟，两手正直向后适当用力，使枪托确实抵于肩窝。头稍前倾，自然贴腮（见图3-35）。

图3-35 卧姿有依托据枪

（2）瞄准。首先使瞄准线自然指向目标。若未指向目标，不可迁就而强扭枪身，必须调整姿势。需要修正方向时，可左右移动身体或两肘。需要修正高低时，可前后移动身体或两肘里合、外张，也可适当调整依托物的高低进行修正。

（3）击发。用右手食指第一节均匀正直地向后扣压扳机（食指内侧与枪身应有不大的空隙），余指力量不变。当瞄准线接近瞄准点时，开始预压扳机，并减缓呼吸。当瞄准线指向瞄准点或在瞄准点附近轻微晃动时，应屏住呼吸，继续增加对扳机的压力，直至击发。击发瞬间应保持正确一致的瞄准。若瞄准线偏离瞄准点较远或不能继续停止呼吸时，应停止扣压扳机，待修正或换气后，再继续扣压扳机。

操纵点射时，应稳扣快松，扣到底松开为2～3发，在扣扳机的过程中，应始终保持姿势稳固，据枪力量不变，以提高连发射击命中精度。

2. 卧姿无依托据枪、瞄准、击发

（1）据枪。卧姿无依托据枪时，左手握小握把（或托握下护盖），握小握把时，拇指通过扳机护圈，余指握小握把前端，小臂与大臂略成90°角。托握下护盖时，左手前伸，将枪自然托住。右手握大握把，大臂略成垂直，两肘保持稳固。两手正直向后用力，使枪托确实抵于肩窝，自然贴腮。

（2）瞄准。首先应选择好瞄准点（区），尔后，使瞄准线自然指向瞄准点（区）。若未指向瞄准点（区），不可迁就而强扭枪身，必须调整姿势。需要修正方向时，可左右移动身体或两肘。需要修正高低时，可前后移动整个身体或两肘里合、外张，也可适当移动左手托枪的位置。

（3）击发。当瞄准线接近瞄准点（区）时，开始预压扳机，并减缓呼吸。当瞄准线在瞄准点附近（瞄准区内）轻微晃动时，应屏住呼吸，继续增加对扳机的压力，果断击发（切忌为捕捉瞄准点而猛扣扳机），击发瞬间应保持正确一致的瞄准。若瞄准线偏离瞄准点较远（瞄准区外）时，则不增加也不放松对扳机的压力，待修正或换气后，再继续扣压扳机。

二、81式、81-1式自动步枪射击动作

(一) 验枪

验枪是一项保证安全的重要措施。使用武器前后及必要时，均应验枪，认真检查弹膛、弹匣和教练弹中有无实弹。验枪时，严禁枪口对人。

口令："验枪""验枪完毕"。

动作要领：听到"验枪"的口令后，以右脚掌为轴，身体半面向右转，左脚顺势向前迈一步（两脚约与肩同宽），同时右手移握护木，将枪向前送出（背带从肩上脱下），左手接握下护木，左大臂紧靠左肋，枪托贴于右胯，准星约与肩同高。右手掌心向下虎口向前，拇指打开保险，卸下弹匣（使弹匣口向后弯曲凹部朝上）交给左手握于护木右侧，移握机柄。当指挥员检查时，拉枪机向后，验过后，自行送回枪机，装上弹匣，扣扳机，关保险，移握枪颈。

听到"验枪完毕"的口令后，左手反握护木，将枪倒置于胸前，上背带环约于肩同高，右手挑起背带，身体半面向左转，在右脚靠拢左脚的同时，双手协力将枪送上右肩，恢复肩枪姿势。

(二) 装退子弹及定复表尺

(1) 向弹匣内装子弹。左手握弹匣，使弹匣口向前，右手将子弹放于受弹口，两手协力将子弹压入弹匣内。

(2) 卧姿装退子弹及定复表尺。口令："卧姿——装子弹""退子弹——起立"。

动作要领：听到"卧姿——装子弹"的口令后，右手移握上护木，使枪口向前（背带从肩上脱下），左脚向右脚尖前迈出一大步，（也可右脚顺脚尖方向迈出一大步），左臂伸出，掌心向下，手指稍向右，按照膝、手、肘顺序顺势卧倒。以身体左侧、左肘支持全身。右手将枪向目标方向送出，左手接握下护木，枪面稍向左，枪托着地，右手卸下空弹匣，（弹匣口朝后，弯曲凹部朝上）交给左手握于护木右侧，解开弹袋扣取出并换上实弹匣，将空弹匣装入弹袋内并扣好，拇指打开保险，拉枪机送子弹上膛，关上保险。右手拇指和食指转动表尺转轮，使所需分划对正表尺座一侧定位点。然后，右手移握握把，全身伏地，两脚分开约与肩同宽，身体右侧与枪身略成一线，目视前方，准备射击。

听到"退子弹——起立"的口令后，稍向左侧身，右手卸下实弹匣交给左手，打开保险，拇指慢拉枪机向后，余指接住从膛内退出的子弹，送回枪

机，将子弹压入弹匣内，解开弹袋扣，取出并换上空弹匣，将实弹匣装入弹袋内并扣好。扣扳机，关保险，表尺转轮分划归"3"，移握上护木，将枪收回，同时左小臂向里合，屈左腿于右腿下。以左手和两脚撑起身体，右脚向前迈出一大步，左脚再向前一步，左手反握护木，将枪倒置在胸前，右手挑起背带，在右脚靠拢左脚的同时，两手协力将枪送上右肩，恢复肩枪姿势。

（三）正确瞄准

见95式、95-1式自动步枪正确瞄准部分内容。

（四）据枪、瞄准、击发

据枪、瞄准、击发是相互联系和相互影响的动作，稳固持久的据枪，正确一致的瞄准，均匀正直的击发，三者正确的结合，是准确射击的关键，也是射击训练的基础。因此，必须刻苦练习，熟练掌握。

1. 卧姿有依托据枪、瞄准、击发

为了获得更好的射击效果，应力求利用地物和构筑依托物实施射击。依托物的高低应以射手的身体而定，一般为25~30 cm，依托物内侧应陡些。在紧急情况下，还应善于利用不同高度的依托物实施射击。

（1）据枪。卧姿有依托据枪时，下护木前端放在依托物上，身体右侧与枪身略成一线。左手握弹匣（也可托握下护木），左肘着地外撑。右手拇指将保险机扳到所需的位置，虎口向前紧握握把，食指第一节靠在扳机上，右大臂成垂直，右肘着地外撑（肘皮控制在内前侧）。两肘保持稳固。胸部挺起，身体稍前跟（右肘不离地），上体自然下塌，两手用力保持不变，使枪托确实抵于肩窝。头稍前倾，自然贴腮。

（2）瞄准。首先使瞄准线自然指向目标。若未指向目标，不可迁就而强扭枪身，必须调整姿势。需要修正方向时，可左右移动身体或两肘。需要修正高低时，可前后移动整个身体或两肘里合、外张（连发射击时，右肘不宜外张），也可适当调整依托物。

（3）击发。用右手食指第一节均匀正直地向后扣压扳机（食指内侧与枪应有不大的空隙），余指力量不变。当瞄准线接近瞄准点时，开始预压扳机，并减缓呼吸。当瞄准线指向瞄准点时，应停止呼吸，继续增加对扳机的压力，直至击发。击发瞬间应保持正确一致的瞄准。若瞄准线偏离瞄准点或不能继续停止呼吸时，应既不增加也不放松对扳机的压力，待修正或换气后，再继续扣压扳机。

操纵点射时，应稳扣快松，扣到底松开为2~3发，在扣扳机的过程中，应始终保持姿势稳固，据枪力量不变，以提高连发射击命中精度。

2. 卧姿无依托据枪、瞄准、击发

（1）据枪。卧姿无依托据枪时，左手托握下护木或握弹匣（弹匣可着地），小臂尽量里合于枪身下方，小臂与大臂约成 90 度角，将枪自然托住。右手握握把，大臂略成垂直，两肘保持稳固，两手正直向后用力，使枪托确实抵于肩窝，自然贴腮。

（2）瞄准。首先应选择好瞄准点（区）。尔后，使瞄准线自然指向瞄准点（区）。若未指向瞄准点（区），不可迁就而强扭枪身，必须调整姿势。需要修正方向时，可左右移动身体或两肘。需要修正高低时，可前后移动整个身体或两肘里合、外张，也可适当移动左手托握下护木或弹匣的位置。

（3）击发。当瞄准线接近瞄准点（区）时，开始预压扳机，并减缓呼吸。当瞄准线在瞄准点附近（瞄准区内）轻微晃动时，应停止呼吸，继续增加对扳机的压力，果断击发（切忌为捕捉瞄准点而猛扣扳机），击发瞬间应保持正确一致的瞄准。若瞄准线偏离瞄准点较远（瞄准区外）时，则不增加也不放松对扳机的压力，应迅速修正，再继续扣压扳机。

第四节　实弹射击训练及考核方案

根据军事技能训练计划安排，拟于××月××日至××日组织新生在××靶场进行实弹射击训练考核，具体实施计划如下：

一、组织领导

成立训练与考核领导小组，全面负责训练及考核的组织与实施。
组长：×××
成员：×××、×××、×××、各营营长

二、参训人员及装备

×××级学生×××人。携带 95 式自动步枪 36 支，步枪弹 10 箱（××××发）。

三、组织方法

（一）训练及考核顺序

13 日实弹射击体验顺序及射击考核顺序按照抽签确定的方式，13 日上午 7：00 由各营出一名连长在机关确定打靶次序。

（二）实弹射击组织实施

1. 射击组织及任务职责，见表 3-3

表 3-3　射击组织及任务职能

组　名	成　员	职　责	负责人
枪械管理员		对枪支管理负责，组织枪支出、入库，并进行登记，检查枪支的状态并督促进行维护；负责枪械的维修以及枪支突发情况的处理	
弹药管理员		对弹药管理负责，组织弹药的出、入库，发放弹药，并进行登记，定时清点弹药数量	
指挥员	由各营一名连骨干担任	负责场地设置，勤务派遣，组织指挥射击，监督所属人员遵守射击场的各项制度和安全规定，处理有关问题并及时上报领导小组	
靶壕指挥员	10名新训骨干	射击场指挥员的领导下，负责组织设靶、示靶、报靶、补靶及处理有关问题	
警戒组	3名新训骨干	负责根据射击场指挥员的命令发出各种信号，负责全场的警戒，严禁任何人员和牲畜进入警戒区，发现险情应及时发出信号并向射击场指挥员报告	
安全组	10名新训骨干	负责督促射击人员按正确动作要领对目标进行射击，严禁危险动作发生，确保在场人员的安全，每名安全员射击时站在射击人员后方，保证训练的正常进行	
报靶组	5名新训骨干	靶壕指挥员的领导下，进行设靶、示靶、报靶、补靶及处理有关问题	
成绩登记员	1名司令部参谋	做好本单位打靶成绩的记录，并负责组织相关领导签字确认成绩；	
监督组	靶壕5人、靶台1人、射击准备区1人	负责对靶壕、靶台和射击准备区的组织进行监督检查，其中靶台监督员负责按照花名册组织点名，确保人员信息准确，无冒名顶替的情况出现	

2. 射击准备及实施

（1）射击准备。

场地准备：共设十个靶位，完成靶台靶壕清理、护栏安装、帐篷搭设、射击标识牌摆放、靶子布置等相关工作；

警戒准备：警戒组派出警戒，搜索防卫区域完毕后，发出安全信号；

信号准备：指挥员明确射击有关规定、注意事项和射击场有关人员的职责，明确报靶的方法和规定各种信号；

人员准备：组长清点人数，检查武器准备和各种器材的携带情况，指挥员下达科目，提出要求，宣布射击条件，宣布射击编组名单（各营按学号次序编组，每组10人，于××月××日晚之前上交司令部电子版人员花名册（信息包括学号、姓名、照片，统一按学号次序排））。

（2）射击实施。

射击步骤：保障人员保障到位后信号员发出"开始射击"的信号，并竖起红旗，指挥员指挥第一组进入出发地线。发弹员按照规定弹数发给每名射手5（或10）发子弹。射手将子弹全部压入弹夹并检查。指挥员下达"向射击地线前进"的口令之后，由组长跑步带入射击地域，对正自己的射击位置，自行立定。准备完毕后，指挥员下达"卧姿装子弹"的口令，射击人员立即卧倒、装子弹，据枪瞄准、射击。射击完毕后，指挥员下达"停止射击"的口令。射手听到口令后应立即停止射击。而后，指挥员下达"带弹夹一起立"的口令，射手按指挥员的口令退子弹起立。指挥员检查射击人员的弹夹情况，下达"向右翼排头靠拢"的口令，射手应迅速靠拢，由小组长按规定路线将射击小组带到指定地点待命。指挥员发出报靶信号，信号员竖起绿旗，报靶人员验靶、报靶和补靶。

下一组按照此方法依次进行。未轮到射击的各组，在指定位置进行条令学习。

射击过程中，当出现子弹卡壳、退膛等情况时，射击人员严禁自行处理，及时报告后由指挥员安排安全员进行处理；当出现靶子单次多于5个弹着点时，按成绩最好的5个环数计算射击成绩。当发现人员私自走动、自行调换编组次序或顶替他人时，一经核实，取消个人射击成绩，并严肃处理，确有特殊情况需解决时，需经参谋长批准。

（三）报靶及成绩认定

为确保实弹射击考核的公平性和可信性，根据训练或考核顺序，在靶纸背面贴上考核学生单位、姓名，每一名学生射击完毕后，由报靶组统一更换靶纸，考核完毕后，根据靶纸确定参考学生成绩。期间，报靶组必须保持至少有一名射击考核组成员在位，负责指挥、监督所属人员开展相关工作。

考核完毕后，考核成绩现场用信封封存，并在封口上四方签字（师长、受考单位主官、报靶组单位主官、监考单位主官)。

四、训练及考核计划(见表3-4)

表3-4 训练及考核计划

时间		第一组	第二组	第三组	第四组	第五组	第六组
×月×日	上午	射击训练	条令学习	条令学习	休 整		
		条令学习	射击训练				
			条令学习	射击训练			
	下午	休 整			射击训练	条令学习	条令学习
					条令学习	射击训练	
						条令学习	射击训练
×月×日	上午	射击考核	条令学习	条令学习	休 整		
		条令学习	射击考核				
			条令学习	射击考核			
	下午	休 整			射击考核	条令学习	条令学习
					条令学习	射击考核	
						条令学习	射击考核
×月×日	上午	射击训练	条令学习	条令学习	现地地图使用		
		条令学习	射击训练				
			条令学习	射击训练			
	下午	现地地图使用			射击训练	条令学习	条令学习
					条令学习	射击训练	
						条令学习	射击训练
备注	①实弹射击由师统一组织,帮训教官具体负责;期间穿插进行条令学习,由各连具体组织实施,负责人为各连连长; ②条令学习场地为各连宿营区; ③实弹射击完毕后,各组直接带回,不得在准备区域停留						

五、考核标准

卧姿有依托 100 m 胸环靶精度射击,每人每次 5 发子弹,命中 30 环以上为合格,40 环以上为良好,45 环以上为优秀;

卧姿有依托 100 m 胸环靶点射,每人每次 10 发子弹,命中 3 发以上为合格,8 发以上为优秀。

六、安全预想预防

(一) 不安全因素

(1) 轻武器训练、实弹射击和警戒执勤时,动用武器、弹药多,如果计划不够周密,会出现散失弹药等问题。

(2) 警戒人员责任心不强,违反警戒有关规定,出现地方人员车辆进入警戒区的情况,造成严重后果。

(3) 武器使用、交接制度落实不严,易发生装备丢失、损坏。

(4) 参加实弹射击人员由于紧张或疏忽造成枪支走火或枪内遗留弹药,从而出现意外伤害事故。

(二) 预防对策

(1) 实弹射击前制定计划力求详尽周密,人员分工明确,责任到人,做好动员教育。选派责任心强的同志进行警戒,警戒人员务必明确警戒任务,严格按章执行,参加射击人员调整好心理状态,消除紧张情绪;

(2) 动用车辆必须干部带车,不良天气和夜暗条件下行军时务必加强对驾驶人员的要求力度;

(3) 实弹射击完毕由专人验枪、清理阵地,避免弹药散失或枪内遗留弹药伤人等事故;

(4) 实弹射击过程中各级领导要掌握情况,做好协调布置,避免出现意外情况,一旦出现问题果断处置,及时上报;

(5) 健全责任追究机制,按级负责。

思考题三

1. 95 式自动步枪与 81 自动步枪在射击要领上有什么异同点?
2. 自动步枪的自动射击原理是什么?
3. 如何做好实弹射击过程安全管理?

第四章 军事地形学

军事地形学是从军事需要出发,研究如何识别和利用地形的一门学科。其根本任务是为作战决策提供分析、研究利用地形的理论、手段和方法。它主要研究地形对作战行动的影响、识别与使用地图、标绘要图、简易测图、制作沙盘、航空相片判读等。本章主要介绍地形对军事行动的影响,地形图的基本知识,现地使用地图和定向运动的基本知识等内容。

第一节 地形对军事行动的影响

一、地形的分类

地形是地貌和地物的统称。地貌是指地表自然起伏的形状,如平原、丘陵和山地。地物是地表面固定性的物体,如房屋、道路、河流等。

不同的地貌与地物的错综结合,形成了各种不同类型的地形。依地貌的状态,可分为平原、丘陵地、山地和高原;依地物的分布和土壤性质,可分为居民地、水网稻田地、江河与湖泊、山林地、石林地、黄土地形、沙漠与戈壁、草原、沼泽地等;依对军队战斗行动的影响,又可分为开阔地、遮蔽地和断绝地。不同的地形对军事行动有着不同的影响。

二、地形战术性能

地形战术性能是指地形对组织和进行战斗行动以及在战斗中对武器和技术装备使用的影响。

地形的战术性能是地形对作战行动产生的固有的、客观的影响,它集中地反映在其所提供的条件,对部队的运动、观察、射击、隐蔽、伪装、防护、工程构筑、通信联络和战斗指挥等战斗行动的影响上,并表现出明显的制约性,严重地影响部队的"走、打、吃、住、藏"。研究地形就是通过研究地形的战术性能,分析地形对作战行动的利弊。利用地形包括利用地形提供的客观有利条件和改造地形的不利方面使之成为有利条件。改造地形在现代战争中有着突出的意义。

三、各类地形对作战行动的影响

地形诸要素的不同结合,形成各种地形,地形要素之间既相互制约,又相互依存。如地貌的起伏,制约着居民地的大小、疏密和分布;道路网总是依据地貌的起伏形态和居民地的分布而构成;土质,既受制于地貌的起伏,又制约着植被和其他地物的分布;水系总是依地貌起伏形态而决定其流向,同时又塑造着地貌的细部形态。军事上通常以地貌要素的三种起伏形态为基础,按与其他地形要素的结合情况,划分为不同的地形类别,并以对作战行动起主导作用的要素名称或特征命名。例如山地地貌形态与大面积森林相结合形成的地形,称做山林地形。按此地形类别有:山地、丘陵、平原、水网、城市居民地、山林、石林、黄土丘陵、海岸与岛屿、沙漠戈壁、草原与沼泽等地形和青藏高原地形。

军事上为满足某些特殊需要,有时又以通行、隐蔽、切割为标志,对地形进行分类。

地形按通行程度,分为能通行、难通行和不能通行三类并以车辆机动为标准。凡履带式车辆能实施广泛机动,仅个别地段需要绕行或构筑道路,而轮式车辆行驶略有困难的地形,为能通行地形;履带式车辆可以低速行驶,轮式车辆运动有困难的地形,为难通行地形;若不进行大量的运动保障作业,履带式和轮式车辆均不能行驶的地形,为不能通行地形,也叫断绝地。

地形按观察程度,分为隐蔽地、半隐蔽地和开阔地。划分它们的数量指标见表 4-1。

表 4-1 观察程度的分级

类别	隐蔽地	半隐蔽地	开阔地
垂直隐蔽面积	大于 23%	4%~23%	小于 4%
斜视隐蔽面积	大于 65%	15%~65%	小于 15%

地形按切割度,分为严重切割地、中等切割地和轻微切割地。严重切割地,有大量天然障碍,沟壑、河溪较多,地貌起伏较大,切割度大于 30%,不适于装甲部队作战和技术兵器运用。中等切割地,障碍物相对较少,大部

分战斗车辆可以克障通过，切割度约为20%，多属丘陵地貌，此种地形仅在某些方向难以集中使用技术兵器。轻微切割地，切割度小于10%。一般为平原地貌，此种地形上能投入大量装甲部队和适于使用技术兵器。

不同类别的地形，对作战行动有着不同的影响。

（一）山地地形

山地地形，是在山地地貌上相对均衡分布有其他地形要素的一种地形。

1. 地形特点

地貌起伏显著，群山交错连绵，山高坡陡谷深，其间形成一些盆地。居民地小而疏，多分布在谷地和山间盆地。道路稀少，尤以铁路、公路最缺乏，且弯曲多、曲率半径小穿过鞍部时多形成隘口，主要道路为乡村路、小路，多依谷而行。河流湍急、河床狭窄、岸陡，河底多石，雨天易洪水暴涨。树木一般较少。

山地地形按地理位置的不同，其地形特点也有差异。沿海山地，海拔低，气候温和，居民地和道路网较密；高海拔山地，空气稀薄，气候寒冷，多雪山，人烟稀少，交通极为不便；高纬度山地，山顶浑圆，坡面较缓，谷宽，河少；低纬度山地，山顶较尖，坡陡谷窄，多溪流。

山地地形在结构上呈现：山脉脊线脉络连贯突出，山岭、支脊纵横相连，其间环抱着许多盆地，居民地坐落于盆地之中，道路穿谷越岭，以沟谷通道将诸盆地相连。

2. 对作战行动的影响

山地地形由于起伏大，地面切割严重，因此部队机动受限，坦克和其他战斗车辆只能沿公路和平坦的谷地机动；观察、射击受限，死角较多，但易选择制高点、指挥所和观察所；隐蔽伪装条件较好，对核、化武器袭击有较好的防护，反斜面、冲沟、陡崖等均有较好的防护作用，但谷地、凹地易滞留毒剂，狭窄的沟谷通道易因两侧坡壁倒塌而阻塞；便于构筑坚固的坑道工事，但石质山地不易挖掘；指挥协同困难，不便于变更部署，部队常被分割在不同方向上独立遂行作战任务。

山地地形的结构特点，决定了盆地是敌对双方争夺的目标，沟谷通道是作战轴线，能否有效控制通道将是山地作战成败的关键。

沟谷通道沿线地形复杂，除谷口外，还会形成峡口和隘口，具有重要军事意义。谷口，是通道的门户，背靠群山，面对平地，前低后高，前宽后窄，具有瓶颈作用，利于守方以少胜多。峡口，是沟谷通道狭窄转弯的部位，两侧山体陡峻，谷底狭窄，犹如闸门，便于封锁，是实施节节抗击的有利地形。隘口，也叫山垭口，是沟谷通道翻越山脊鞍部的部位，对前或对后都居高临下，与两侧高地成咽喉锁钥之地；以其为底线，谷口为前沿，可构成带状阵地伏击或抗击进攻之敌。此外，在高原边缘，当由地势平坦、海拔较高的地面，突然沉降为海拔较低、切割很深的山地地貌时，在山地沟谷的谷口呈现前高后低，面对高原平地而后为低下群山的特殊口子，称为坝口。它相当于以隘口的山脊线为界，在山地一侧是逐渐下降的沟谷通道，另一侧是与口子高度相当的平坦地。因此，坝口利于面向山地组织进攻或防御；不利于面向高原台地实施作战。沟谷通道中的这些口子，是控制通道的关键地段，由此形成"依托高地，卡口、制谷、保盆地"的山地防御作战基本原则。在实施防御时，山地地形宜于构筑以坑道为骨干、与野战工事相结合的环形防御阵地，在较长的斜面上多层配置兵力兵器；利用沟谷、山洞、丛林隐蔽地设置暗火力点；横亘的山岭有利于构成横亘的防御阵地。进攻时，便于隐蔽集结与接敌，便于实施穿插、迂回，出其不意地从侧后实施突击。但从总体上讲，山地易守难攻，在高技术条件下的现代战争中，山地仍是以劣抗优的理想地形。

（二）丘陵地形

丘陵地形，是在丘陵地貌上，相对均衡分布有其他地形要素的一种地形。按地理条件的不同，分为北方丘陵地形和南方丘陵地形。

1. 地形特点

北方丘陵地形，高地相对独立，山顶圆浑，谷宽岭低坡度较缓，多为黄土质，山谷为耕地或梯田。居民地多依丘傍谷，分布较密。道路依谷分布，交通便利，但高等级公路较少。河流较少，河道弯曲。树木多集中在居民地内外。

南方丘陵地形，山丘顶尖坡陡，山背狭窄，谷地多是稻田。居民地散居山坡山脚。道路多为山村小路，溪流较多。山丘上树木、茶林、竹林生长较密。

丘陵地形在结构上呈现：山岭脊线脉络不连贯，居民地坐落于丘谷交错的宽坦谷地，道路依谷构成网状，河流顺谷汇成河系。

2. 对作战行动的影响

北方丘陵地形，宽阔的谷地和起伏和缓的山丘，便于部队机动，履带式车辆可越野行驶；丘谷交错的起伏形态，制高点较多，利于观察、射击，便于部署兵力和选择炮兵阵地，有利于遮蔽和对核、化武器袭击的防护，"但山谷、凹地易滞留毒剂；工程构筑的难度适中，改造地形的范围和工程量相对较小；便于指挥协同。

南方丘陵地形，机动条件差，特别是越野机动受到较大限制。战斗规模小于北方丘陵地形。

丘陵地形的结构特点，决定了防御时，以居民地为中心，高地为依托，以丘制谷，以点制面的战术原则，依托高地构筑互为依托、相互支援、纵深梯次的支撑点式防御阵地。进攻时，利用遮蔽谷地选择配置地域，通过高地间隙实施多路、多方向的穿插、迂回，分割包围，各个击破的战术。总之丘陵地形既利于攻，也利于防，战场容量大，适合大兵团作战。

（三）平原地形

平原地形，是在平原地貌上，相对均衡分布有其他地形要素的一种地形。按地理条件的不同，分为北方平原地形和南方平原地形。

北方平原地形，地势平坦开阔，起伏和缓，多为耕地间有小的岗丘、垄岗，高差一般在 50 m 以下。居民地多集中分布，房屋大部为砖瓦结构，并分布有较多的大、中城市。道路成网，四通八达，集镇之间有公路相通，村与村之间有交大车路相连。江河、湖泊较少，水量变化大，丰水季节河水较深，枯水季节河水较浅，河床宽阔，两岸多堤岸。耕地多为旱田，夏季高杆作物生长茂盛，冬季农作物矮稀。

南方平原地形，地势平坦开阔，除公路外，乡村路窄而弯曲，且多桥梁。江河、湖泊遍布，沟渠纵横。耕地大部为水稻田。村镇小而分散，建筑不甚坚固，地下水位高。

平原地形在结构上呈现：以城市为中心，县镇为拱托，村庄散布其间；铁路、公路为干线，其他道路补充构网；江河、运河绕居民地而过的平坦沃野景观。

平原地区作战，便于机动，便于指挥，尤其是北方平原，更能发挥机械化部队机动作战的优势；但在雨季，江河有较大的障碍作用。

展望良好，视界、射界宽广，便于观察射击，能较好地发挥各种火器的效能；但不易选择观察所，很难找到足以瞰制战场的制高点，直射火器不便超越射击，炮兵不易选择良好的遮蔽阵地。冬春两季，隐蔽伪装困难，军队开进、集结和机动容易暴露企图；夏秋两季，高杆作物繁茂。便于隐蔽伪装，但观察、射击又受限制。

北方平原，利于构筑工事，修筑野战机场；南方平原因水稻田多，地下水位高，不便于构筑地下工事。平原地形人烟稠密，物产丰富，为军队宿营、后勤补给提供了较好的条件。但对核、化武器袭击的防护作用差，杀伤面积大，但若能巧妙利用土堆、小丘、沟渠和洼地，可起到一定的防护作用。

平原地形的结构表明，城市、交通枢纽为作战目标，交通干线为作战轴线。防御时，可沿交通轴线依托城镇居民地进行大纵深防御，或沿横向江河设防，重点扼守重要城镇、交通枢纽、重要桥梁和渡口，并通过改造地形，建立有机的防御体系。进攻时，便于迅速集中兵力，实施宽正面、大纵深、高速度的推进，也便于广泛实施包围迂回。总之，平原地形利攻不利守，且制空权和装甲优势显得特别重要。

（四）水网地形

水网地形，主要是以平坦地貌和密布的水体构成的一种地形。

1. 地形特点

在平坦的地面上，江河、沟渠纵横交错、相互贯通，多数河流可通行船只。河渠宽窄不一，河岸较陡，河底多淤泥，一般每平方公里有3～5条河溪；沟渠在10条以上，地面被分割成大小不等的块状水域。湖泊、池塘星罗棋布，有的地区每平方公里多达500多个。耕地多稻田，地下水位较高，故又称此地形为水网稻田地。稻田灌水季节，积水 5～10 cm 泥深 10～20 cm；田埂高多在 30 cm 以上。居民地小而密，多为散列式分布，位于河渠、公路两侧，屋基较高，质量不坚，村落四周竹树丛生。较大的城镇常是交通枢纽或水利工程所在地。

道路分布不匀，村与村之间多沿堤埂以小径相连。公路数量不多，多沿江河堤岸修筑，桥、涵较密，载重量多在 10 t 左右。水上交通发达。树木不多，但居民地外围、道路两侧及田埂上多长有树木。

水网地形在结构上呈现：遍布水形的骨架，主要道路沿堤岸分布，在江河（或道路）交汇点，形成具有水陆交通枢纽意义的居民地。

2. 对作战行动的影响

水网地形极不利于机动。稻田灌水季节积水泥泞，坦克在稻田中运动下陷可达 20～40 cm，履带容易打滑，易使发动机负荷过重而损坏机件，机动速度一般不超过 6～10 km/h。轮式车辆不能越野机动。人员徒步运动下陷可达 15～30 cm。因此，只能沿少有的公路机动，且难于选择迂回路线。非灌水季节，坦克越野机动情况较好，但仍受江河、池塘阻碍，且敌方也可能制造水障。但水上运输便利。

视射界与季节有关，冬春季节较好；夏秋季节受农作物影响较大。由于高地较少，选择制高点、指挥所和观察所较难。炮兵不易选择发射阵地，只能选在居民地、密集行树或河堤之后。直瞄火器超越射击困难。

隐蔽条件较差。由于水体分布广泛和地下水位高，工程构筑困难，渗水太快，即使使用爆破法，一般 8 h 后即开始渗水。故多采用堆积式、半堆积式构工方法，或采用预制工事构件。

防护性能与平原地形相近，但放射性沾染波及范围小，辐射热大部被水吸收，化学毒剂易起到水解作用，洗消方便。

广阔的水面利于无线电通信。但指挥协同困难，不易调整部署。适于使用直升机部队、气垫船和水陆两用坦克参加战斗。

水网地形的结构特点表明，江河（或道路）交汇处的城镇、交通枢纽，是作战目标，公路、铁路或地势较高的伸展方向为作战轴线。防御时，尽量利用横向河流设防，阵地选在村庄外缘、桥头、堤坝等有利地形上。进攻时，较难由正面突破层层抗击的大纵深防御体系，只能大胆实施水上迂回包围，诱迫敌人于阵地之外作战。

（五）城市居民地地形

以非农业人口为主，具有一定规模的工业、商业、交通运输业聚集的较大房屋建筑区域叫城市。以其为中心，涉及四周卫星城镇与瞰制地形的广大地域，称为城市居民地地形。

1. 地形特点

该地形以广泛分布的密集房屋建筑为主要特征。在分布上，以大、中城市为核心，以卫星城市为拱托，四周分布着高密度的集镇与村庄。连接大城市的主要交通线两侧，居民地密集，甚至毗连成狭长居民地。建筑物的分布格局与地貌相关，平坦地上多为网格状或辐射状，街区较为规则；丘陵地貌上则多为沿谷地分布为不规则的条带形。建筑风格与历史发展有关，老城区房屋低矮、密集，多为砖木结构，街道狭窄；新市区房屋排列规则，高楼耸立，比较坚固。现代化公寓和经贸中心，多为高层建筑群；文教科研单位，多以墙垣相围构成较独立的居住区，房屋相对稀疏、风格不一。工厂多位于城市外围，其生活区房屋排列规则、较密；生产区房屋较疏，大小、排列按生产流程配置。市内街道密集，纵横构网，交通便利，贯通城市并连接外部公路的主干道，宽度多在 60 m 以上；联系各功能区的次干道，宽度在 30 m 左右；一般街道、巷道则与其间隔分布。地铁、人防工程和排水系统等地下设施，多沿干道修建。市区多为平原或丘陵形态，后者形成山城，多位于川谷交汇处；城市外围，则有可能被山地环抱。树木分布较少，主要集中于公园、名胜古迹地居民地外围、道路两侧。河渠多经修整，堤岸堆砌整齐。城市统一供水。通信、输电线路密集。各种生产与生活设施建筑物较多，自然条件好，经济发达。

城市居民地地形在结构上呈现：大、中城市为核心，卫星城镇为拱托，连接它们的道路形成密集网络。对城市本身密集的房屋建筑为其分布特征，街道是其骨架，它既是划分街区的依据，又是将诸街区联系为有机整体的纽带；外围城镇和高地，形成城市的屏障。

2. 对作战行动的影响

城市居民地地形，以市区内稠密的建筑物、街道网、地下工程设施以及外围有瞰制、拱托作用的地形，对作战行动产生影响。

建筑物的障阻性，使地面机动受到极大限制。坦克和战斗车辆只能沿街道和建筑物间的空地机动，狭窄和弯曲的街道会影响坦克炮塔旋转和重型装备通过，两侧建筑物倒塌会形成街障。通道上的桥梁、立交桥和隧道，战时将成为通阻的关节点，若无迂回路线，可能造成堵塞。步兵为减少伤亡通常不能沿街道运动，但可在街区建筑物内打通墙壁形成隐蔽的运动路线。地铁、地下人防工程和下水道系统，可供步兵实施地下运动。居民地内的空地、广场、公园、露天仓库平台、高层楼房的平屋顶等，是直升机良好的起降场。

密集的建筑物使观察、射击条件受限，直视和直射距离通常只有几百米，观察所只能看清邻近地域，且目标具有稍纵即逝的特点。因此，城市居民地战斗主要是近距离激战，并在地面、建筑物上层和屋顶、地下通道系统等三个高度上进行。使用的武器主要是轻武器和短程直瞄火器，而反坦克导弹一般找不到能满足最小射程的发射阵地。

城市居民地具有良好的隐蔽条件。步兵在任何建筑物内均可得到隐蔽和掩蔽；坦克和其他战斗车辆可隐蔽在建筑物之后，还可利用地下车场、楼洞、车间厂房进行掩蔽。

居民地建筑对常规武器杀伤有较好的防护，地下室和钢筋混凝土人防工程对核袭击有较好的防护能力。密集的高大建筑物，使电台效率降低，只能通过转播或用直升机开设机载中继站实施通信联络。战时应注意对现有通信设施的夺取和保护。以及对电台、电视台的利用。

城市居民地战斗指挥困难。部队常被孤立，战斗队形常被分割，整个作战变成一系列小分队战斗。坦克由于机动、观察受限，炮塔不能充分俯仰以对付高层和地下室目标，故一般不单独使用而配属给摩步分队。炮兵可在城市外缘，居民地内的广场、公园和空地建立发射阵地；但因受建筑物的阻挡，一般不集中使用而配属给连、排遂行直瞄射击任务，在建筑物中开辟通道。迫击炮是主要伴随火炮。

城市外围地形，对作战影响极大。若是平坦地形，则无制高点利用，利攻不利守，防者只能依托卫星城镇，建立能相互支援的战斗阵地以控制通道，或依托江河设防。若系丘陵或山地地形，守方则有较多的制高点控制通往城市的谷口，利守不利攻；攻方可首先夺取瞰制城市的制高点，为尔后的市区作战创造有利条件。

城市居民地地形的结构特点表明，在此种地形上作战，一般包括外围作战和市区作战两部分。市区是外围的依托外围是市区的屏障，作战首先从外围开始。市区战斗：政府机关、指挥部、电台、电视台、交通枢纽部、水电军工厂等是双方争夺的主要目标；通往这些目标的主要街道将是主要作战方向；而这些方向上的十字街口、广场、公园桥梁等毗连建筑物，将成为守方的支撑点。在作战原则上由于城市居民地战斗需要投入较多兵力，花费较多的时间伤亡大，建筑物破坏严重。因此迫使攻方为了保持进攻的锐势和减少伤亡，通常尽可能绕过城市或通过夺取水源、能源等卫星城镇而孤立中心城市，使其失去防御作用；只有在夺取城市可以获得重大军事、经济利益时，才实施进攻。进攻时，先夺占城市四周具有瞰制作用的地形单元，控制进出城市的诸条接近路；而后通过突击城市的翼侧和薄弱部位，夺占重要建筑物和关键性街道，将城市分割为数块，最后再有计划地逐幢房屋、逐块街区肃清守敌。防御时，尽可能避免在城市内进行战斗；当必须坚守某个城市时，应在城市前方尽可能远的地方，依托有利地形进行防御，充分发挥城市的依托和保障作用，建立大纵深防御体系，追敌在外固大弧线上过早地分散展开，使敌既不能绕过，也不便迂回。

（六）山林地形

山林地形，是以山地地貌和森林为主导要素结合成的一种地形。按地理条件的不同，分为南方山林地形和北方山林地形。

1. 地形特点

南方山林地形，又叫热带山岳丛林地形。山高脊窄，坡陡谷深，大小支脉婉蜒曲折，多数为土质山，少数为石质山，自然洞穴相对较多。树林茂密，多为常绿阔叶林，林内藤蔓缠绕，灌木杂草丛生。河溪较多，河道弯曲，岸陡河窄，多沙、石底质，雨季和雨后，急流涌泻，不易徒涉。居民地疏而小，多位于谷旁。道路稀少且质量差，公路多沿山脚、河流一侧绕行，路面狭窄、桥涵较多，曲率半径较小；村与村之间多以崎岖小、路相连。

北方山林地形，山岭一般宽阔，山顶浑圆，谷地宽展森林多松、杨，林内长有灌木、高草。土壤腐殖层较厚，下面多为不渗水岩层，多出现沼泽。河溪较多，河岸较缓，底质多沙砾。居民地相对集中，多分布在谷旁阳坡；公路较少，多为乡村路，雨季泥泞难行。

山林地形的结构特点，除群山密布森林外，其他与山地地形相同。

2. 对作战行动的影响

南方山林地形，部队机动困难，坦克和战斗车辆只能沿道路机动，几乎不能越野；步兵运动受限，多数情况下需砍伐藤灌才能前进，体力消耗大，运动速度慢，判定方位困难，容易迷失方向。据统计，南方山林地形上的运动速度见表4-2。北方山林地形，因林下多为高草植物，运动情况稍好，但若有沼泽，将给机动带来很大困难。

观察、射击条件差。林内只能看到数米远，最多数十米。不易选择观察所，有时只能选在树上。重型装备的使用受到限制，南方山林地难以找到理想的炮阵地，有时只能沿公路线配置。宜于使用轻武器战斗，但杀伤效果明显降低；炮弹触树的顶部爆炸，对步兵有较大杀伤。

隐蔽、伪装条件好。便于就地取材构筑工事、设置障碍冬春季节易发生火灾。

表4-2　南方山林地形上的运动速度

行进路线性质	坡度(°)	通行程度	昼间时速 km·h^{-1}	夜间时速 m·h^{-1}
沿山背	10～25	不需要砍路	2～2.5	1.2～1.7
沿山腰	20～40	不需要砍路	0.6～1	0.2～0.5
上长陡坡	30－35	部分砍路	0.6～1	0.3－0.5
直长陡坡	30－40	部分砍路	0.7～1.2	0.25－0.4
沿长谷	10以下	谷底平缓	1.5～1.8	1.2～1.5

山林地形森林茂密的结构特征，使"以点制面"的山地战术受到制约，但"卡口、制谷、保盆地"的基本战法没有改变。

（七）海岸与岛屿地形

海岸，指海洋与陆地相互接触和相互作用的狭长地带。岛屿是散列于海洋、江、湖中的陆地。大的叫岛，小的叫屿通称岛屿。

1. 地形特点

海岸，依性质的不同，主要分为泥质海岸、岩石海岸和沙质海岸。泥质海岸，一般与濒海平原相连，岸线平直，岸坡徐缓，海滩正面宽、纵深大，多为淤泥，近海无岛屿做屏障，近陆无高地做依托，无突入海面的岬角。岩石海岸，般由山地延伸入海而成，外侧海域多岛屿，内侧多与山地相连，海滩纵深短浅，遍布滩石，岸线曲折，岸坡陡峭，港湾岬角较多。沙质海岸，多由丘陵地延伸入海而成，外侧海域有岛屿，内侧与丘陵地相连，深水线距海岸较近，海滩纵深较短，底质较硬，岸坡徐缓，湾口开阔。

岛屿，在海洋中分为大陆岛和海洋岛。大陆岛，离大陆较近，地形起伏较大，有的岩石裸露、无林缺水；有的树林茂密、灌木丛生。岛上居民地稀疏，道路较少，物资补给困难，有些小岛缺少淡水而靠大陆运送。岛屿，按排列形式分为孤岛、列岛和群岛。

海洋岛，远离大陆，由造礁珊瑚形成珊瑚岛，或由海底火山爆发而形成火山岛。珊瑚礁岛，地势平坦，面积较小，我国的礁岛一般不超过 $2\ km^2$，海拔较低，多为 $3\sim4\ m$。环状珊瑚礁所包围的较大水域，多构成有缺口的泻湖，是舰艇避风的良好锚地。珊瑚礁岛的外围多为礁盘拱托，由珊瑚骨骼等物质胶结而成的盘面，如针峰直立难以足履，吃水较深的登陆舰艇难以靠近。礁盘面积大，向外延伸远者达数千米，近者在百米左右。礁盘边缘陡峭，致使外缘水深骤变。

2. 对作战行动的影响

濒海陆区，是实施海岸防御构成第一道防线的作战地形，也是登陆作战夺占登陆场、建立登陆基地、保障后续部队上岸和发展进攻的作战空间。濒海陆区不同的地形类别，对于海岸防御和登陆作战有着重大影响。起伏较大的濒海地形，港湾锚地较多，利于舰艇隐蔽疏散驻泊；有些岸段还有较复杂的海蚀地貌，如海蚀崖、海蚀洞等，利于实施海岸防御，其裸露的基岩便于构筑坑道、永备工事，利用突出的岬角、近岸岛屿，可以形成互为依托、相互支援的支撑点式防御体系，以封锁航道、控制海湾与海面；近岸形状奇特、颜色特殊的山峰和其他地貌形态，是天然导航方位物。平坦的濒海地形，缺乏天然港湾和防御的依托地形，不利于抗登陆作战，而利于登陆兵上陆和向纵深发展。

海岸的坡度和类别，对登陆和抗登陆作战有很大影响。陡岸，具有天然障阻作用，利于防御，附近常有较深的水域，便于舰船近岸航行和驻泊；岸上常能找到一些特殊地形点用以导航。缓岸，有纵深较大的浅水区，舰船不能近航，不便驻泊，登陆时涉水距离长，运送困难，既不利于登陆，也不便建立有效防御。植物岸，便于隐蔽，并有一定障阻作用。

海滩的纵深、宽度、坡度和滩质，也影响作战。纵深越大，候潮航渡登陆的时间越长，利于守方杀伤登陆之敌。正面可登陆宽度影响登陆部队的展开和投入的兵力。海滩坡度，影响舰艇抵滩、抢滩和退滩。坡度大，舰艇易于抵滩，登陆部队上陆可不涉水或减小涉水距离与深度；若坡度过大，舰艇抵滩将因船底与海滩接触面小而不稳，影响登陆、卸载和气垫船上陆。坡度小，会增大登陆涉水深度与距离若过小，将会因船底与海滩接触面过大，容易搁浅和造成退滩困难。通常坡度小于 $1°$ 为不能登陆坡度；$1°\sim1.5°$ 为登陆困难坡度；$1.5°\sim2°$ 为尚可登陆坡度；$2°\sim5°$ 为可登陆坡度。但坡度小时，利于气垫船和两栖车辆上陆。滩质影响登陆部队上陆、滩上运动与卸载，当硬质滩的坡度大于 $7°\sim10°$ 时，水雷还可能产生移位与滚动。

海底底质，影响登陆舰船抢滩、退滩，影响锚抓力和潜艇坐底。沙泥底较硬，能承受较大压力，不易损坏舰体，便于登陆或下滩。沙底，通常也便于上陆和下滩，但受大风浪冲击后，容易形成沙埂，埂后水深，若登陆舰艇搁在沙埂上，不仅会增大涉水距离和涉水深度，而且在有涌浪和落潮时，会发生中拱而损坏舰体。沙砾底、圆砾底、平坦的岩石底，底质坚硬，登陆舰艇必须慢速接岸，以免碰撞。淤泥底，承载力差，易于下陷。礁脉乱石、珊瑚底，舰艇停靠危险，登陆部队与装备上陆运动困难。舰艇锚泊时，硬泥底，锚抓力最好；沙底，锚抓力不牢；淤泥底，容易拖锚；岩石底，则不能抛锚。对潜艇来说，沙泥和贝壳海底，利于坐底；岩石底，潜坐时易撞坏潜艇；淤泥底，坐底后容易吸着而不易浮起来。

潮汐，影响水线位置及海滩干出部分纵深的大小，若登陆地段的潮差大、潮升快、海滩坡度小，则短时间内水线位置的变化十分显著，若不准时把部队送至指定位置，将会带来不堪设想的后果。潮汐影响登陆时间的选择，在高潮或临近高潮时登陆，登陆舰艇可以直接抵岸或在距岸较近的地方抵滩，并可能超越敌防低潮登陆障碍物；但后续兵力上陆时，潮水转为落潮，既影响登陆工具的航速，又增大了岸滩距离和抢滩上陆的困难。潮汐还影响布、扫水雷和航行安全。

岛屿，四面环海，面积有限，纵深浅，缺乏回旋余地，便于攻方周围部署压制火力。守方不宜与攻方进行岛内作战，必须实施环岛防御，并在滩头设置各种抗登陆障碍。孤岛，四周受敌，防御脆弱。列岛，一线排列，便于互相掩护封锁航道，但纵深浅，易被分割包围。群岛，成集群分布，正面宽，纵深大，能组成以主岛为核心、互相支援、相互依托的要塞式防御体系。岛屿海域水浅、礁多、流急、航道狭窄、海区情况复杂，一般利于防御而不利于进攻。近岸岛屿，可得到岸上火力支援。靠近大陆的群岛和列岛，利于凭险固守。是国防的前哨，大陆的屏障，海上作战的依托。

珊瑚礁岛，进攻时，适于采取机降或两栖、气垫船部队攻击；但后续兵力和物资上陆困难，克服礁盘障碍困难大时间长。防御时，因无依托地形，且受地幅限制，生存条件差，需加强阵地建设。

四、地形对高技术战争的影响

战争，总是在一定的地理空间进行，它必然受到地理空间主体要素"地形"的制约。因为地形是战争的舞台、作战的依托，任何作战行动无一不与地形相联系。

地形对作战的制约与影响，主要表现在对武器装备的运用、基本作战行动和作战的谋划与实施诸方面。尽管武器装备的发展，总是为了不断提高自身的打击力、防护力和机动力，特别是超越地形、克服地形障碍的能力，但某一方面的提高，又会转换为其他时空条件下的另一种限制。高技术虽然使武器装备发生了质的变化，并产生了新的作战方式，但仍然超脱不掉战场环境的制约与影响。

（一）地形的基本制约

地形对高技术武器装备运用和基本战斗行动的制约，表现在以下方面：

1. 机动

高技术战争，机动作战是其主要作战方式。只有高度机动，才能达到"保护自己，消灭敌人"赢得作战胜利的目的。为此，地面部队全部实现了摩托化、机械化，武装直升机成为参战的主要兵种之一。机动方式不仅有地面机动（含沿道路和越野机动）、水上机动，还有空中机动。这些特点表明：道路不仅仍然是沿道路机动的制约因素，而且需要满足大量的、多类别的车辆实施机动，其对机动的制约程度更大；桥梁、渡口的重要性更加突出，并将成为敌对双方着力破坏与保护的目标；超长、超重的特种车辆，对转弯曲率半径和桥梁荷载，有着更高的要求。

越野机动，因车辆类别不同，地形的制约因素增多，机动难易程度的界定和相应范围，必须根据不同战斗车辆的性能参数确定。客观上，总是存在着通行困难和断绝地，限制着越野机动。

空中机动，由于直升机噪声大、航速慢、防护力差，迫使它必须依地形选择低空、超低空或贴地飞行路线，依地形选择有利的攻击阵位，以保护自己、隐蔽个图。直升机的技术战术性能，又要求出发地域、机降地域必须满足一定地形条件。

水上机动，仍然受水深、底质、潮汐、海流和浪涌的影响。

2. 观察

高技术战争，除目视观察、利用光学仪器观察外，采用了许多先进的探测技术，如雷达、遥感、电视监视、电子侦听、微光放大等，可以全方位、大纵深、全天候、全天时地实施观察与探测，极大地提高了观察效果。但每一种观察、探测手段，都受到地形的影响。

地面雷达，直线传播的雷达波束，受地球表面弯曲的制约，探测距离受到限制；地表起伏，又会在遮蔽物后出现盲区；仰角 0.5° 以下受地面反射回波的影响，也会形成盲区，不能发现超低空飞行的目标。地褶、沟壑都是观察死角。空中预警机，把雷达搬到了天空，虽增大了探测距离和减少了盲区，但仍受地表弯曲和地面起伏的影响。

地形复杂地区，雷达荧光屏上还会出现雷达杂波，较难辨别低空飞行目标。且气象条件对雷达探测有较大影响。其他观察手段，也都受地形起伏、沟壑、突出物体、森林等的遮断影响。

3. 射击

高技术武器的重要标志之一，是精确制导。制导方式主要是地形匹配和景像匹配。这说明地形信息已成为武器的软组成，是影响武器效能发挥的关键因素。地形匹配，与地形起伏程度关系极大。

起伏大，匹配效果好，制导精度高；平坦地，匹配效果差，甚至会使导弹迷途。景像匹配，首先要有目标区的数字影像图，然后才能依弹头红外显像传感器传回的目标区图像，由飞行员对照匹配攻击目标。显然，目标特征明显区别于背景时，匹配迅速，命中精确；反之，难以击中，与普通炸弹无异。

4. 隐蔽、伪装和防护

高技术侦察器材的广泛使用，减弱了地形的隐蔽性能，增加了利用地形进行伪装的难度，但地形对核、化武器的防护性能没有改变。

地貌起伏较大的地区，谷地、地褶、冲沟、土堤等，凡能遮断敌侦察（探测）方向所形成的遮蔽地区，都可隐蔽配置目标；若配置在这些地形的阴影中，当目标不大，且间距小于雷达的分辨力时，亦能对付敌空中的光学侦察和雷达侦察。森林、灌木林、竹林、高杆作物地等，都是对付各种侦察、探测的良好天然遮障，从而得到较好的隐蔽。利用活植物覆盖遮障目标，仍是有效的伪装方法。砖、石、土木建筑物，都能起到遮蔽目标不被发现的作用。即使像伊拉克那样的开阔地形，进行隐蔽和伪装也可以起到很好的防护作用，伊拉克战争中，伊拉克通过伪装、欺骗等措施，还是保护了一定数量的导弹、飞机，并使多国部队击中了许多假目标。

5. 工程构筑

在高技术战争条件下，高效能、大面积毁伤武器，确能有效破坏某些工程设施，杀伤对方掩蔽的有生力量，但其威力总是有限的，可以通过深挖、强固措施，达到掩蔽自己的目的。还可充分利用天然洞穴、矿井等，减轻工程构筑量。如海湾战争，伊军虽受到多国部队猛烈的打击，但由于战前构筑了大量掩体和掩蔽部，使大量坦克、导弹机动发射车和导弹库得到保护，从而在多国部队声称"已消灭了伊拉克几乎所有的导弹固定发射架和至少20个流动发射架"后，伊军却又向多国部队、以色列发射了"飞毛腿"导弹，使多国部队的指挥官们坐卧不安。伊军还通过构筑的沙墙和纵横交错的沟壕，制造障碍，使多国部队大费周折。伊军的指挥中心，深入地下20多米，直至战争结束，仍安然无恙由此看出，高技术战争只会加大工程构筑的难度与数量，地形制约工程构筑的程度只会增强，不可能削弱。

（二）地形对作战指挥的制约

孙子曰"夫地形者，兵之助也。料敌制胜，计险扼远近上将之道也。知此而用战者必胜，不知此而用战者必败"。用兵，必须熟知地形，善识地利，趋利于己，弃弊于敌，才能做到因地而强军，因军而固地。高技术战争虽然提出了非线式作战方式和"空地海天"作战理论，但运用在作战中，还必须与战场实际地形相联系。作战指挥员的责任就是巧妙地把普通的作战原则与具体地形条件相结合，进行合乎客观实际的运筹决策和实施作战指挥。所以，高技术战争从战场、目标的选择、作战计划的拟定，直至具体的作战指挥与实施都受到地形的制约。即使在战术范围内，要点选择、要点群防御阵地的组成、作战方向的确定，都与地形条件有着紧密联系；制高点的瞰制作用、不同要点布局和不同地形条件构成的阵地形式所具有的战术价值，以及要点地形的依托作用等等，都没有改变。如海湾战争多国部队实施的"沙漠风暴"，无一不与地形相联系并受地形的制约。即使美军提出的"群岛式"防御，它所选择的"岛"（或叫"决定点"），也都是有战术价值的高地、重镇或交通枢纽部。地形的这些作战特性没有变。

海湾战争是在特定的时间、特殊的地形上，多国对一国、强者对弱者所实施的常规高技术战争。并由此引起人们研究地形对高技术战争影响的兴趣。如果敌对双方势均力敌，作战范围与规模扩展至太空实施卫星大战并动用核化武器,那么地形对此种作战的制约,又将增添新的内容。

第二节 地形图基本知识

地图是地球表面的缩写。它是按照一定的投影方法和比例关系,用规定的符号、颜色和文字注记,将实地地形,经过一定的综合取舍绘制于平面图纸上的图。地形图是地图的一种,其比例尺大于 $1:100\times10^4$。它是国家经济建设、国防建设不可缺少的重要资料。

地形图的显著应用特点是它的可判识性、可量测性和可分析性。在地形图上可以进行长度(距离)、高度、坡度、水平角度、坐标和面积的量读、计算。因此,地形图是研究地形的重要资料,是军队组织训练、制定作战计划和组织指挥作战的重要工具。

一、地形图比例尺

地形图比例尺是说明该图所表示之地面被缩小的尺度,故亦称"缩尺"。它不仅是测图、制图的依据,而且也是用图时,进行点的坐标、点间距离量算的依据。

(一) 比例尺的概念

地形图比例尺是图上某线段的长与相应实地水平距离之比。即

$$\text{地形图比例尺}\left(\frac{1}{M}\right)=\frac{\text{图上(线段)长}(l)}{\text{实地相应水平距离}(L)}$$

式中,M 称为比例尺分母;为了明显地看出缩小的倍率,规定比例尺分子以 1 表示。地图比例尺的大小是按比例来衡量的。地图比例尺越大,图上显示的地形就越详细,精度就越高,但同一幅面的图中所包含的实地范围就越小;地图比例尺越小,图上显示的地形就越概略,精度就越低,但同一幅面的图中所包含的实地范围就越大。

我国地图比例尺的系列为:$1:1\times10^4$、$1:2.5\times10^4$、$1:5\times10^4$、$1:10\times10^4$、$1:20\times10^4$、$1:50\times10^4$、$1:100\times10^4$。

(二) 比例尺的表示形式

为了适应直接量算需要,各种地形图上用得最多的比例尺有如下两种形式。

1. 数字比例尺

数字比例尺是一个以分子为 1 的比例关系。如 $1:1\times10^4$,$1:2.5\times$

10^4…1∶10×10^4 等。

2. 直线比例尺

直线比例尺是在一条直线上，以某点为基准，按图上不同线段长加注实地相应水平距离的一种图解比例尺。

（三）比例尺的应用

1. 用直尺量算

用直尺算量距离时，可用直尺先量取图上长，再将此长按地形图比例尺公式计算，即得实地水平距离。

2. 在直线比例尺上比量

先用两脚规量出两点间的长度，并保持其长度，再到直线比例尺上去比量。比量时，先使两脚规的一脚落在尺身的整千米数上，再使另一脚落在尺头上，即可直接读出两点间实地水平距离。

3. 点间曲线的量读

量取图上的曲线距离，通常用指北针上的里程表进行。里程表由表盘、指针、滚轮组成。表盘按圆周刻划，由内向外分别刻划1∶2.5×10^4、1∶5×10^4、1∶10×10^4 三种里程。

量读时，先使指针归零，然后右手持指北针，使滚轮从图上起点，开始向所量之线均匀地推至终点，指针在相应比例尺分划圈上所指的千米数，即为两点间实地水平距离。

需要指出的是，用以上各法量算的距离都是水平距离。然而，实地是高低起伏的。当需求两点间沿实地地表面距离时，必须对量得之值加以改正，使其由图上量得之水平距离换算为地表相应的实地距离。在军事用图中，常用平均坡度改正法。坡度改正系数见表4-3。计算距离的公式为

$$S = d + dx$$

式中，S 为实地距离；d 为图上量得的水平距离；x 表示坡度改正系数。

表4-3 坡度与坡度改正系数

坡度/（°）	改正系数/（%）	坡度/（°）	改正系数/（%）
0～4	3	20～24	40
5～9	10	25～29	50
10～14	20	30～34	65
15～19	30	35～40	80

二、地物符号

地面上的地物,在地图上是用统一规定的符号结合注记表示的,这些规定的图形符号叫地物符号。它是构成地图的重要因素,是地图的语言。要识别地物符号,并了解它在军事上的意义,就必须首先了解地物符号规律及其相互关系。

(一) 符号的图形特点

地物符号的图形,依其形状,主要有三个特点(见表 4-4)。

表 4-4 符号图形特点

图形特点	符号名称		
与平面形状相似	居民地	河流苗圃	公路桥梁
与侧面形状相似	突出阔叶树	烟囱	水塔
与有关意义相应	变电所	矿井	气象站

1. 图形与地物的平面形状相似

多数地物符号是按实地地物平均轮廓绘制的,如居民地、森林、河流、公路、桥梁等。

2. 图形与地物的侧面形状相近

部分地物符号是根据其侧面形状绘制的。其特点是跟地物的侧面形状相近,如突出树、烟囱、水塔等。

3. 图形与地物有关意义相应

少数地物是根据有关意义绘制的,也叫象征符号。其具有形象和富有联想的特点,如气象站、变电所、矿井、飞机场等。

具有以上三种特点的符号构图简洁、形象、明显,既方便绘,又方便记。

(二) 符号的分类

1. 依比例尺表示的符号(又叫轮廓符号)

实地面积较大的地物,如居民地的街区、森林、大的江河湖泊等,其外部轮廓是按比例尺表示的。依比例尺表示的地物,在图上不但可以了解它的分布和形状，还可以量取相应实地的长、宽和面积。

2. 半依比例尺表示的符号（又叫线状符号）

实地窄长的线状地物，如道路、垣栅、土堤、通信线等，其转折点和交叉点位置是按实地精确测定，其长度是按比例尺缩绘的，而宽度则不是按比例尺缩绘的。这种符号在地图上只能量取其相应实地的长度，而不能量取其宽度和面积。

3. 不依比例尺表示的符号（又叫点状符号）

有些较小的地物，如三角点，油库，变电所，突出的树、塔、亭等，对部队行动都有一定影响，是部队判定方位，确定位置，指示目标，实施射击指挥的重要依据。在图上只能用规定符号表示，而不依比例缩绘。这种符号只能供了解实地地物的性质和位置，但不能量取大小。

4. 说明和配置符号

主要用来补充说明上述符号不能表示的内容。如表示江河流向的箭头，街区性质的晕线等为说明符号；果园、行树、疏林和灌木等为配置符号。说明和配置符号只表示实地某些地物的情况和分布，不表示其真实位置和数量。

（三）符号的有关规定

1. 注记的规定

注记是用文字和数字来补充说明各种符号还不能表示的内容，如居民地、江河、山的名称，森林的种类。公路的质量等，分别用不同的颜色和字体注记。

2. 颜色的规定

地物符号分四色描绘：用黑色表示人工及部分自然地物；蓝色表示水系和与冰雪有关的区域；绿色表示天然和人工植被；棕色表示地貌和土质。

3. 定位点的规定

（1）不依比例尺表示的符号定位点规定见表4-5。

（2）半依比例尺表示的符号。主要指线状地物符号，用定位线表示实地地物的中心线位置。其规定如下：成轴对称的符号，在中心线上，如公路、土堤、高出地面的渠道等；不成轴对称的符号，在底线或缘线上，如城墙、土城墙、陡岸等。

（3）依比例尺表示的面状地物符号。由实际地物转折点的连线（轮廓线）确定其范围，以相应地物符号表示实地地物。

表 4-5 不依比例尺表示的符号及其定位点

定位点	符号及名称		
图形中有一点的，在该点上	三角点 △	亭 ⌂	窑
几何图形，在图形的中心	油库	独立房屋 ■	发电厂
底部宽大的，在底部中点	水塔	气象点	碑
底部为直角的，在直角的顶点	路标	突出阔叶树	突出针叶树
两个图形组成的，在下方图形的中心	变电所	散热塔 散热	石油井 油

三、地貌判读

地貌是指地表自然起伏的形态。地貌对部队军事行动有很大影响。古今中外的战争中，常常巧妙地利用地形，改造地形，进行"陷敌于不利而利于我之作战"。因此，要求图上不仅要显示地貌的一般形象，而且还要准确地判读地貌的起伏高度、坡度和形象特征。显然在地图上用显示一般物体的方法，就解决不了这个问题。

长期以来，人们进行了大量的探讨实践，到目前为止，地图上的地貌表示法已有多种，但世界各国目前广泛采用等高线法来显示地貌。

（一）等高线显示地貌

1. 等高线显示地貌的原理

等高线是由高程相等的各点连接而成的曲线。见图 4-1，用等间隔的水平截面——截取地表面，并将各截线沿铅垂线方向投影到同一个水平面上，即得一条条闭合曲线，再将此曲线按一定的比例缩绘到图纸上，就得到表示该地貌的等高线。这就是用等高线显示地貌的原理。概括起来说就是：从脚到顶，相同高度，水平截开，垂直投影。

2. 等高线显示地貌的特点

同一条等高线上各点高程相等，并各自闭合（同高闭合）。

同一幅图上，等高线多，山就高；等高线少，山就低（多高少低）。

同一幅图上，等高线间隔大的坡度缓，间隔小的坡度陡（密陡稀缓）。

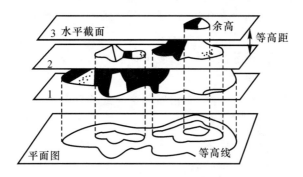

图 4-1 等高线显示地貌的原理

图上等高线的弯曲形状和相应实地地貌形状相似（形似现地）。

3. 等高距规定

相邻两条等高线水平截面间的垂直距离叫等高距。由于地形图比例尺不同，等高距的规定也各不相同（见表 4-4）。

表 4-4　不同比例尺地形图的等高距

比例尺	$1:2.5 \times 10^4$	$1:5 \times 10^4$	$1:10 \times 10^4$	$1:25 \times 10^4$
等高距/m	5	10	20	50

4. 等高线的种类和作用

为了便于用图时查算等高线的高程和更精确地表现地形，等高线按用途可分为四种（见图 4-2）。

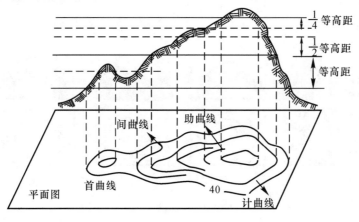

图 4-2　等高线的种类

(1) 首曲线（基本等高线）。按规定等高距测绘的细实线，用以显示地貌的基本形态。

(2) 计曲线（加粗等高线）。为便于计算高程，从高程起算面起，每隔四条首曲线加绘一条粗实线

(3) 间曲线（半距等高线）。相邻两首曲线之间测绘的长虚线，用来显示首曲线不能显示的局部地貌。

(4) 助曲线（辅助等高线）。按四分之一等高距测绘的短虚线，用以显示间曲线还不能显示的局部地貌。

5. 高程的起算和注记

高程是从高程基准面起，沿某点的铅垂线量到该点的垂直距离。我国高程的基准面是黄海平均海水面。

凡是从黄海基准面起算的高程叫真高，也叫海拔或绝对高程。地面任意两点对同一基准面而言的高程值之差叫高差。

地形图高程的注记有两种：一种是点的高程注记，用黑色数字注记，字图朝向北图廓；另一种是等高线的高程注记，用棕色数字注记，字图朝向上坡方向。

（二）地貌识别

1. 山的各部形态

(1) 山顶与凹地。凡凸出地面而且高于四周地区的单独高地叫山。大的叫山岭，小的称山丘，山岭、山丘最高部叫山顶。军事上把注有高程的山地叫高地。没有高程注记的叫无名高地。山顶有尖、圆和平山顶之分，见图4-3(a)(b)和(c)。图上用等高线最小的环圈表示。环圈外常绘有示坡线（与等高线垂直的短线），其不与等高线连接的一端表示斜坡的下降方向。

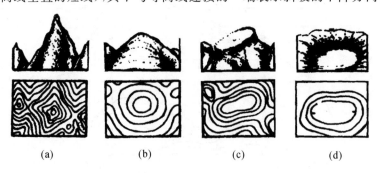

图4-3 山顶与凹地
(a) 尖顶；(b) 圆顶；(c) 平顶；(d) 凹地

凹地是低于周围地面,且经常无水的地方,见图4-3(d)。图上用小环圈表示,但示坡线绘在小环圈内侧。

(2) 山背、山谷。山背,就是从山顶到山脚凸起部分,见图4-4(a)。图上表示山背的等高线,是以山顶为准向外凸出的部分。各等高线凸出的部分顶点的连线为分水线。

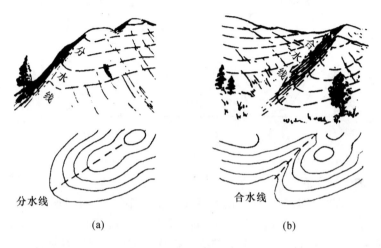

图4-4 山背和山谷
(a) 山背;(b) 山谷

山谷,是两个山背间的低凹部分,见图4-4(b)。图上表示山谷的等高线是向山顶或鞍部方向凹入的地方。各等高线凹入部分顶点的连线为分水线。

(3) 鞍部、山脊。鞍部,是相连两山顶间形如马鞍状的一块凹地,见图4-5。图上是用一对表示山背和一对表示山谷的等高线显示。

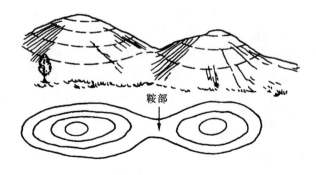

图4-5 鞍部

山脊，是由较多的山顶、山背、鞍部相连所形成的凸棱部分，见图4-6。它的最高棱线叫山脊线。

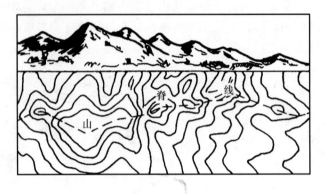

图4-6 山脊

2. 斜面和防界线

(1) 斜面。斜面是指从山顶到山脚的倾斜部分，又叫斜坡。斜面是部队进攻和防御的重要部位，军事上把朝向敌方的斜面称为正斜面；背向敌方的斜面称反斜面。斜面按其形状分为等齐斜面、凸形斜面、凹形斜面和波形斜面。

(2) 防界线。防界线是指军事上能用于防守的界限。防界线要求地势适宜，展望良好，便于设置观察所和构筑射击阵地等。在图上就是要选在等高线由稀变密的交界线上。

3. 特殊地貌形态

地貌形态千变万化，有许多地貌形态是用等高线所不能表示的。如变形地、岩峰、露岩地等。这类地貌的形态在地形图上用特殊地貌符号表示。

(三) 高程、起伏和坡度的判定

1. 地面点的高程判定

根据等高线和高程注记的高程可以判定任意地面点的高程。判定高程时通常有以下三种情况。

(1) 当所判定的点在等高线上时，只要判明该等高线的高程，即为该点的高程。图4-7中独立房的高程为270 m。

(2) 当判定点在两等高线之间，可先判明两相邻等高线的高程，再按其所在位置估计目标点的高程。图4-7中山背上突出树高程为314 m。

(3) 主要山顶和鞍部在图上常有高程注记，但一般的山顶和鞍部没有注记，用图时可根据附近的等高线判定，图4-7中独立石的高程为325 m。

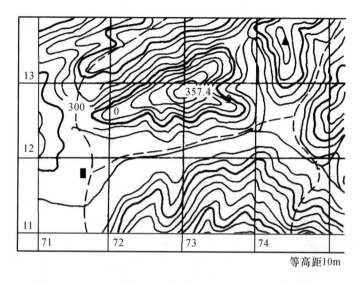

图 4-7 判定高程差

根据判定点的高程可求得两点间的高程差,即高差。

2. 地面起伏判读

地面起伏判读是先按等高线的疏密及河流的关系位置、河流流向,找出山川大势,进而找出山顶、鞍部、山脊、山谷的分布,详细判明起伏的状况。当等高线在河流一侧时,靠河流的方向为下坡方向;等高线通过河流时,依河流流向来判定实际地貌的上下坡方向。见图4-8。

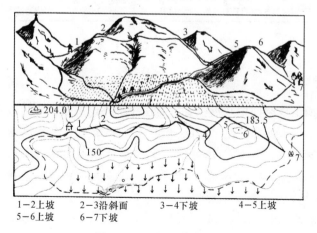

图 4-8 地面起伏的判定

3. 坡度的判定

需要判定坡度时，可用两脚规在坡度尺上比量。坡度尺的纵线表示等高线的间隔，纵线下方的注记表示相应间隔的坡度值。坡度值下的百分比为相应的高差和水平距离之比值。在坡度尺上可量取相邻的间隔相等的2～6条等高线之间坡度。见图4-9，所量取路段的坡度为2°。

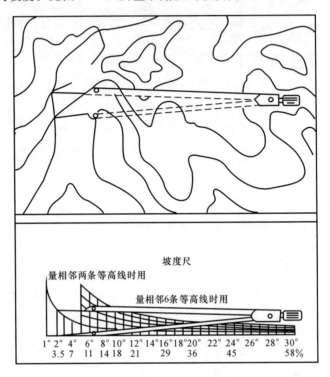

图4-9 用坡度尺量坡度

四、坐标

确定平面上或空间中某点位置的有次序的一组数值，称为该点的坐标。

我国地形图上的坐标是"1954年北京坐标系"。它是按高斯投影，采用克拉索夫斯基椭球，并在1954年完成北京坐标原点测算定向工作的，故称"1954年北京坐标系"。我国已于1980年在西安完成重建适应我国情况的坐标系，故称"1980年西安坐标系"。

（一）地理坐标

确定地面上某点位置的经纬度数值，叫该点的地理坐标。通常用度、分、秒表示。地理坐标在世界上是通用的，尤其在海军、空军和边防、海防和外交斗争中经常使用。

1. 地理坐标网的构成

地形图是按经、纬度分幅的，所以，地形图南北内图廓线是纬线；东西内图廓线是经线。图廓四角注有经、纬度值。在大于 $1:10\times10^4$ 地形图上，四边图廓间绘有经、纬度分度带。东西图廓分度带每个间隔表示纬差一分，南北图廓间表示经差一分，从内图廓左下角起，纬度值向北增加，经度值向东增加。如将两边相应的经、纬度分划连接起来，即可构成地理坐标网（见图 4-10）。

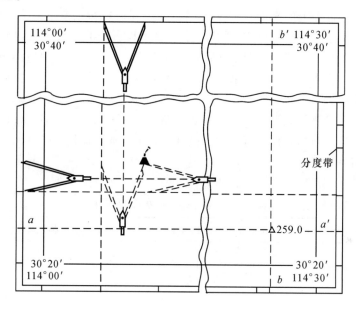

图 4-10 依分度带量读地理坐标

2. 地理坐标的量读

用地理坐标指示目标或确定某点在图上的位置时，一般按先纬度后经度的顺序进行。

在 $1:20\times10^4\sim1:100\times10^4$ 地形图上，可用两脚规比量目标点的地理坐标，在图廓的分划线上读数。

在 $1:2.5\times10^4\sim1:10\times10^4$ 地形图上量读点的地理坐标。参照图 4-10，在 $1:5\times10^4$ 地形图上量读烟囱的地理坐标，方法如下：

（1）求整数分数值。先在分度带上找到接近烟囱左方和下方的分划；再连接经、纬线；读出分值为纬度 21′，经度 01′。

（2）求秒值。先用两脚规量出目标点到所连经、纬线的距离；保持张度不变，再到分度带上去比量；然后根据分度带 1 分的长度估算或按比例计算出秒值为：纬度 25″，经度 42.5″。

（3）求总值。将前面量读的分、秒数相加，则烟囱的地理坐标为：北纬 30°21′25″，东经 114°01′42.5″。

（二）平面直角坐标

确定平面上某点位置的长度值，叫该点的平面直角坐标。

1. 平面直角坐标网的构成

我国地形图上的平面直角坐标网，是按高斯投影绘制的，它以经差 6° 为一个投影带，全球共分 60 个投影带。每个投影带的中央经线和赤道被投影成互相垂直的直线。高斯平面直角坐标系规定：以每带的中央经线为纵坐标轴，赤道为横坐标轴，两轴的交点为坐标原点，这样每一带便构成一个独立的坐标系。

为便于量测任意点的坐标，在大比例尺地形图上，以千米（km）为单位，按相等的距离，作平行于纵、横轴的若干直线，而构成了平面直角坐标网，也叫方里网格。

各种比例尺地形图坐标方格边长见表 4-6。

表 4-6 坐标方格边长的规定

比例尺	坐标方格的边长/cm	相应的实地距离/km
$1:1\times10^4$	10	1
$1:2.5\times10^4$	4	1
$1:5\times10^4$	2	1
$1:10\times10^4$	2	2

2. 平面直角坐标的起算和注记

（1）坐标的起算。纵坐标（X）表示某一直线距赤道的距离（单位：km）。纵坐标以赤道为 0 起算，向北为正，向南为负。我国位于北半球，纵坐标值都是正值。横坐标（Y）表示某一直线距中央经线的距离。横坐标本应以中央经线为 0 起算，以东为正，以西为负，坐标值均为正负值。因不便于使用，所以又规定，凡横坐标值均加 500 km（即等于将纵轴沿赤道西移 500 km），横坐标值以此轴起算，则都成了正值。这样在中央经线以东的横坐标值均大于 500 km，以西的小于 500 km。

（2）坐标的注记。地形图上坐标值均以千米数为单位注记在内外图廓线之间。在东西图廓间横线上，由下向上增大的为纵坐标值，在南北图廓间纵线上，由左向右增大的为横坐标值；在图廓四角，注记坐标的全部数值，在图廓间只注记末两位数，横坐标值均为三位数，即百千米数，三位数前面的为投影带号。为了便于查找，在图幅中央处的纵、横坐标线上，也注有相应的坐标数值。

3. 平面直角坐标的应用

平面直角坐标主要用于指示和确定目标在图上的位置，也可根据方格估算距离和面积。指示目标和确定点的位置时，应按先纵坐标，后横坐标的顺序进行。

（1）用概略坐标指示目标。用概略坐标指示目标图上位置时，通常只用该目标所在方格纵横坐标的末两位千米数值。在图 4-11 上，116.6 高地的坐标为 67.46。

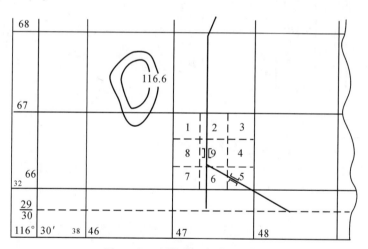

图 4-11　用概略坐标指示目标

需要指示目标在方格中的位置或区分同一方格内的同类目标时，可采用井字格法。其方法是：将一个方格等分成九个方格，并按顺时针方向编号。指示目标时，在概略坐标后加注小格的编号即可。在图 4-11 上，两座桥的坐标分别为 66.47_9 和 66.47_5。

（2）用精确坐标指示目标。对要求位置准确或在图上没有明显特征的小目标，通常用精确坐标。其方法是，先找出目标所在方格的概略坐标（千米数);再加上该点所在方格下边和左边坐标线的垂直距离(m)即可。

参照图 4-12,量取敌机枪发射点的精确坐标。首先按概略坐标 85.49 找到该目标所在的方格。再用指挥尺之坐标尺的纵边与 49 km 线重合,横边与发射点定位点相切,从坐标尺纵边上估读出 85 坐标线所对的分划线为 645 m。同理,横边所对的分划线为 300 m。最后将 645 m 和 85 km 相加,300 m 和 49 km 相加,即为 X85645,Y49300。发射点的全坐标值为 X2785645,Y18249300。

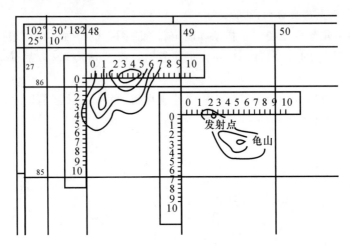

图 4-12 精确坐标的量读

当已知某点平面直角坐标时,便可在图上确定其位置。

坐标在书写时,一般用括号注记在目标名称后,如 116.6 高地(67.46);口述或报告时,一般先报坐标,后报地点和目标名称。

第三节 现地使用地图

一、实地判定方位

实地判定方位,就是实地辨明东、西、南、北方向,确定地形图与现地的关系,是现地用图的前提。

(一)利用指北针判定

指北针携带方便,操作简单,是判定方位的基本工具。

我军现用的指北针有五一式、六二式、六五式等,虽然型号不一,但其构造原理基本相同。以六二式指北针为例:六二式指北针是由磁针、刻度盘、方位玻璃框、角度摆、距离估定器、里程表和直尺等部件组成(见图4-13)。可用来判定方位、标定地图、测定方位角、测定距离、坡度、里程及测略图等。

判定方位时,平置指北针,待磁针静止后,磁针涂有夜光剂的一端(或黑色一端)所指的方向,就是现地磁北方向。如果面向磁针,所指的是北方,则背后是南,右边为东,左边为西。

使用指北针以前,应检查磁针是否灵敏。使用过程中,不要靠近高压线和金属物体。

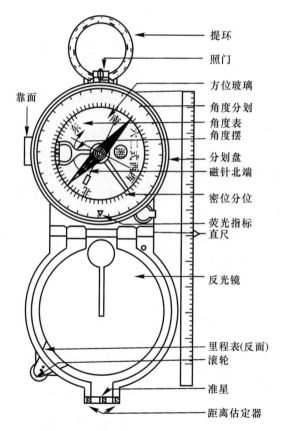

图4-13 六二式指北针

(二)利用北极星判定

北极星是正北方天空最亮的一颗恒星。俗话说:"找到北极星,方向自然明"。我国位于北半球,终年夜间都能看到北极星。

北极星位于小熊星座的末端,因小熊星座比较暗淡,所以通常根据大熊星座(即北斗七星,俗称勺子星)和仙后星座(即女帝星,又叫W星)来寻找北极星(见图4-14)。

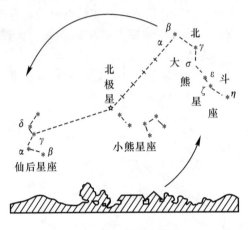

图4-14 识别北极星

大熊星座由七颗明亮的星组成,形状像一把倒扣的勺子,将勺子外端甲、乙两星的连线向勺口方向延长,约为两星距离5倍处的那颗星,就是北极星。

仙后星座是由五颗明亮的星组成,形状很像一个"W"字母。在W字母的缺口方向,约为缺口宽度两倍处的那颗星,就是北极星。

(三)利用太阳和手表判定

判定的方法要领是:先把手表放平,以时针所指时数(以每天24 h计算)的折半位置对向太阳,表盘上"12"这个数的指向就是北方(见图4-15)。

图4-15 根据太阳利用时表判定方位

需要说明的是，我国大部分地区都使用的是北京时间（即东经 120°的时间），如果是远离东经 120°的地区，若采用北京时间，误差就大了。这时应将北京时间换算成当地时间。方法是以东经 120°为准，每向东 15°将北京时间加上 1 h（1°加 4 min，1′加 4 s），向西则减 1 h，然后再按上述方法进行判定。

（四）利用地物特征判定

有些地物、地貌由于受阳光、气候自然条件影响，形成了某些特征，可以用这些特征来概略地判定方位。

（1）独立大树，通常是南面枝叶茂密，树皮较光滑；北面枝叶较稀疏，树皮较粗糙，有时还长有青苔。树桩上的年轮也可判定方向，通常北面的间隔小，南面的间隔大。

（2）地面上的一些突出物体，如土堆、土堤、大岩石和建筑物等，通常南面干燥，青草茂密，冬季积雪融化较快；北面较潮湿，易生青苔，积雪溶化较慢。土坑、沟渠和林中空地等，一些凹下来的地物，与上述现象南北正相反。

（3）我国大部分地区，尤其在北方，农村的住房、门户以及较大的庙宇、宝塔的正门等一般多是朝南开的。

由于我国幅员辽阔，各地都有一些可供判定方位的地形特征。只要我们善于留心、收集，就可用来判定方位。

二、地图与现地对照

地图与现地对照，是通过标定地图，使地图与现地的方位一致后，将地图与现地进行对比，辨认并判定点位的过程。

（一）标定地图

标定地图，通俗地说，就是使地图的方位与现地的东西南北方向一致的过程。标定的方法主要有下述五种。

1. 概略标定

在现地判定方位后，将地图的上方对向现地的北方，地图即已概略标定。这种方法简便迅速，是要求标定精度不高时的基本标定方法。

2. 用指北针标定

用指北针标定地图，通常以磁子午线来标定。参阅图 4-16，磁子午线在地形图南、北内图廓线上，各绘有一个小圆圈⊙，并分别注有磁南（或 P）、磁北（或 P′），标定时，先使指北针准星的一端朝向地图的上方，并使指北针的直尺切于磁子午线，然后转动地图，使磁针北端对正指标"△"或角度盘"Q"分划线，即地图已标定。

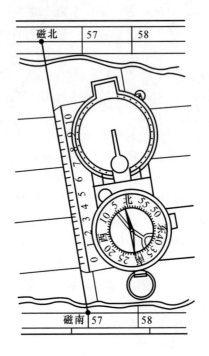

图4-16 依磁子午线标定地图

使用指北针也可按真子午线或坐标纵线标定，方法基本同上，但应根据使用要求，依据偏角图加以修正。

3. 依直长地物标定

利用直长地物（指公路、铁路、水渠、土堤、通信线路、输电线等地物）标定地图时，应先在图上找到这段直长地物符号，对照两侧地形，使地图和现地的关系位置概略相符，再转动地图，使图上的直长地物符号与现地直长地物方向一致，地图就标定了。见图4-17。

4. 依明显地形点标定

明显地形点，指现地一眼望去比较明显突出的地物和地貌，如山顶、突出树、土堆、塔等独立地物。标定时，应先在现地和地图上都能找到的一个明显地形点作为端点。然后在现地远方找一个与图上相应的明显地形点，放平地图后，用直尺切于图上站立点和远方地形点的定位点上，转动地图，直至通过直尺边能够瞄准现地相应地图点为止,地图即已标定。见图4-18。

图4-17 依直长路段标定地图

图4-18 依明显地形点标定地图

5. 利用北极星标定

夜间可以利用北极星标定地图。标定时,要认准北极星,再使地图上方概略朝向北极星,然后转动地图,沿东(西)的图廓线瞄准北极星,地图即已标定。

(二) 确定站立点在图上的位置

将自己所处位置，准确地标定在地图上，叫确定站立点。确定站立点的方法主要有下述三种。

1. 依明显地形点确定

当站立点在明显地形点上时，在图上找出该地形点的符号，即是站立点的图上位置。然后站立点在明显地形点近旁时，可先标定地图，再对照周围明显的地形细部，找出其与站立点的关系位置，即可判定站立点的图上位置。见图 4-19。

图 4-19　目估判定站立点

2. 用截线法确定

在直长地物（如道路、河流、土堤等）上用图时，可采用截线法确定站立点的图上位置。方法如下：

(1) 准确标定地图。

(2) 在直长地物的一侧，选择一个图上和现地都有的明显地形点。

(3) 将直尺边切于图上相应的地形点上，转动直尺，向现地明显地形点瞄准，并瞄绘方向线，该方向线与直长地物的交点就是站立点在图上的位置。见图 4-20。

图 4-20 截线法

3. 用后方交会法确定

当站立点附近找不到明显的地形点,而在远方能找到两个以上现地和图上都有的明显地形点时,可采用后方交会法确定站立点在图上的位置。方法如下:

(1) 标定地图。

(2) 选择离站立点较近的图上和现地都有的两至三个明显地形点。

(3) 将直尺边分别切于图上两个地形点符号的定位点上(可插细针);依此瞄准现地相应的地形点,然后分别沿直尺边向后画方向线;图上两方向线的交点,就是站立点在图上的位置。见图4-21。

采用后方交会法确定站立点时,交会角度应大于15°,小于150°。

图 4-21 后方交会法

(三) 现地对照地形

现地对照地形就是判明图上所显示的情况，判明现地地形图上相应的位置，使地图上各种符号、等高线图形及注记，与实地相应的地物和地貌一一对上号。一般方法如下：

（1）对照地形前，应选择一展望良好的地方作为对照位置。

（2）标定地图，确定站立点在图上的位置。

（3）对照时，通常先对照主要方向，后对照次要方向；先对照明显易辨的地形，后对照一般的地形；先对照图上现地都有的地形，后对照变化的地形；先对照地物，后对照地貌，再地物地貌综合对照。

(四) 按地形图行进

行进是我们生活中最起码的常识，而按地图行进，是部队在生疏地区、复杂地形和恶劣气象等条件而又无向导的情况下，为达目的采用的一种行进方法。

按地图行进的基本方法有沿道路行进、越野行进和按方位角行进。这里主要介绍以下两个方法。

1. 沿道路行进

（1）行进前的准备。行进前要认真做好图上准备，其内容包括：一定、二选、三量取、四标记、五熟记。

一定：即确定行进路线。行进路线是根据受领的任务、敌情、地形、天候和部队装备等情况，在图上选择行进路线。选择时，应着重考虑和研究路线上与行进有关的地形因素和敌情。

二选：即选择方位物。行进路线确定后，应在沿线选择方位物，如岔路口、转弯点、桥梁、塔亭、独立树等，一般应选择高大，明显易于识别的地物作为方位物。夜间行进时，应尽量选择那些透空易见的方位物。

三量取：即量取各方位物（转弯点）间的里程，并标出各段行程所需要的时间。如行进路线上地貌起伏较大时，应计算实地距离。

四标记：即将上述资料标示在图上，内容包括行进路线，各段里程、时间、方位物等。标示要醒目，略图力求简洁、清晰。

五熟记：即熟记行进路线。方法是把行进的顺序，每段的里程，行进的时间，两侧方位物，地形特征和经过的村镇等熟记在脑子里，力求做到胸中有数，心里不慌。

（2）行进要领：

1）出发前，先标定地图。明确前进的路线和方向，按出发时间出发。

2）行进中，随时标定地图。按照行进方向，适时转动地图，做到"图路成一线，路转图也转"

3）对照方位物，及时做判断，随时随地根据方位物判明行进方向和道路，尤其是到岔路口，转弯点，进入居民地，更应判明方向。

4）掌握行进速度和时间。根据行进任务需求，敌情和行进的能力，把握好行进速度、时间。

5）把握夜间行进的特点。夜间行进观察不便，视度不良，地形重叠，远近不分，高低难辨，容易使人产生错觉，也容易迷失方向。行进时应注意各转弯点的距离应短些，沿途方位要多些，尽量选择高大、透空可见的目标，如山顶、鞍部等。行进中要做到多找点，勤观察，勤对照。

2. 按方位角行进

按方位角行进，就是按照指北针在地图上预测的方位角行进，这是按图行进的辅助方法。通常是在沙漠、草原、山林地等地形上，或夜间、浓雾等不良天候条件下采用。

(1) 行进资料的准备：

1）选择行进路线。首先应在有利于通行的区域选择最短路径，在此基础上尽量多选择方位物，各转折点尽量选在明显、坚固的方位物上或其近旁。

2）量测方位角和距离。在图上量测方位角时，先用指北针标定地图，再使指北针有准星的一端朝向前进方向，直尺边与两转点的连线重合，磁针静止后，其北端所指的密位数即为该段路线的磁方位角。测定图上各段磁方位角后，同时量出各段距离，并换算成复步数或行进时间。换算公式为

复步数＝实地距离÷复步长

行进时间＝实地距离÷行进速度

3）绘制行进路线图。路线图可直接在地图上标绘，即在各段方向线一侧注记行军路线的资料，也可绘制成略图。略图可以按比例尺缩绘，也可不按比例尺绘制。绘制略图时，先将出发点、转弯点、终点等附近的主要地形与方位物标绘出来，再把各转弯点，按行进顺序依次编号，最后注记各段磁方位角和行进距离或行进时间。见图4-22。

(2) 行进要领：

1）在出发点上，标定地图，判定站立点，查明到达下一点的磁方位角、距离和时间，并记住沿途重要方位物和下一点的地形特征。然后观察地形，明确前进方向。当不易判定行进方向时，可利用磁方位角判定。方法是：手持指北针，使指北针北端对准下一点的密位数，这时由照门到准星看去的方

向,就是行进方向。在该方向上寻找下一转折点,看不见时,应在该方向上选择一个辅助物,然后向此方向前进。

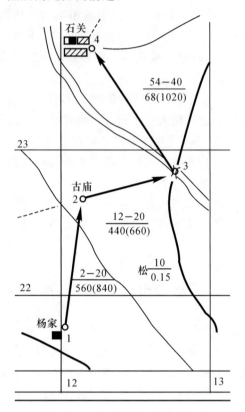

图 4-22 在地图上注记按方位角行进资料

2)在行进中,应随时对照地图,边走边观察沿途地形,注意掌握已走过的距离或行进时间。到达辅助方位物后,如仍看不到第二点方位物时,可按原磁方位角再选一辅助方位物继续前进,直到到达第二点时为止。若在起伏较大的地段上行进时,要注意调整步幅。

应当注意,用指北针量测角度的误差,一般为 3°,个别情况下可达到 5°,再加上步幅大小对距离的影响,按磁方位行进每千米的可能偏差在 100 m 左右。

3)将要到达转折点时,应特别注意附近地形特征。当走完预定的距离和时间,还未见到转折点方位物时,可在此段距离的 1/10 范围寻找,如仍找不到,应停下分析原因,分析是地形发生变化,还是方向距离有差错。在没有找到原因前,不可贸然行进。如查不出原因,又找不到应到点位,应按原路退回起点(或前一点),再重新前进。

4)行进中若遇障碍物时,一般应在障碍物对面的行进方向上选一辅助方位物,目测到该点的距离,绕过障碍物到达辅助目标后,仍按原方向继续前进。当对岸仍无辅助方位可选时,应在障碍物这一边做一明显记号,绕过之后可以测其反方位角。

思 考 题 四

1. 简述地形的分类及对作战行动的影响。
2. 如何区分比例尺的大小?图上量读距离通常有哪几种方法?
3. 举例说明地物符号的分类。
4. 等高线显示地貌有那些特点?图上如何进行高程判定?
5. 实地判定方位主要有哪几种方法?
6. 标定地图的意义是什么?如何标定地图?
7. 怎样确定站立点在图上的位置?
8. 按图行进的方法步骤是什么?

第五章 战术基础动作

战术,是指导和进行战斗的方法。战术基础动作,是指士兵在战斗行动中应掌握的基本动作和作战方法。本章主要介绍持枪,卧倒、起立和前进的动作与方法。

第一节 持 枪

持枪是指士兵在战斗中携带枪支的动作和方法。持枪时要做到:便于运动、便于卧倒、便于观察、便于射击。在不同的地形和距离条件下,士兵要根据敌情和任务灵活采用不同的持枪动作。持枪通常在立正的基础上进行。也可两脚分开,左脚在前,右脚在后,成丁字步,两脚打开距离约与肩同宽。

一、单手持枪

单手持枪通常是在受敌直接威胁,需要快速机动、迅速占领或转移位置等时机采用的持枪方式具有携枪方便、机动快速等优点。

1. 动作要领

右臂微屈,右手提提把,以右手的握力将枪固定,枪身轴线与地面略呈水平,背带压于拇指下,枪身距身体右侧约 10 cm,左臂自然下垂,运动时随身体自然摆动。安装瞄准镜时,通常不采用单手持枪的方法。持 81 自动步枪时右臂微屈,右手虎口对正上护木握枪,以右手的握力将枪固定,枪身轴线与地面略成 45°,背带压于拇指下,枪身距身体右侧约 10 cm,左臂自然下垂,运动时随身体自然摆动。

2. 动作标准与要求

精神饱满,动作协调连贯,持枪的位置高度正确,符合战术要求。

3. 训练重点和难点

肩枪与单手持枪的互换动作连贯，持枪位置角度的准确。

4. 常见错误动作及纠正方法

（1）单手持枪时枪身不正。

纠正方法：持枪时注意把握好枪身轴线和枪面的角度。

（2）单手持枪时持枪不稳。

纠正方法：强调手腕适当用力将枪身固定。

（3）枪身（81式）不能与地面成45°角。

纠正方法：把握好枪身轴线的角度，用手腕发力控制。

5. 组织练习方法

（1）个人体会。

（2）分解练习。

（3）分组练习；

（4）集体练习。

二、双手持枪

双手持枪通常是指与敌近距离接触，需要迅速、准确抢占有利位置，快速出枪射击和沿堑壕搜索等时机采用的持枪方式（如冲击前进、沿壕搜索等时机），具有机动迅速、射击及时准确等优点。

1. 动作要领

左手托握下护盖，右手握握把，食指微接扳机，将枪身置于胸前，枪口朝向左下，也可向前稍向左，枪身略成水平，背带自然下垂或挂在后颈部。持81式自动步枪时左手托握下护木或握弹匣弯曲部，右手握握把，食指微接扳击，将枪身置于胸前，枪口向前稍向左，枪身略成水平，背带自然下垂或挂在后颈部。

2. 动作标准与要求

精神饱满，动作协调连贯；持枪的位置高度正确，符合战术要求。

3. 训练重点和难点

单手持枪与双手持枪的互换，持枪位置角度的准确。

4. 常见错误动作及纠正方法

（1）动作不连贯，出枪不稳。

纠正方法：双手持枪时注意强调用左手控制枪的位置和角度。

（2）握枪时方向把握不好。

纠正方法：进行正确动作对比纠正，反复练习养成习惯。

5．组织练习方法

（1）个人体会。

（2）分解练习。

（3）分组练习。

（4）单个教练。

（5）集体练习。

三、单手擎枪

单手擎枪通常是在搜索树（丛）林地、建筑物等复杂地形或攀爬较低的崖（墙）壁时采用的持枪方式，具有携带方便、灵活机动的特点。

1．动作要领

右手正握握把，食指微接扳机，将枪置于身体的右侧，枪口向上，上护盖末端略低于肩，枪身微向前倾，枪面向后，右大臂里合，枪托贴于右胁，背带自然下垂，目视前方，左手自然下垂或攀扶，运动时自然摆动。持81式自动步枪时右手正握握把，食指微接扳机，将枪置于身体的右侧，枪口向上，机匣盖末端贴于肩窝，枪身微向前倾，枪面向后，右大臂里合，枪托贴于右胁，背带自然下垂，目视前方，左手自然下垂或攀扶，运动时自然摆动。

2．动作标准与要求

精神饱满，保持高度的敌情观念，动作协调连贯，擎枪的位置高度正确，符合战术要求。

3．训练重点和难点

单手擎枪与双手持枪的互换，擎枪位置角度的准确。

4．常见错误动作及纠正方法

（1）擎枪时枪身过高或过低，不能稍微前倾。

纠正方法：强调位置观念（上护盖末端略低于肩，枪身微向前倾）。

（2）擎枪位置不正确，角度过大。

纠正方法：强调枪托贴于右胁，角度适当，枪身微前倾。

5．组织练习方法

（1）个人体会。

（2）对伍练习。

（3）分组练习。

（4）集体练习。

四、双手擎枪

双手擎枪通常是在城市街区与敌进行巷战时采用的一种持枪方法，特点是能利用建筑物的拐角充分的隐蔽自己，突然迅速的出枪射击消灭敌人。

1. 动作要领

在单手擎枪基础上，左手托握下护盖，枪身略低，枪口对向前上方，背带自然下垂或压于左手下，身体与枪身略成30°。持81式自动步枪时左手托握下护木或弹匣弯曲部，枪身略低，枪口对向前上方，背带自然下垂或压于左手下，身体与射向略成30°。

2. 动作标准与要求

精神饱满，动作协调连贯，擎枪位置高度正确，符合战术要求。

3. 训练重点和难点

单手擎枪与双手擎枪的互换动作连贯，擎枪位置角度的准确。

4. 常见错误动作及纠正方法

（1）动作不连贯，枪身不能略低。

纠正方法：转体、跨步、抓握要同时进行，注意枪口对向前上方。

（2）训练中身体和枪身没有成30°夹角，运动时人、枪不协调。

纠正方法：身体和枪身略成30°，强调腰要挺直，枪要握紧，转体角度正确。

5. 组织练习方法

（1）个人体会。

（2）单个教练。

（3）分组练习。

（4）评比竞赛。

五、81式自动步枪操枪动作训练要点

81式自动步枪手操枪时，通常应打开枪托、上刺刀。

一、提枪、枪放下

（一）动作要点

提枪、枪放下要领可归纳为"三快、两准、一稳"。"三快"：即右手提枪快、左手接握快、枪放下快；"两准"：即枪距身体的位置准、两手手抓枪

的部位准。"一稳"：即枪在运动过程中要平稳；具体应把握以下几点：

（1）要保持良好的军姿。提枪、枪放下时，两腿要内合下压，收腹挺胸，收下颌挺脖颈，正确掌握立正时的三个协调。

（2）提枪时主要是利用手腕的带力和食指的提力将枪提到右肩前，左手要取捷径迅速握护木。

（3）左手将枪控制好，右手贴枪面迅速握握把。

（4）将枪贴于身体右侧时，主要是利用右手的握力和左手向后的带力使枪迅速到位。

（5）枪放下时，利用右手腕的爆发力迅速向前推枪，同进左手取捷径接握护木；移握准星座时，左手将枪控制好，右手取捷径迅速接握准星座附近；枪放下时主要是利用右手腕的爆发力迅速向右下方送枪，使托前踵轻轻着地。

（二）容易出现的错误动作及纠正方法

（1）提枪时，右大臂外张过大，提枪速度慢，枪不定位。纠正的方法：右大臂轻贴右胁，可采用辅助手段限制受训者进行纠正。

（2）左手握枪时，枪身不稳。纠正的方法：握枪适当用力，左手取捷径正直握枪，不怕打枪面。

（3）左手与左小臂不在一线。纠正的方法：枪贴身体后，左小臂略成水平，左手腕与左手伸直与左小臂在一线上。

（4）放手时画弧。纠正的方法：左手取捷径顺身体下滑、放下。

（5）枪身不正。纠正的方法：提枪时，枪身轻贴身体右侧，与衣扣线平行。

（6）枪放下时，右肩前迎。纠正的方法：两肩放松，用手部力量将枪推出，上体保持正直。

（7）推枪时，枪身不垂直。纠正的方法：右臂伸直，左手握枪，用力适当。

（8）放枪时，枪刺画弧或前导。纠正的方法：右大臂轻贴右胁，右手取捷径将枪放下。

（9）枪着地用力过猛。纠正的方法：接近地面时，控制速度，使托前踵轻轻着地。

（10）托底钣着地后位置不准。纠正的方法：使托后踵与右脚尖齐。

（三）训练步骤

（1）分解动作练习。

口令：分解动作、提枪、二、三、四，分解动作、枪放下、二、三。

要领：听到"提枪"的口令，右手迅速将枪提到右肩前，枪身垂直，距身体约10 cm，枪面向后，手约同肩高，右大臂轻贴右胁，同时左手接握下护木；听到"二"的口令，右手移握握把，右臂伸直；听到"三"的口令，将枪轻贴身体右侧，枪身要正，并与衣扣线平行，右大臂轻贴右胁；听到"四"的口令，右手迅速放下，成提枪立正姿势。听到"枪放下"的口令，右手向前推枪，左手迅速握护木；听到"二"的口令，右手移握准星座附近；听到"三"的口令，左手放下的同时，右手将枪放下，使托前踵轻轻着地，成持枪立正姿势。

（2）连贯动作练习。

二、提枪、端枪互换

（一）动作要点

（1）行进时，上体要保持良好的军姿，重点应把握"收"、"挺"、"顶"三字。"收"即收小腹、收下颌；"挺"即挺胸、挺腰、挺腿；"顶"即头正直向上顶。

（2）提、端枪行进时，用力部位要正确，接握位置准确，快中有稳，稳中有快，动静分明，节奏明显。

第一把枪：主要是利用右手的爆发力向前推枪，同时左手取捷径接握护木，接护木时，肩关节放松，左手虎口与护木上沿取齐，枪身垂直，枪面向后。可归纳为：推（右手推）、握（左手握）、直（枪身直）。

第二把枪：当右脚踢出的同时，左手将枪控制好，使枪不动，右手迅速沿枪外侧移握枪颈，右臂自然伸直，右脚着地时，枪不动。

第三把枪：左脚着地的同时，左手利用虎口向前下的推力和右手向后上的带力将枪导向前，在导枪时，左手虎口推枪的力量要比右手的带力要大，这是因为劈枪时，左手的运动路线要比右手的运动路线长，推枪时左臂应是以手带动大小臂运动，同时肘部稍用力，向前上方迎起。右手带枪时，右手手型成空心状，利用四个手指向后向上的拉力将枪带至腰带下沿。两手协力将枪控制好。

为了便于记忆，将端枪的要领可归纳为："左脚着地枪前移，左手接握护木准；右脚起右手移，右脚着地枪要稳；左脚起枪不动，左脚着地向下劈。"

（3）端枪换提枪时，第一把枪主要是利用右手向前的推力和左手向后的带力将枪收至右胸前；第二把枪，左手将枪控制稳固，右手移握握把要迅速；第三把枪，利用右手的握力、左手向后的带力以及大臂带动小臂向后的收力将枪收至提枪位置。

（二）容易出现的错误动作及纠正方法

（1）推枪握护木与脚着地不一致。纠正的方法：右肩关节放松，以手带臂向前推枪，左手接握护木取捷径，不要划弧。

（2）手移握枪颈不到位，身体晃动。纠正的方法：右手迅速取捷径握颈，左手握枪用力适当。

（3）导枪方向不正。纠正的方法：左手推、右手拉，两手协力将枪导向前。

（4）端枪时，枪面不正。纠正的方法：左手掌心向右，枪颈紧贴右跨，使枪面正直向上。

（5）端枪时，肘部与两肩未成一线。纠正的方法：右肩放松，使肘部自然迎起与两肩成一线。

（6）端枪时耸肩。纠正的方法：肩关节自然放松，右肩和右大臂不要向上用力。

（7）端枪时枪刺位置不准。纠正的方法：使刺刀尖约与下颌同高，并在右肩的正前方。

（8）动作不协调。纠正的方法：左脚着地的同时导枪，结合分解动作，反复练习。

（9）端枪后歪跨。纠正的方法：腰部向上挺直，右手不要用力按枪颈。

（10）提枪不到位。纠正的方法：右手向前推枪的同时，左手将枪收至右肩前，右臂、肘紧贴左胸，左手收至右胸前。

（11）收枪时，枪身或高或低。纠正的方法：准星与肩同高。

（12）枪与身体的距离不准。纠正的方法：大臂轻贴右胁，枪离身体 10 cm。

（三）训练步骤

1. 分解动作练习

（1）停止间提、端枪互换。

口令：分解动作、端枪、二、三；分解动作、提枪、二、三、停。

要领：听到"端枪"的口令，右手将枪移至右肩前，同时左手接握护木；听到"二"的口令，右手移握枪颈，听到"三"的口令，两手将枪导向前方。听到"托枪"的口令，左手收至右胸前，右手向前下方推枪；听到

"二"的口令，右手移握握把；听到"三"的口令，两手协力将枪收贴于身体右侧，左手放下，成提枪立正姿势。

（2）一步两动提、端枪互换。

口令：一步两动，正步——走、端枪、二、一；提枪、二、一。

要领：听到"一步两动，正步——走"的口令，左脚踢出，同时左臂后摆；听到"端枪"于左脚着地时，右手将枪移至右肩前，同时左手接握护木；听到"二"的口令，右脚向前踢出一步的同时，右手移握枪颈；听到"一"的口令，右脚着地；听到"二"的口令，踢出左脚；听到"一"的口令，于左脚着地的同时，两手将枪导向右肩前。听到"提枪"的口令，于左脚着地的同时，左手收枪至右胸前，右手向前下方推枪；听到"二"的口令，踢出右脚，同时右手移握握把；听到"一"的口令，右脚着地；听到"二"的口令，向前踢出左脚；听到"一"的口令，左脚着地的同时，再手协力将枪收贴于身体右侧。依此反复进行，需要停时，下达"停"的口令（停的时机应在左脚踢出后），听到口令，按立定的要领进行。

（3）快慢步提、端枪互换。

口令：快慢步，正步——走、端枪、二、一；提枪、二、一、停。

要领：听到"快慢步，正步——走"的口令，按徒手动作进行。听到"端枪"的口令，左脚着地，右脚前跟，同时右手将枪移至右肩前，左手接握护木；听到"二"的口令，右脚踢出稍稳并着地，右手移握枪颈；听到"一"的口令，左脚踢出稍稳并着地，同时两手将枪导向右肩前。听到"提枪"的口令，左脚着地，同时两手将枪收至右胸前；听到"二"的口令，右脚踢出稍稳并着地，同时右手移握握把；听到"一"的口令，左脚踢出稍稳并着地，同时两手协力将枪收贴于身体右侧。依此反复进行。需要停时，下达"停"的口令（停的时机应在右脚着地后），听到口令，按立定的要领进行。

（4）连续正步分解提、端枪。

口令：连续正步分解提、端枪，正步——走，端枪、二、一（或前进），提枪、二、一（或前进）。

要领：正步行进时，听到"端枪"的口令（动令落于右脚），左脚着地，右手将枪移至右肩前，同时左手接握护木；听到"二"的口令，右脚踢出稍稳并着地，右手握枪颈；听到"一（或前进）"的口令，左脚着地，两手将枪导向前，成端枪正步行进。在端枪正步行进时，听到"提枪"的口令（动令落于右脚），于左脚着地时，两手将枪收至右胸前；听到"二"的口令，右脚踢出并着地，同时右手移握握把；听到"一（或前进）"的口令，左脚着地，两手将枪收贴于身体右侧，成提枪正步行进。

（5）连续正步连续提、端枪。

口令：连续正步连续提、端枪，正步——走，端枪、提枪。

要领：听到"端枪"、"提枪"口令，按照端、提枪的动作要领进行。

2. 连贯动作练习

按要求进行连贯动作练习。

3. 定型、定位练习

扫要求进行定型、定位练习。

第二节　卧倒、起立

卧倒是开阔地上为了避开敌人的观察和免遭敌火杀伤而采取的隐蔽行动。卧倒后，应根据情况以火力消灭敌人，起立是在战场上向敌前进或实施机动时采取的行动，卧倒，起立的时机通常根据敌情、地形、任务而定，通常按照其携带的武器不同，动作不同。卧倒、起立是战术动作的基石，卧倒是隐蔽身体的最佳姿势。起立是快速前进、变换位置的前提。它是战场最广泛、最普遍的动作。据数据统计表明，战场上敌火力对站立人员的杀伤概率为80%，而对卧倒人员的杀伤概率仅为25%，由此得知，卧倒在战场能够使战士有效的"隐蔽身体，发扬火力"达到"消灭敌人，保护自己"的目的。

依据持枪方法的不同，单兵战术基础动作可分为三种基本动作：即单手持枪卧倒、起立，双手持枪卧倒、起立和徒手卧倒、起立。

一、单手持枪卧倒、起立

1. 动作要领

卧倒时，左脚（也可右脚）向前迈出一大步，左腿弯曲，上体前倾，两眼注视前方，左手顺左脚方向伸出，按左手、左膝、左肘的顺序着地，迅速卧倒。卧倒后，右手将枪向目标方向送出，左手接握下护盖（下护木或弹匣弯曲部），右手移握握把，全身伏地，据枪射击。安装瞄准镜时，不采取单手持枪卧倒的方法。

起立时，右手移握提把（护木），收枪的同时屈左腿于右腿下，收回左小臂，尔后用左臂和两腿的撑力撑起身体，右脚向前一大步，左脚再向前大半步,右脚靠拢左脚的同时成单手持枪立正姿势。

2. 动作标准与要求

精神饱满,保持高度的敌情观念,卧倒时要求做到"三快、两稳"。三快:卧倒快、出枪快、构成瞄准快,两稳:出枪稳、据枪稳;起立时要求做到"三收"。三收:收枪、收左腿、收左小臂。

3. 训练重点和难点

卧倒时身体各部位着地的顺序,卧倒快、出枪稳、卧倒起立动作协调。

4. 常见错误动作及纠正方法

(1) 卧倒时身体砸地,右脚翘起。

纠正方法:上步要大身体重心降低,身体前倾,注意卧倒时右脚用力。

(2) 卧倒后出枪不到位,不能正确据枪射击。

纠正方法:在右手将枪向前送出的同时左手注意接握。

(3) 起立时动作缓慢,先坐起后再站起,或爬起后再站起。

纠正方法:强调"三收",动作要协调,用左手和两脚支撑起身体,腹部适当用力。

5. 组织练习方法

(1) 个人体会。

(2) 分解练习。

(3) 模仿练习。

(4) 分组练习。

二、双手持枪卧倒、起立

1. 动作要领

卧倒时,左脚向前迈出一大步,左腿弯曲,上体前倾,两眼注视前方,右手握握把,左手松开下护盖顺左脚方向伸出,按左膝、左手、左肘的顺序着地,迅速卧倒。卧倒后,右手将枪向目标方向送出,左手接握下护盖,全身伏地,据枪射击。

持 81 式自动步枪卧倒时,在双手持枪的基础上,左脚向前一步,上体前倾,重心前移,按左膝、左肘、左小臂的顺序着地,然后转体,在全身伏地的同时两手协力将枪向目标送出。地面松软或情况紧急时,也可按照双膝、双肘、腹部的顺序扑地卧倒。卧倒时,两脚分开,略宽于肩,两膝内合,重心后移,顺势下蹲。尔后,按照两膝内侧,两小臂外侧的顺序着地,迅速卧倒。卧倒后,双手协力将枪向目标方向送出,据枪射击。

起立时，两眼目视前方，右手握握把（护木）将枪收回的同时，屈左腿于右腿下，收回左小臂，尔后用左臂和两腿的撑力撑起身体，右脚向前一大步，左脚再向前大半步，右脚靠拢左脚的同时，左手接握下护盖（护木），成双手持枪立正姿势。

2. 动作标准与要求

精神饱满，保持高度的敌情观念；卧倒时要求做到上步大、重心前倾、出枪快、据枪稳。起立时动作连贯协调。

3. 训练重点和难点

卧倒时身体各部位着地的顺序，卧倒快、出枪稳，卧倒起立动作协调。

4. 常见错误动作及纠正方法

卧倒时不能双手握枪着地，出枪时，枪身晃动，不能形成正确的据枪姿势指向目标；应反复练习双臂双腿的协调性，加大右臂对枪的力量。

5. 组织练习方法

(1) 个人体会。

(2) 分解练习。

(3) 模仿练习。

(4) 分组练习。

三、徒手卧倒、起立

1. 动作要领

徒手卧倒时，左脚向右脚尖前迈出一大步，左腿弯屈，上体前倾，两眼注视前方，左手顺左脚方向伸出，掌心向下、手指稍向左，以左膝、左手、左肘着地，迅速卧倒，左小臂横于地面上，右手腕压在左手腕；两手握拢，手心向下、两腿伸直，两脚分开与肩同宽，脚尖向外。卧倒时，也可右脚向前一大步，左手撑地迅速卧倒。

徒手起立时，转身向右，两眼注视前方，左腿自然微弯，左小臂稍向里合，以左手、左膝、左肘的支撑力将身体支起，同时右脚向前迈出一大步，左脚再迈出一步，右脚靠拢左脚，成立正姿势。

2. 动作标准与要求

徒手卧倒时的动作与单手持枪卧倒动作基本相同，只是卧倒后，两手掌心向下放置于头部的两侧或交叉于胸前，两腿自然伸直和分开。

徒手起立时，按单手持枪的动作进行。也可双手撑起身体，同时左（右）脚向前迈步起立。

3. 训练重点和难点

卧倒时身体各部位着地的顺序，卧倒快、卧倒起立动作协调。

4. 常见错误动作及纠正方法

（1）卧倒时身体砸地，右脚翘起。

纠正方法：上步要大身体重心降低，身体前倾，注意卧倒时右脚用力。

（2）起立时动作缓慢，先坐起后再站起，或爬起后再站起。

纠正方法：强调"三收"，动作要协调，用左手和两脚支撑起身体，腹部适当用力。

5. 组织练习方法

（1）个人体会。

（2）分解练习。

（3）模仿练习、

（4）分组练习。

第三节　前　　进

前进是士兵在战场上隐蔽接敌和转移的常用动作，可分为屈身前进和匍匐前进。

一、屈身前进

屈身前进是士兵在战场上接敌时最常用的一种运动动作，可分为屈身慢进和屈身快进两种姿势。

1. 动作要领

屈身慢进通常是在距敌较远，有超过人身高或超过大部人身高的遮蔽物，以及敌情不明或敌火威胁不大的情况下采用。

屈身慢进时，通常是在距敌较远，有超过人身高或超过大部分人身高的遮蔽物，以及敌情不明或敌火威胁不大的情况下采用。运用时，通常是双手持枪（也可单手持枪），上体前倾，两腿弯曲，以降低身体重心，屈身程度视遮蔽物的遮蔽程度而定，头部一般不可高出遮蔽物。前进时，注意观察敌情，保持正常速度前进。

屈身快进也可称为跃进，通常是在距敌较近，通过开阔地或敌火力控制区时采用。快进前，应先观察敌情和地形，选择好路线和暂停位置，尔后起立快速前进。

跃进时，通常是双手持枪（也可单手持枪，枪口朝向前上方），并注意继续观察敌情。前进的距离掌握在 15～30 m 为宜。当进至暂停位置或运动中遇敌火力威胁时，应迅速就地隐蔽或卧倒，做好射击或继续前进的准备。动作要领可归纳为：射手双（右）手持枪，目视前方，曲身快跑，距离适当，前进不减速，左脚向前一大步，身体向前扑，转体把枪出。

2. 动作标准与要求

精神饱满，保持高度的敌情观念；动作快、姿势低；持枪的位置高度正确，符合战术要求。

3. 训练重点和难点

卧倒时身体各部位着地的顺序，卧倒快、出枪稳，卧倒起立动作协调。

4. 常见错误动作及纠正方法

（1）敌情观念不强，运动时低头看地。

纠正方法：强调敌情观念，运动时始终目视前方。

（2）发现敌情后不能快速据枪射击。

纠正方法：反复练习快速出枪射击动作。

5. 组织练习方法

（1）个人体会。

（2）模仿练习。

（3）分组练习。

（4）评比竞赛。

二、低姿匍匐前进

低姿匍匐是身体平趴于地面并降低至最低程度的运动方式，一般是在前方遮蔽物高约 40 cm 时采用。

1. 动作要领

行进时，身体紧贴地面，头稍微抬起，屈回右腿，伸出左手，用右脚的蹬力和左手的扒力使身体前移，然后再屈回左腿，伸出右手，用左脚的蹬力和右手的扒力使身体继续前移，依次交替前进。前进速度不小于每秒 0.8 m。动作要领可归纳为：手扒脚蹬腹着地，手脚交替向前移，注视前方要隐蔽，动作迅速姿势低。徒手低姿匍匐动作与持枪低姿匍匐动作基本相同。

携 95 式自动步枪的方法有两种：一种是右手握握把和背带或右手掌心向上托握机匣，使枪面向右将枪置于右小臂内侧；另一种是左手握护盖，右手握枪颈，将枪横托于胸前，枪身离地。

携81式自动步枪的方法是右手掌心向上,虎口卡住机柄,五指握枪身和背带,将枪置于右小臂内侧。

2. 动作标准与要求

精神饱满,保持高度的敌情观念;动作协调迅速、姿势低;合理利用地形地物,发现敌情迅速出枪。

3. 训练重点和难点

前进时,两臂自然向前向外尽量伸直,屈腿时大腿应向两侧展开向前收,利用小腿内侧着地,使腹部尽量紧贴地面,保持较低的运动姿势。腰部自然放松,下颌前伸降低头部的高度。臀部不要过高和左右扭动。两眼目视前方,保持行进方向。

4. 常见错误动作及纠正方法

(1) 敌情观念不强,前进时低头看地。

纠正方法:强调敌情观念,前进时始终目视前方。

(2) 手与腿不太协调,伸手、蹬脚,屈腿,动作不够连贯,速度太慢。

纠正方法:在卧倒的基础上,听到"一"的口令,伸左手,屈右腿,听到"二"的口令,利用左手扒力和右脚内侧蹬力,同时伸右手,屈左腿,听到"三"的口令前进,如此反复练习。

5. 组织练习方法

(1) 模仿练习。

(2) 个人体会。

(3) 分组练习。

(4) 评比竞赛。

三、侧身匍匐前进

侧身匍匐是在前方遮蔽物高约 60 cm 时所采用的一种运动方式。其特点是运动的速度稍快,但姿势偏高。

1. 动作要领

运动时,95式自动步枪握提把或握把(81式自动步枪右手前伸移握护木,03式自动步枪握左右护盖)将枪收回,使枪面向左稍向上(也可向右稍向上,将枪置于右小臂内侧),同时侧身,使左大腿外侧着地,左小臂前伸着地,左大臂支撑身体,左腿弯曲,右脚收回靠近臀部着地,以左小臂的扒力和右脚的蹬力使身体前移。前进速度不小于每秒 1.2 m。动作要领可归纳为:身体左侧要着地,右肩要低枪提起,左脚回收右脚蹬,左臂前扒向前移。如果前方遮蔽物高约 80~100 cm 时，也可采取高姿侧身匍匐。运动时左手和左小腿外侧着地，以左手的支撑力和右脚的蹬力使身体前移。前进速度不小于 2 m/s。

2. 动作标准与要求

精神饱满，保持高度的敌情观念；动作协调迅速、姿势低；合理利用地形地物，发现敌情迅速出枪。

3. 训练重点和难点

重点训练脚内侧和脚尖发力，动作连贯，身体协调。

4. 常见错误动作及纠正方法

（1）右脚没有回收靠近臀部，蹬地时打滑。

纠正方法：强调右脚尽量回收，右脚内则蹬地，可先进行分解动作练习。

（2）敌情观念不强，前进时低头看地。

纠正方法：强调敌情观念，前进时始终目视前方。

5. 组织练习方法

（1）模仿练习。

（2）个人体会。

（3）分组练习。

（4）评比竞赛。

四、高姿匍匐前进

高姿匍匐一般是在前方的遮蔽物高约 60 cm 时采用。

1. 动作要领

持枪前进的动作是，95 式自动步枪握上下护盖（81 式自动步枪左手握护木），右手握枪颈，将枪横托于胸前，枪口离地，用两肘和两膝支撑身体，然后，依次前移左肘和右膝、右肘和左膝，如此交替前移。前进速度不小于 1 m/s。有时，也可采取低姿匍匐的携枪方法。动作要领可归纳为：两眼目视敌，肘膝撑身体，手扒脚又蹬，交替向前移。

2. 动作标准与要求

精神饱满，保持高度的敌情观念；运动时，动作协调迅速、姿势低；合理利用地形地物，发现敌情迅速出枪。

3. 训练重点和难点

重点训练脚手脚交替前移，动作连贯，身体协调。

4. 常见错误动作及纠正方法

(1) 敌情观念不强,前进时低头看地。

纠正方法:强调敌情观念,前进时始终目视前方。

(2) 运动时腿臂动作协调不一致。

纠正方法:增强下肢力量和手脚配合协调性,在匍匐时屈膝蹬腿到位。

5. 组织练习方法

(1) 模仿练习。

(2) 个人体会。

(3) 分组练习。

(4) 评比竞赛。

五、跃进、滚进

1. 跃进

跃进是在敌火力下迅速通过开阔地时采用的运动方法。根据情况可采取持枪跃进或端枪跃进。跃进前,应先观察前方地形,选择好前进路线和暂停位置,尔后,迅速突然地前进。跃进时要做到跃起快、前进快、卧倒快。

(1) 持枪跃进。持枪跃进通常在距敌较远,地形平坦时采用。口令:"向××——持枪跃进"。

动作要领:卧姿跃起时,可先向左(右)移(滚)动,以迷惑敌人。自动步枪手应迅速收枪,同时屈左手提枪,以左手、左膝左脚的支撑力将身体支起,右脚向前迈出一大步,左脚再迈出一大步的同时,左手挑起枪背带,压于右手拇指内侧,出右脚迅速前进。机枪手跃起时,应以双手和左脚迅速撑起身体,右脚向前迈出一大步,同时右手握护木(提把),迅速前进。跪姿、立姿时,应迅速利用两脚的蹬力迅速前进。跃进的距离根据敌火力威胁程度,地形特点和士兵身体素质而定。敌火力越猛烈地形越开阔,速度应越快,跃进距离应越短。士兵体质较强时,跃进距离可适当增加,通常每次跃进速度 5 m/s,跃进距离不超过 30 m,当跃进到暂停位置或遭敌火力猛烈射击时,应迅速隐蔽或卧倒。

(2) 端枪跃进。端枪跃进通常在距敌较近或通过复杂地段时采用。口令:"向××——端枪跃进"动作要领:卧姿跃起时,可先向左(右)移(滚)动,以迷惑敌人。尔后迅速收腹、提臀,用肘、膝支起身体,左脚先上步,右脚向前跟进,迅速前进。如跪姿、立姿时,应迅速利用两脚的蹬力跃起前进。前进时,左肘稍离开身体,左小臂略平,左手虎口正对枪面,右手握握把，枪托轻贴右胯，并与身体后侧平齐，枪身与地面约成 45°，枪面稍向左（95 式自动步枪枪托抵肩窝，右手握握把，左手握小握把，枪口向前），两腿弯曲，上体前倾，收腹含胸，曲身快跑。

动作标准与要求：跃进时要做到四个字：即观、快、低、活。观：随时注意观察敌情，地形前进方向。快：跃起快、前进快、卧倒快。低：前进和卧倒时姿势要低。活：灵活地利用地形和选择停止点。易犯毛病：①敌情观念不强。要求在平时训练中就要养成较强的敌情观念，视训练场战场；②跃进中采用蛇形运动速度慢，而且暴露面和位置较多，特别是对方火力密集时，更容易遭对方射击。但如果前方左、右都有地形时，应充分接近利用，通常也采取捷径占领。

训练方法：先个人体会，后分班（组）练习。为便于记忆，跃进可归纳为 84 个字：右手握枪四十五，低姿曲身快步跑；观察敌情和地形，根据情况快卧倒；快跑前进不减速，左脚向前一大步；左手前伸掌着地，迅速卧倒把枪出；掌握时机选路线，曲腿转身枪收回；手脚支撑快跃起，注意观察猛进发。

2. 滚进

滚进是在卧姿时，为避开违法犯罪嫌疑人观察、射击而左右移动或通过棱线时采用的动作方法。

口令："滚进——"

动作要领：将枪关上保险，左手握枪表尺上方，右手握枪颈附近或两手握上护木，枪面向右，顺置于胸，腹前抱紧，两臂尽量向里合，两脚腕交叉或紧紧并拢全身用力向移动方向滚进。持手枪时，将枪关上保险，双手握枪收臂并夹紧，或者双手持握手枪，两臂伸直并夹紧，两脚腕交叉或紧紧并拢，全身用力向运动方向滚进。

运动中，也可在卧倒的同时向移动方向滚进。其动作要领是：左（右）脚向前一大步，左手在左（右）脚前着地，身体尽量下塌，右手将枪置于小臂内，身体向右（左）侧，枪面向右，在右（左）臂、肩着地同时，向右（左）滚进。滚进时，右（左）腿伸直，左（右）腿微曲，滚进距离长时可两腿夹紧。还可按持枪卧倒（防护时）的动作卧倒，然后向右（左）滚进（1.25 m/s）。

在汀泥地、沙地通常不用滚进，而采用匍匐瓣进的方法左（右）移动。机枪通常不滚进。

动作标准与要求：滚进时要做到"三紧一摆动"。即：两腿夹紧，两手抱紧，枪抱紧；两腿微向滚进方向摆动（因为滚进时，易成扇形，脚狭肩宽，造成偏离方向）。

易犯毛病及纠正方法：

（1）滚进偏离方向。纠正方法：强调全身协调用力。

（2）运动中滚进时，身体下塌不够，用臀部先着地。纠正方法：身体尽量下塌，按大臂外侧和肩部的顺序着地。

练习方法：先徒手体会滚进要领，再携枪进行，动作由慢至快，反复体会、摸索、最后完成综合动作练习。

在实战中，无论遇到什么样的情况都应"沉着、冷静、果断"。及时灵活运用各种姿势，地形，注意火力与运动相结合，并要善于抓住战机，采取不规律的行动迷惑敌人，迅速隐蔽前进，才能克敌致胜。

战术中的"猛"就是猛打猛冲，勇往直前，奋不顾身，利用我火力效果一举歼捕敌人。"准"就是要打得准，刺得准，充分发挥手中武器的威力作用，有效的消灭敌人。"快"就是做到眼快、手快、动作、前进快，先机制敌，占主动，打敌措手不及。"活"就是要机智灵活，随机应变针对敌情、地形、因势利导，采用各种不同的方法和手段，及时打击敌人，兵法曰："能因敌变化而取胜者，谓之神"。"狠"就是要对敌人残酷无情，不能手软（战斗中最大的错误是宽恕敌人），有我无敌，与敌人死打硬拼，血战到底。

思 考 题 五

1. 81式自动步枪操枪训练中要把握的要点是什么？
2. 单兵战术动作的运用时机和变换要领是什么？

第六章　核生化防护与安全防护训练

防护，是指为避免或减轻敌方打击和自然环境危害因素、灾害性事故等造成的损伤和破坏而采取的防备和保护的措施和行动。

各种常规武器、核生化武器以及战场次生核生化危害都能有效杀伤人员，摧毁武器装备，限制利用地形和破坏作战行动。因此，士兵要想在战斗中生存，就必须了解防护基本知识，学会利用地形、工事、器材等一切有利条件来进行有效防护的方法，使自己免遭伤害。

本部分重点介绍士兵在作战中为防备敌各种常规武器和核生化武器的杀伤以及战场次生核生化危害，而采取的有效保存自己的战斗行动。

第一节　防护基本知识

士兵只有熟悉各种常规武器、核生化武器的杀伤破坏途径及战场次生核生化危害的主要特点，才能在战场上，灵活地采取各种防护措施，有效地保护自己。

一、常规武器及其杀伤破坏途径

常规武器是以化学能及转化的动能毁伤目标，附带损伤面相对较小的武器。是除核、生物、化学武器等大规模杀伤破坏性武器之外的其他武器。如各种轻武器、火炮、炸弹、火箭弹、导弹等。

常规武器主要是通过火力来杀伤人员，摧毁武器装备，破坏工事和其他设施。所谓火力，就是指各种弹药经发射、投掷或者引爆后所产生的杀伤力和破坏力。

常规武器火力又分为地面火力和空中火力。其中，地面火力又包括轻武器火力和炮兵火力。轻武器火力主要以各种枪支弹药来杀伤人员。如自动步枪、冲锋枪和各种轻、重机枪等，它具有方向性强，速度快，但火力威力相对较弱的特点。而炮兵火力和空中火力主要是以各种炮弹、炸弹、火箭弹、导弹的弹片和爆炸震浪威力来杀伤人员、毁坏工事、破坏各种设施等，它具有火力猛、精度高、射程远、覆盖面积大（1 发 155 榴弹炮弹，杀伤面积约为 800 平方米）等特点。尤其是各种导弹和制导的炮弹、炸弹等精确制导武器（直接命中率在 50％以上），造成的杀伤和破坏程度更大。

二、核武器及其杀伤破坏途径

核武器是利用原子核裂变或聚变反应，瞬间释放巨大能量，造成大规模杀伤破坏效应的武器。包括原子弹、氢弹和特殊性能核弹等。核武器通常可用导弹、火箭、大口径火炮、飞机发射或投掷，也可制成核地雷、核鱼雷使用。其杀伤破坏途径是：

冲击波：是核爆炸产生的高速高压气浪，能直接或间接造成人员脑震荡、骨折、内脏破裂和皮肤损伤。

早期核辐射：主要造成人员的放射性损伤。

光辐射：主要造成眼睛、皮肤、呼吸道烧伤，还可以引燃各种物体，形成大范围火灾。

核电磁脉冲：破坏各种电子设备的特有因素，使电子元器件、电子设备失灵、失效以至损坏，使自动化指挥控制系统发生混乱，产生不可估量的后果。

放射性沾染：能在较长时间内对人员形成累积性伤害，影响军队作战能力和行动。

上述几种因素不仅杀伤破坏作用不同，而且作用长短不一，短在核爆炸的分秒时间内，长的可达几天至几十天，甚至更长时间。

三、化学、生物武器及其杀伤破坏途径

战争中用来毒害人、畜的化学物质，叫军用毒剂。装有毒剂的各种炮弹、炸弹、火箭弹、导弹、毒烟罐、手榴弹等统称化学武器。化学武器是以毒剂的毒害作用杀伤有生力量的武器。化学毒剂有神经性毒剂、糜烂性毒剂、失能性毒剂、窒息性毒剂和刺激性毒剂。化学毒剂的种类不同，其危害也不一样。化学毒剂释放后，可形成气态、气溶胶态、液滴态、微粉态，人员接触或吸入立即发生中毒，如果不及时防护和抢救就会失去战斗力或在短时间内死亡。战场上敌人最常使用的毒剂主要是神经性毒剂，包括沙林、梭曼、VX 等毒剂。

在战争中用来伤害人、畜或毁坏农作物的致病性微生物及其产生的毒素等叫做生物战剂。装有各种生物战剂的炸弹、炮弹和气溶胶发生器、布洒器等统称生物武器。生物武器是利用生物战剂的致病作用杀伤有生力量和毁伤动植物的武器。按对人员的杀害程度可分为失能性战剂和致死性战剂。

化学武器和生物战剂对人员的伤害途径是：

吸入中毒。就是战剂污染的空气经呼吸道吸入人体内部引起人员中毒或感染。

误食中毒。就是人员误食（饮）染毒的食物（水）引起中毒或感染。

接触中毒。就是人员接触染毒物体，经皮肤、粘膜、伤口或蚊虫叮咬进（侵）入人体引起中毒或感染。

化学武器既可以用于战略后方，也可以使用在战场前线，尤其是对一些战役要点使用的可能性更大。

生物武器通常用来作为战略性武器袭击后方城市、军事基地、港口、车站及重要交通枢纽，特别是对人口密度大、卫生条件差的地区具有明显的伤害效果。

四、战场次生核生化危害

次生核生化危害，是指次生核危害、次生生物危害、次生化学危害统称。核生化设施遭常规武器袭击、人为破坏或自然灾害，引发放射性物质、生物制剂、有毒化学品释放而产生的危害。未来高技术局部战争，战场次生核生化危害是一个不可回避的现实问题，士兵必须了解核生化设施遭袭产生的危害。

（一）核设施遭袭后的危害

核设施遭袭后的危害，主要是指核设施遭袭被毁后，释放的放射性核素（主要有碘、铯、锶等），通过烟羽外照射、吸入内照射、食入内照射等途径对人员所造成的危害。

（二）化学工业设施遭袭后的危害

化学工业设施遭袭后，泄漏的有毒有害物质会对人员造成危害。其有毒有害物质按其毒理作用主要分为：呼吸系统毒物，包括氯气、氨、硫化氢、二氧化硫、甲醛等；神经系统毒物，包括苯、有机磷杀虫剂、甲苯、磷及其化合物、四氯化碳、甲醇等；血液系统毒物，包括一氧化碳、氰化物、苯胺、煤气、液化石油气等。

有毒有害物质进入人体引起中毒的途径主要有三种。一是吸入中毒；二是接触中毒；三是食入中毒。

有毒有害物质对人体的伤害特点。一是局部的刺激和肌体腐蚀；二是阻止氧的吸收和运输；三是抑制体内酶系统的活力；四是破坏神经系统。

(三) 贫铀弹使用后的危害

贫铀弹，是指以贫铀为主要原料制成的导弹、炸弹、炮弹、子弹等。贫铀弹爆炸后的危害，一是来源于其爆炸后弹体在高温反应中形成的放射性气溶胶，随风飘散，污染空气、地面、水源和物体。二是来源于其爆炸后形成的带放射性微尘污染的弹片。

贫铀弹对人员的放射性危害途径通常也有三种。一是吸入伤害；二是食入伤害；三是接触伤害。此外，人员接触贫铀弹放射性微尘污染的物体，也会对人员造成伤害。

(四) 次生生物危害

主要是指民用生物设施（如生物实验室、制剂室等）遭袭后，所释放的病毒、细菌、毒素、真菌等微生物，通过消化道、皮肤及呼吸道三种途径侵入人体，对人体造成的危害。

微生物进入人体后，能破坏人员的生理功能而发病，会出现发热、头痛、全身无力、上吐下泻、咳嗽、恶心、呼吸困难、局部或全身疼痛等症状。

第二节　个人防护装备使用

个人防护装备是用于减轻或避免核生化有毒有害物质对单个人员直接造成伤害的防护装备。可分为呼吸道防护器材、皮肤防护器材、导弹部队多功能防毒面具和个人急救器材等。

一、呼吸道防护器材

呼吸道防护器材，是指用于保护人员的呼吸器官、眼睛及面部免受毒剂、细菌及放射性灰尘直接伤害的个人防护器材。这里重点介绍我军主要装备的过滤式防毒面具的种类、性能和使用方法。

(一) 过滤式防毒面具

目前我军装备的防毒面具主要类型有 FMJ05 型、FMJ08 型和 FMJ05A 型等。

1. FMJ05 型防毒面具（原 87 型）

FMJ05 型防毒面具是头戴式面具。由滤毒罐、面罩、面具袋及附件组成（见图 6-1）。

图 6-1　FMJ05 型面具

2. FMJ08 型防毒面具

FMJ08 型防毒面具是我军新一代面具，由滤毒罐、面罩、面具袋及附件组成。该面具提高了面罩的耐毒剂液滴渗透性能和耐洗消性能，且增加有饮水装置，可进行饮水或进食流食（见图 6-2）。

3. FMJ05A 型防毒面具

FMJ05A 型防毒面具是供防化专业兵使用的头戴式面具。由滤毒罐、面罩、导气管、面具袋及附件组成（见图 6-3）。

图 6-2　FMJ08 型防毒面具

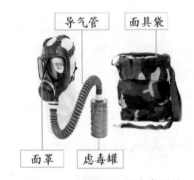

图 6-3　FMJ05A 型防毒面具

(二) 主要性能

我军现装备防毒面具的主要性能（见表 6-1）。

第六章 核生化防护与安全防护训练

表 6-1 防毒面具的性能表

性能 \ 类别	FMJ05 型（原 87 型）	FMJ08 型	FMJ05A 型
总重量（kg）	0.65~0.7	0.90	1.4
总视野	75%~80%	60%	70%
通话能力	传声损失不大于 8 dB	通话能力	50m 清晰度为 90%
防毒能力 防沙林	40miin 左右	10h 左右	大于 40min
防毒能力 防氢氰酸	60min 左右	大于 60min	不小于 30min
防毒能力 防 VX 雾	大于 2h	大于 2h	大于 2h

（三）携带与使用方法

1. 携带面具

通常是左肩右携，面具袋上沿与腰带取齐。运动时，可将面具移至身体右后方。一般情况下单独携带防护装具（不携带生活装具）时，按照防毒面具右肩左携、防毒服左肩右携的方式携带；同时携带战斗装具与生活装具时，一般按生活装具右肩左携、战斗装具左肩右携的方式携带。

2. 气密性检查

戴好面具后，用右手堵住进气口，同时用力吸气，若感到堵塞不透气，则说明面具气密性良好，若感觉漏气，应首先检查佩戴是否正确，然后检查呼气活门有无异物及面具有无损坏，根据情况处理后再重新检查。

3. 戴、脱面具的要领

FMJ05 型防毒面具左肩右携时，戴、脱面具的动作要领是：

（1）当听（看）到"化学警报"信号或"戴面具"的口令时，立即停止呼吸，闭嘴闭眼，右手迅速将面具袋移至右前方，右手握住面具袋底，左手打开袋盖握住通话器迅速取出面具，直接将面罩罩在面部，持通话器的手调整罩体密合框位置与脸面密合。与此同时右手抓头带垫，沿头上部向后将头带整体外翻到位。最后，两手换抓两根下头带，同时用力拉紧下头带，左手掌心按滤毒罐进气口，右手掌心按面具通话器护盖，使面具与脸部尽量贴合，然后深呼一口气再睁开眼睛，恢复正常呼吸（见图 6-4）。

（2）当听（看）到"化学警报"信号或"戴面具"的口令时，立即停止呼吸，闭嘴闭眼，迅速将面具袋移至身体右前方，右手握住面具袋底，左手打开袋盖，迅速取出面具，两手分别握面具两侧的下头带，两手中指勾住面具两边中间头戴,拇指在内撑开面罩;身体微向前倾,下颌微伸出,将面罩举过头顶的同时右手拇指食指将军帽取下,按照从上向下的顺序将面具戴好,戴好军帽;两手对称的调整头带,左手掌心按滤毒罐进气口,右手掌心按面具通话器护盖,使面具与脸部密合,然后深呼一口气,睁开眼睛(见图6-5)。

图6-4　戴防毒面具动作要领①

图6-5　戴防毒面具动作要领②

脱面具:当听(看)到"解除化学警报"信号或"脱面具"的口令后,

左手脱下军帽，右手握住面具下颌，向下向前脱下面具；也可右手大拇指由内里向外扣面具头带垫里侧，向上向前脱下面具；而后戴上军帽，然后将过滤器朝外装入面具袋内。

戴面具时，停止呼吸和闭嘴是为了防止吸入染毒空气；闭眼是为了防止毒剂伤害眼睛；深呼吸一口气是为了排除面罩内的染毒气体。

持枪戴（脱）面具时，应先成肩枪或夹枪姿势，然后，按立姿戴（脱）面具的要领戴好（脱下）面具，取枪成原来姿势。

持枪跪姿戴面具时，应先将枪置地，左手脱帽，按立姿要领戴好（脱下）面具。

持枪卧姿戴面具时，应先将枪置地，身体转向右或用两肘支撑上体，左手脱帽，按立姿要领戴好（脱下）面具。

二、皮肤防护器材

皮肤防护器材，是指保护人员皮肤免受毒剂、生物战剂和放射性灰尘等通过皮肤引起伤害的个人防护器材。

（一）皮肤防护器材的种类

目前，我军装备的皮肤防护器材主要包括防毒斗篷、防毒手套、防毒靴套和防毒服等。

1. FDP04 型防毒斗篷

防毒斗篷也是单兵防护中经常用到的器材，尤其是在通过染毒和沾染路段时，可以有效的对人员起到防护的作用，以避免染毒液滴或者放射性落下灰沾染到身体、衣物上，同时在与防毒服搭配使用可以起到很好的防护效果。共有大、中、小三个号，平均重量为270g（见图6-6）。

（1）用途。

FDP04 型防毒斗篷是装备于导弹部（分）队部队一次性使用的个人防护器材。在遇到核化生武器袭击时，遂行保障人员免受毒剂液滴、雾滴和放射性落下灰的直接伤害。

（2）性能、构造和功用。

防护性能：对各种毒剂液滴的防毒时间大于2h，对毒剂蒸汽只能减轻伤害。

构造和功用：防毒斗篷为无袖式，适合用于保护全身和所携带的武器装备，材料为聚乙烯薄膜。

2.FST04型防毒手套（原81型）

FST04型防毒手套外面涂丁基乳胶，衬里为棉织物，因而佩戴时吸汗，感觉柔软舒适。防毒手套的防毒能力在37℃试验条件下，各部位对芥子气的防毒能力都超过了240min。分大、中、小三个号（见图6-7）。

3.FXT04型防毒靴套

FXT04型防毒靴套不分左右脚。为软底式，鞋底以维纶布为基布，两面涂有天然橡胶，底面再涂有氯丁基胶而成。上下各有一条尼龙搭扣，用以固定靴套。靴帮由丁基胶布制成，起保护小腿作用（见图6-8）。

图6-6　FDP04型防毒斗篷

图6-7　FST04型防毒手套　　图6-8　FXT04型防毒靴套

4.FFF02型防毒服

（1）用途。

FFF02型防毒服为透气式防毒服，它是供导弹部（分）队使用的皮肤防护器材，具有防毒、透气和伪装等功能。可用于防止液滴状和蒸汽状毒剂接触引起皮肤伤害，必要时可作为战斗服使用。它与FDP04型（FDP03型）防毒斗篷和轻型过滤式面具配套使用，构成一套全身防护器材。这种

(FFF02型）防毒服对火焰具有一定的阻燃效果，在林地或荒漠等背景的地形中，能起到一定的伪装效果（见图6-9）。

图6-9 FFF02型防毒服

（2）结构。

FFF02型防毒服由带头罩的上衣和裤子组成，采用内外两层不同材料构成，外层是经过防油处理的维棉布，以阻挡毒剂从外层渗入内层；内层是特制的绒布，其内面的绒面上喷有活性炭炭浆，用于吸附蒸汽状毒剂。上衣和裤子的内门襟是专为防止漏毒所设计的，穿着时应注意将内门襟拉平整。

（3）性能。

FFF02防毒服重约1.5kg。对蒸汽状和小液滴状毒剂都能有效防护6h以上。气温在25℃时可穿着8h；在35℃情况下可连续穿着4h；中度劳动1h。

（二）皮肤防护器材的使用

为使防护器材最大限度的发挥作用，保存部队战斗力，使用皮肤防护器材应做到：良好的气密性，尤其要注意头、颈、袖口的气密性；良好的适应性，尤其适应较强劳动条件下长期工作；良好的毒情观念，尤其要注意脱防护器材时不染毒、不沾染。

使用皮肤防护器材时，穿脱通常按照斗篷、靴套、手套的顺序进行。脱下的器材经洗消、保养后包装备用，或统一销毁。

1. 穿着防毒斗篷的要领

手持头罩将斗篷展开，双手撑开斗篷将斗篷穿上，调整帽口与防毒面具接合部覆盖状态，束紧帽带扣，成立正姿势。

防毒斗篷的卸解。松开帽上体前倾，将斗篷脱下成立正姿势。

2. 穿着 FFF02 型防毒服的要领

当听到"毒剂"—的口令，按面具、裤子、靴套、上衣、手套的顺序穿戴器材。其要领可归纳为：卸、戴、展、穿。

卸：卸下防护器材和随身装具；

戴：戴好防毒面具；

展：将防毒服展开；

穿：按照先左腿后右腿的顺序将裤子和靴套穿好，而后将上衣穿好戴好手套。

三、个人急救器材

个人急救器材主要有个人急救包和个人防护盒两种。

（一）个人急救包

个人急救包是个人战场上的急救器材。包内装有 85 号预防片、85 号神经毒剂急救针、抗氰胶囊、抗氰急救自动注射针、二巯基丙醇软膏、军用毒剂消毒手套等。

85 号预防片：用于预防人员神经性毒剂中毒，人员应提前 1h 左右或根据命令口服。

85 号神经毒剂急救针：用于治疗神经性毒剂中毒者。轻度中毒注射 1 支，中度中毒注射 1～2 支，重度中毒注射 2～3 支。

抗氰胶囊：该药适用于预防人员氢氰酸或氰类化合物中毒，有效预防时间 4～6h，服用后半小时生效，每天只服一次。该药也可用为氰化物轻度或中度中毒人员口服治疗用药。

抗氰急救自动注射针：用于氰类化合物中毒者。

二巯基丙醇软膏：用于路易氏毒剂皮肤染毒的急救治疗。使用前，应用纱布等蘸吸毒剂液滴。而后从染毒边缘旋转向内涂，5min 后用水洗去。

军用毒剂消毒手套：用于供人员皮肤、服装及轻武器被液体毒剂污染后消毒时使用。

（二）个人防护盒

个人防护盒也是一种战场个人急救器材。盒内装有神经性毒剂预防片（复方 70 号防磷片）、11 号注射针或 80 型急救针、粉剂个人消毒手套、抗氰急救针剂（4-DMAP 注射液）和 85 抗氰预防片。

神经性毒剂预防药片（复方 70 号防磷片）：用于预防人员神经性毒剂中毒，并可减轻中毒症状。通常应提前 1h 左右或根据命令口服 1 片。需要时，间隔 10h 可再服 1 片；或一天一片连服三天，必要时可在最后一次服药 48h 后再次服用。服用预防片不能代替防毒面具和皮肤防护器材。

11 号注射针和 80 型急救针：用于战时阵地急救、治疗神经性毒剂中毒者。轻度中毒注射 1 支，中度中毒 1~2 支，重度中毒 2~3 支。如肌颤、惊厥等中毒症状仍未控制，可重复注射 1~2 支，防止用药过量或误用。如出现药物反应，应立即停药。

个人消毒手套：供人员皮肤、服装及轻武器被液体毒剂沾染后消毒用。可以消除神经性毒剂和糜烂性毒剂等。消毒时，粉剂勿入伤口及眼内。

抗氰急救针（4-DMAP 注射液）：供氢氰酸或氰化物中毒人员急救用注射针剂。当人员氰类化合物中毒后，立即肌肉注射 10% 4-DMAP 注射液 2 毫升，中毒症状缓解后不再注射，如需重复给药可再注射半量（1 毫升）即可。凡患遗传性高铁血红蛋白还原酶缺乏者禁用。

85 抗氰预防片：用于预防人员氢氰酸或氰类化合物中毒。为急救氰类化合物患者争取治疗时间，减轻中毒症状。有效预防时间为 4~6h。

85 抗氰预防片由 4-DMAP 片（100mg）和 PAPP（90mg）两种片剂组成（分别瓶装）。口服时服 4-DMAP 和 PAPP 各一片，服后半小时内生效，每日口服一次。该药还可作为氰化物轻度或中度中毒（无呕吐者）人员口服治疗用药。患遗传性高铁血红蛋白还原酶缺乏者禁用；抗氰预防药不宜连续服用，服药时必须两种片剂同时服用；药片保存需密封防潮，放置阴凉处。

四、个人防护器材的保管

个人防护器材属于个人专用专管。保管时应注意：

（1）个人使用的面具，可在背带调节环处（或统一规定）注明姓名、号码，不准在面具上做记号。

（2）器材应统一放在干燥的专用柜内，不要堆压。

（3）器材用后应擦拭干净、晾干，禁止在阳光下暴晒或火烤。

（4）不常用的器材，橡皮部分应撒上一层薄而均匀的滑石粉，滤毒罐应拧下密封保管。

（5）面具不要随意拆卸、涂油和水洗，特别要注意保护通话膜和呼气活门。

（6）器材不得坐压或当枕头，袋内不得存放其他物品。

（7）避免与酸、碱、盐等物品混存堆放。

第三节 对常规武器的防护

士兵在战场上遭敌常规武器袭击时，应善于利用各种地形、战斗工事和建筑物进行防护，有效保存自己。

一、开阔地上的防护

士兵在开阔地上运动时，如突遭敌轻火力射击，应迅速卧倒，全身伏地，头部要低，以减少敌火杀伤，视情况也可出枪向敌人射击。如遭敌炮兵和空中火力袭击时，卧倒后胸部不要紧贴地面，防止被炮弹、炸弹的爆炸震浪损伤。也可将双手交叉在胸部或头部下进行防护。

一旦敌火力减弱，士兵应观察周围地形，并迅速向有利地形或下个位置运动（最好采取匍匐姿势）。敌火力猛烈的时候，一般不要移动。但如发射敌炮弹、火箭弹袭来时，士兵应快速离开原来位置进行隐蔽，躲避敌火力打击。

二、利用地形防护

地形，是地貌和地物的总称。地貌是地面高低起伏的状态，如山地、平原、洼地等。地物是地面上固定的物体，如山丘、坟包、土坎、树木、房屋等。

地形是地面上防敌火力袭击较好的遮蔽物。由于遮蔽物的存在，就在遮蔽物的后面形成了一定范围的遮蔽界和死角。遮蔽物越高大，其遮蔽界和死角就越大，反之，遮蔽物越矮小，遮蔽界和死角就越小。

士兵在利用地形时，要根据遮蔽物的高低、大小、形状、敌火力的威胁程度等情况，采取适当的姿势利用遮蔽界和死角防护。应做到：快速接近、细致观察、隐蔽防护。敌火力减弱时，应视情况灵活地变换位置。

利用土（弹）坑、沟渠时，通常利用其前沿和底部；纵向沟渠利用弯曲部；根据敌情和坑的大小、深度，可采取跳、滚、匍匐等方法进入。在坑里可采取卧、跪、仰等姿势实施防护（见图6－10）。敌火力减弱时，才能实施观察、射击或转移。

利用堤坎、地埂时，应利用背敌斜面，根据地物的高低采取不同姿势隐蔽防护。田埂低，应卧倒，身体紧贴田埂（见图6－11）。堤坎高，也可采取跪、蹲、坐、立等姿势进行防护。如要射击，可利用堤坎的右侧或顶部。

利用土堆、坟包时，应利用土堆的背敌斜面；如果土堆比较小，可纵向卧倒，头紧贴土堆；如土堆较大，也可横向卧倒，但不要暴露身体。需要射击时，可利用土堆的右侧或顶部。

图 6-10　利用沟渠防护

图 6-11　利用堤坎、地埂防护

树木可有效防敌直瞄和间瞄火力的杀伤。利用树木防护时，通常利用其背敌面，树干较粗（直径 50cm 以上）可采取卧、跪、立各种姿势；树干较细，通常采用卧姿。

三、利用工事防护

所谓工事，就是为保障作战而构筑的防护性建筑物。如：各种射击掩体、堑壕、交通壕、掩蔽部、崖孔（猫耳洞）、地堡、坑（地）道等，这些工事都能起到很好的防护作用。

士兵在工事内或在阵地附近行动而遭敌空、炮火力袭击时，要按信号或命令训读进入掩蔽部或坑（地）道防护；如来不及进入隐蔽部时，应迅速在壕内卧倒或采取适当的姿势防护（有掩盖的堑壕、交通壕防护效果更好）。利用跪、立掩体防护时，应将随身武器迅速收回，靠至胸前，采取坐、跪、蹲等适当姿势防护。时间允许，士兵应沿堑壕或交通壕快速进入掩蔽部、崖孔（猫耳洞）内（见图6-12）。

崖孔（猫耳洞）内是构筑在壕壁边上的一种防护工事。由于是构筑在底下，有一定的天然防护层（大于100厘米），防敌空、炮火打击的效果较好。特别是有拐弯或孔口有防护设施的崖孔更好。进出洞可采用跨腿屈伸进入、撤退屈伸退出的方法。进入时，先进靠近崖孔的内侧腿，在屈伸转体收回武器的同时臀部进入，而后是上体、头部。撤回外侧腿进入并坐好。退出时，先出外侧腿，在转体屈伸的同时头部、上体、臀部出洞，最后撤出内侧腿。

图6-12 利用掩蔽部、崖孔防护

四、利用建筑物防护

坚固的建筑物对敌空、炮火打击具有一定的防护作用。当收到敌空、炮火袭击警报和号令时，应利用墙根、房角、床、桌等物体，采取蹲、跪或卧倒姿势进行防护。但要尽可能避开易倒塌、易燃烧建筑物，不要在独立明显或敌可能会重点攻击的建筑物内掩蔽防护，以免造成间接伤害。如发现敌精确制导武器向防护的建筑物袭来时，士兵应迅速离开建筑物进行躲藏，并利用其他地形实施防护。在建筑物内需要射击时，应尽可能靠近门窗，采取适当姿势射击。

注意：由于空中火力可以不断地变换攻击方向，因此士兵在防护的同时要不断观察空中情况，及时调整防护的方向。另一方面，在条件允许的情况下,也可按统一的命令,集火打击敌飞机。

第四节　对核生化武器的防护

对核生化武器的防护,是指军队对敌人核、生物、化学武器袭击而采取的防护措施。目的是最大限度地减少损伤,保持部队的战斗力和重要目标的生存能力。士兵必须掌握其防护方法,才能减免杀伤,有效保存自己。

一、对核武器的防护

核武器是禁用的,但随着战争升级,敌人也有使用的可能性。在战场上,敌人一旦使用核武器,士兵应充分利用地形和防护器材进行防护,尽量减免伤害。

对核武器的防护主要包括两个方面:一是对核爆炸瞬时毁伤效应的防护;二是对放射性沾染的防护。

(一)对核爆炸瞬时毁伤效应的防护

核爆炸瞬时毁伤效应防护是指核爆炸产生的冲击波、光辐射、早期核辐射等瞬时杀伤效应采取的防护措施,是核防护的重要内容。采取有效地防护措施,可以减少人员伤亡和装备物资的损失。

1. 利用工事防护

所谓工事,就是为保障作战而构筑的防护性建筑物。如:各种射击掩体、堑壕、交通壕、掩蔽部、崖孔(猫耳洞)、地堡、坑(地)道等,这些工事都能起到很好的防护作用。

士兵在工事内或在阵地附近行动遭敌空、炮火力袭击时,要按信号或命令迅速进入隐蔽部或坑(地)道防护;如来不及进入隐蔽部时,应迅速在壕内卧倒或取适当姿势防护(有掩盖的堑壕、交通壕防护效果更好)。利用跪、立姿掩体防护时,应将随身武器迅速收回,靠至胸前,采取坐、跪、蹲等适当姿势防护。时间允许时,士兵应沿堑壕或交通壕快速进入掩蔽部、崖孔(猫耳洞)内。

崖孔(猫耳洞)是构筑在壕壁边上的一种防护工事。由于是构筑在地下,有一定的天然防护层(50~100cm),防敌空、炮火力打击的效果较好。特别是有拐弯或孔口有防护设施的崖孔更好。进出洞可采用跨腿屈身进入、撤腿屈身退出的方法。进入时,先进靠近崖孔的内侧腿,在屈身转体收武器的同时臀部进入,尔后是上体、头部,撤回外侧腿进入并坐好。退出时,先出外侧腿,在转体屈身的同时头部、上体、臀部出洞,最后撤出内侧腿。

2. 利用地形地物防护

利用土丘、坟包、土坎等各种高于地面的地形地物。当发现闪光时,利用就近地形,迅速卧倒;如遮蔽物较大时,可横向爆心卧倒;如遮蔽物较小时,可面向爆心卧倒,重点防护头部。

利用土坑、弹坑、沟渠等各种低于地平面的地形地物。当发现闪光时,应携带随身武器跃(滚)入坑内,身体卷缩,跪或坐于坑内。若坑大底宽,亦可横向或面向爆心卧倒。利用沟渠、涵洞时,宜采取横向爆心的防护动作。

利用建筑物防护。坚固的建筑物对瞬时杀伤破坏因素具有一定的防护作用。当发现核爆炸闪光时,室外人员应尽量利用墙的拐角或紧靠墙根卧倒;室内人员应在屋角或床、桌下卧倒或蹲下。但注意不要利用不坚固或易倒塌的建筑物,避开门窗和易燃易爆物品,以免受到间接伤害。

3. 在开阔地上的防护

发现核爆炸闪光时,在开阔地面上的人员,没有地形地物可利用时,应立即背向爆心卧倒,同时,微张嘴、闭眼、收腹,两手交叉垫于胸下,两肘前伸,头自然下压于两臂之间,尽量把暴露的皮肤遮蔽起来,两腿伸直并拢,憋气(当感到热空气时)。考虑到威力更大的核武器,以及地形等因素的影响,个人防护动作时间40~50s就足够了,不需要超过60s(见图6-13)。

图6-13 人员在开阔地上的防护

4. 利用服装装具的防护

人员利用雨衣、防毒斗篷和衣物等防护，在一定距离上，可以减轻或避免光辐射的伤害。

5. 乘车时的防护

当接到核袭击警报信号时，正在行驶中的车辆应迅速选择附近有利地形掩蔽，车上的人员应携带随身的武器迅速下车，选择有利地形隐蔽，并做好防护准备。情况紧急或因地形受限时，车辆可加大距离，停在路上，关闭车门，摇下车门玻璃，闭合百叶窗，并使手制动成刹车状态；当突然看到闪光来不及下车时，驾驶员应立即停车，身体弯伏或卧伏于驾驶室内，车上人员尽量卧倒，不能卧倒时姿势要力求低下，并紧握车厢板或把手。

（二）对放射性沾染（污染）的防护

对放射性沾染（污染）的防护是指对核爆炸形成的放射性沾染（污染）采取的防护措施。其目的是避免或减轻放射性物质通过体外照射、体内沾染和皮肤沾染的方式对人体引起伤害。

1. 对放射性烟云沉降时的防护

防放射性烟云沉降最有效的方法是进入工事，情况允许时，应将露天堑壕、交通壕等遮盖起来。

2. 消除沾染

消除就是利用除尘法，将放射性物质从人员、物体表面除去，或使之减小到控制标准以下的水平，以减轻放射性物质对人员的伤害。放射性沾染的主要来源是放射性落下灰，和一般的尘土比较相似，随风漂移，无孔不入，因此消除的方法和平时的除尘方法差别不大，只是要求更加细致、更加彻底。

（1）对武器装备的消除。主要有：①擦拭法；②扫除法；③冲洗法。

（2）对地面、工事的消除。主要有：①铲除法；②扫除法。

（3）对服装装具的消除。消除前，人员侧风站立，人与人之间应有一定距离，先消除装具，并按顺序放在上风方向，再对服装消除。对水壶消除时，要特别注意对水壶口部和盖子消除。对服装消除的方法有：①拍打法；②扫除法；③抖拂法；④洗涤法。

（4）对人员消除。

（5）对粮秣、水的消除。

二、对生物武器的防护

对生物武器的防护,主要包括对生物战剂气溶胶的防护和对敌投带菌昆虫的防护。

(一) 几种典型生物战剂传染途径及发病症状

1. 鼠疫

烈性传染病,分布广泛,跳蚤、鼠等是其宿主,人类鼠疫是被生物媒介叮咬而受染。

发病症状:人感染鼠疫后,一般3~5d发病,有时一天就会发病;病人突然出现恶寒战栗、发烧、体温39℃以上;同时出现头昏头痛、呼吸和脉搏加快;很快进入极度虚弱昏迷状态。

2. 天花病毒

天花病毒属于痘病毒科,是人类历史上最古老的传染病毒之一。

发病症状:高热寒战、乏力、畏光、头痛、类似荨麻疹的皮肤红斑块、恶心呕吐、皮疹。

3. 炭疽芽胞杆菌

感染途径:人因接触患病动物或受染毛皮而引起皮肤炭疽,食入未煮熟的病畜肉类、奶或被污染食物引起肠炭疽,或吸入含有大量病菌芽胞的尘埃可发生肺炭疽。

致病物质(症状):荚膜和炭疽毒素(直接损伤微血管内皮细胞,增加血管通透性而形成水肿)。

4. 霍乱

由霍乱弧菌引起的急性肠道传染病,发病急,传播快,波及面广,危害严重,革兰氏阴性杆菌,单端鞭毛。

发病症状:潜伏期数小时至6d,突然起病,100%病人有腹泻,每日大便次数难以计数,量多,每天2 000~4 000mL,严重者8 000mL,腹泻后出现呕吐,体内大量液体及电解质丢失而出现脱水变现,需及时治疗,部分病人有发热反应,一般38℃~39℃,目前霍乱大多症状较轻类似肠类。

5. 肉毒毒素

由肉毒杆菌产生的蛋白质毒素,也是神经毒素。能够阻碍人体乙酰胆碱的正常释放。其A型毒素经口的致死剂量比化学神经毒沙林强140倍。自然感染途径为食入污染食品,而实验室可经口、皮肤、眼而感染。

(二) 对生物战剂气溶胶的防护

主要是防止生物战剂气溶胶通过呼吸道或皮肤、眼睛、粘膜侵入人体。其防护方法和对化学武器防护方法相同。最重要的防护对象是呼吸道,最重要的防护器材是防毒面具。

(三) 对带菌媒介物的防护

主要是保护暴露皮肤,防止蚊虫叮咬。其方法措施有:

(1) 对工事、房屋、帐篷等应安装纱窗、纱门或喷洒防虫药物。

(2) 对暴露的皮肤,可戴面具、手套、扎紧三口(领口、袖口、裤脚口)等。

(3) 涂抹驱避剂。为了防止带菌虫叮咬,减少或避免发病,可将驱避剂涂在暴露皮肤上,或将药物涂在衣服的裤脚、袖口和领口处,可防止昆虫从上述位置爬进衣内。

(四) 预防接种

预防接种是预防、控制生物战剂对人体伤害,增强人体抗病能力,提高治疗效果的一种有效措施。战时得到敌人可能使用生物战剂的情报时,要做相应的预防接种。在污染(疫)区或要进入污染(疫)区执行任务的人员,需进行接种。预防接种应注意以下几点:一是接种前必须对人员进行健康检查,并测量体温;二是接种后2天内不宜作剧烈活动;三是在遭受核袭击后,不宜立即进行活苗接种。

三、对化学武器的防护

为了避免或减少敌化学的杀伤,战斗中士兵应充分做好防护准备,使个人防护器材处于良好状态,便于使用和不影响战斗行动。一旦遭化学袭击,应根据不同情况灵活利用器材、工事等进行有效防护。

(一) 观察、侦察

及时发现化学袭击是防护的前提,除收集上级发出的化袭警报外,观察、侦察是重要的发现手段。

1. 观察

(1) 从化学袭击的征候、迹象判断。听炸弹爆炸声音、看炸弹爆炸烟雾颜色及嗅周围环境中的异常味道都是判断是否为化学战剂的重要依据。(见表6-2)。

表 6－2　各种毒剂的气味

毒剂名称	气味
沙林	水果香味
VX	硫醇（臭鸡蛋）
氰氢酸	苦杏仁味
芥子气	大蒜味
路易氏气	天竺葵味
光气	烂干草味

战时情况复杂多变，要看、听、嗅相结合，并与其他手段协同使用，综合分析，才能得出比较准确的判断。

(2) 根据动物的异常现象判断。小动物、昆虫对速杀性毒剂非常敏感，中毒症状明显，或立即死亡。

(3) 从植物、地面和物体染毒征候判断。毒剂的液滴落在植物叶上，能见到油状液滴或有色斑痕，并逐渐的枯萎、卷缩（幼嫩的叶子更明显）；落在花上能改变其颜色，落在石头、水泥地上能迅速扩散，并有油状液滴的痕迹。

(4) 从人员中毒的症状判断。遭到化学袭击后，少数人员会出现中毒症状。毒剂的种类不同，中毒后的症状不同。

上述方法，对于迅速发现敌人用毒是非常有用，也是非常必要的。只有把各种方法综合起来，并经化学侦察手段检验，才能得到正确的结论。

2. 侦察

发现敌用毒迹象时，立即下达防护命令，同时派出防化专业人员或核生化小组，使用专业侦察器材实施化学侦察：判明毒剂种类、标明染毒范围、及时向上级报告、向友邻通报敌化学袭击情况。

(二) 防护

为了避免或减轻化学武器的杀伤效果，战斗中个人应使防护器材处于良好的战斗状态，充分做好防护准备。

1. 遭敌化学袭击时的防护

(1) 防护时机。

①接到化学警报信号、听到指挥员下达"戴面具"或"毒剂"的口令时；

②发现可疑征候（上面陈述的各种征候），或无明显原因，多人突然出现刺激、视力模糊、呼吸困难等症状时；

③突然遭敌密集炮火或航弹袭击时；

④行军中发现染毒标志时；

⑤发现敌机低空飞行，机尾布洒烟雾时。

（2）防护方法。

①个人防护；

呼吸道防护：戴面具、防毒口罩、防毒眼镜等。

全身防护：戴面具、穿防毒服或放毒斗篷，穿靴套、戴手套及其他防护器材。

乘车时的防护：全身防护、关闭车窗、拉大车距、快速通过。

②集体防护。

隔绝式防护：情况允许时，除警戒、观察人员外，其余人员进入工事，关闭所有的门、孔口，人员保持安静，禁止人员进出，若无密闭性设施，人员应戴面具。

过滤式防护：工事有核生化设施时，通常仍采取隔绝式防护，只有工事内空气污浊，毒气进入工事，外界毒剂浓度下降时，可进行过滤式防护，此时要控制人员外出和进入，人员离开工事时要视外界情况进行个人防护。

2. 通过染毒区时的防护

通过的方法有三种：迂回通过、开辟通路通过和直接通过。

（三）对中毒人员的急救

化学武器的使用，将会使伤员增多，伤情复杂，伤势变化快。尤其是神经性毒剂高效、剧毒，如不及时急救，会产生大量的伤亡，降低部队战斗力。因此，及时地鉴别毒伤，正确地实施急救，是十分重要的。

（1）对神经性毒剂的预防和急救。服用阿托品进行药物预防，可通过肌肉注射解磷针方法急救。

（2）对糜烂性毒剂的急救。第一，由外向里擦去毒剂液滴（不能扩大染毒面积）；第二，用消毒液消毒（无消毒液时可用肥皂水擦洗）；第三，用自来水反复冲洗染毒部位；第四，把使用过的物品埋掉。

（3）对全身中毒性毒剂的急救。急救药物有抗氰自动注射针或捏破亚硝酸异戊酯安瓿，放在鼻前吸入。

（4）对失能性毒剂的急救。对失能性毒剂急救肌肉注射解毕灵 10～20 毫克。

(5) 对窒息性毒剂的急救。对窒息性毒剂急救在中毒早期口服或注射乌罗托品。

（四）消毒

利用化学、物理和自然等方法，使毒剂失去毒性或从人员，物体上除去毒剂的过程，叫消毒，常见的洗消液有 10% 的 $NaHCO_3$ 水溶液或清水。消毒的目的是减少人员进一步染毒的机会，或降低防护状态等级以至解除防护。消毒分为局部消毒和彻底消毒两种。局部消毒是利用战斗间隙进行，以自消互消为主。彻底消毒通常在战斗结束后实施，采取自消互消结合专业消毒的方法。自消互消时，按服装、武器装备、人员、地面的顺序进行；专业消毒时，消毒顺序是人员、服装装具、武器装备、地面的顺序进行。对VX、胶状毒剂消毒时，应增加消毒剂消耗量和消毒次数，有的消毒对象可采取消毒和刮除结合的方法。

四、对次生核生化危害的防护

对战场次生核生化危害的防护是核生化防护的一项重要内容。战场次生核生化危害与核生化武器使用后的毁伤效果有这许多相同之处和不同点。因此，应根据次生核生化危害的特点和利用核生化防护基础知识，有针对性地掌握其防护方法。

（一）对核设施遭袭后放射性危害的防护

敌常规兵器打击我民用核设施后，将产生放射性物质的扩散性危害。这种危害主要是由核反应原料被破坏后形成的放射性烟羽，随风扩散到核设施周围几千米到几十千米的范围内，造成空气、水源、地面等物体的放射性污染。同核武器使用后造成的放射性危害相比，它具有放射性强度小，放射性物质半衰期长的特点。其对人员的伤害途径与核武器形成的放射性伤害相同。

（二）对贫铀弹使用后的放射性危害的防护

（1）进入使用贫铀弹区域时的防护。

进入贫铀弹放射性污染地域执行任务，或需要从贫铀弹污染区域通过时，应及时采取呼吸道和皮肤防护，严格防止放射性物质从呼吸道进入人体，避免人体肌肤接触。

通过或撤出污染区后，可采取喷淋、冲洗等办法，对人员皮肤、装具等进行彻底洗消。

（2）人员受到贫铀弹放射性伤害后，应立即服用排铀的药物，降低人员体内铀的含量。主要促排的药物有：碳酸氢钠、喹氨酸、氨羟基类络合物（如促排灵）、氨烷基次磷酸类络合剂等。

此外还应对症进行治疗。如增加营养，提高人体抵抗能力；服用治疗药物，促进肾功能恢复、纠正体内电解质和酸碱平衡；采用药物换血疗法，全面降低人体铀含量等。

（三）对次生化学危害的防护

对次生化学危害的防护与对化学武器的防护相比，其措施和手段基本相同，只是在具体的手段和方法上因情而异。个人对次生化学危害的防护主要应做好以下几点：

（1）及时发现和获悉次生化学危害云团的威胁。

（2）对次生化学危害的防护。

对次生生物危害的防护，通常是根据有关情况通报和上级指示采取相应的防护措施。对次生生物危害防护袭击的防护相比，除观察判断外，其它防护手段和方法与生物武器防护基本相同。

（四）对次生生物危害的防护

对次生生物危害的防护方法，与对生物武器的防护方法中的对敌投带菌昆虫的防护方法基本相同，主要是保护暴露皮肤。

第五节 防火逃生

火，自古以来就与我们人类结下了不解之缘，火在有益于人类的同时，也常常给人类造成了灾难与痛苦。正如古人所说："火善用之则为福，不善用之则为祸"。中华民族五千年的文明史，同时也是一部不断用火、抗御火的斗争史。

一、概述

（一）消防工作的意义

消防工作是人们在同火灾做斗争的过程中形成和发展起来的一项专门性工作，它具有社会保障性质。在我国，消防工作是保障社会主义现代化建设，保护公共和公民生命财产安全的一项重要措施。

中华民族同火灾做斗争，有着悠久的历史。据史料记载，周朝（约公元前11世纪—前256年），就实引"春秋，以木铎修火术"，即在春秋易发生火灾的季节，官吏用木铎召集众人，宣布防火的政令。北宋（公元960—

1127年)时期,汴京(现河南开封市)城内驻在望火楼下专门救火军队,是世界上较早出现的官办消火队,明清时期,各地"救火会""水会"等民办或商办的消防组织陆续增多,清朝末年,开始组建消防警官,并从国外购置消防车辆,中华民国时期,一些城镇已设有消防警察队。

建国伊始,尽管百废待举、百业待兴,党和政府仍没有忽视消防工作。1950年公安部单独成立消防局。至今,已经逐步形成全国比较完整的消防序列和网络,消防法制建设也逐步健全。使我国消防事业取得了长足的发展。

俗话说:水火无情。在社会生活中,火灾是威胁公共安全、危害人们生命财产的严重灾害之一,它能吞噬人们的宝贵生命,使大量的物质财富化为灰烬,必须引起人们的足够重视。回顾20世纪我国的火灾情况,50年代我国的火灾直接损失平均每年达到5 000万元;60年代平均每年火灾损失1.2亿元;70年代平均每年火灾损失2.5亿元;80年代平均每年为3.2亿元;90年代平均11.6亿元,90年代后5年火灾直接损失15亿元以上,是建国初期的四番多。以上火灾损失充分说明,进一步加强同火灾的斗争,做好消防工作,直接关系到社会主义现代化建设的顺利进行,关系到人民群众的切身利益。

(二)消防工作的性质

《中华人民共和国消防法》第一条明确规定,消防工作的性质是"预防火灾和减少火灾危害,保护公民人身、公共财产和公民财产的安全,维护公共安全,保障社会主义现代化建设的顺利进行"。

(三)消防工作的方针

我国消防工作贯彻"预防为主,防消结合"的方针。这一方针是我国人民长期同火灾作斗争的经验总结,科学表达了"防"和"消"的关系。

预防为主,就是在消防工作的指导思想下,把预防火灾放在首位,严格贯彻落实各项防火的法制措施、行政措施、技术措施和组织措施,从根本上防止火灾的发生。

防消结合,是指同火灾作斗争的两个基本手段,即预防和扑救,必须有机结合起来。只有这样,才能在同火灾斗争中立于不败之地。"防"与"消"是相辅相成。互为补充的一个不可分割的整体,是达到一个目的的两个手段。

(四)消防工作的任务

在社会主义市场经济体制的新形势下,消防工作的任务就是贯彻"预防为主,防消结合"的方针逐步做到消防法律健全、基础设施完善、监督管理有效、消防队伍强大，努力增强全社会抗御火灾的能力，预防和减少火灾的危害，保护社会财富和人身安全，保卫社会主义现代化建设事业。

（五）消防工作的原则

消防法第三条规定了消防工作"专门机关管理与群众管理相结合的方针"。

专群结合的原则具体体现在以下向方面：

（1）在火灾预防方面，社会各单位和广大公民应当自觉遵守消防法规和消防安全制度，及时消除火灾隐患，在生产、生活和工作中具有消防安全意识，懂得消防安全基本知识，掌握自防自救的基本技能，及时纠正和制止违反消防法规的行为。

（2）在消防组织建设方面，公安消防队是我国消防力量中的主力军，应当加快建设。同时，根据我国幅员辽阔、地区差异大、经济还不发达的实际情况，全国广大城市的消防任务不可能全部由公安消防队承担，必须走发展多种形式的消防队伍的道路。

（3）在灭火救援方面，任何人发现了火灾都要立即报警，发生火灾的单位要及时组织力量扑救火灾，任何单位和个人都应当服从火场总指挥的决定，积极参加和支持火灾扑救。火灾扑灭后，有关单位和人员应当如实提供相关情况，协助公安消防部门调查火灾责任事故。

二、防火的基本要求

（1）要将火柴梗、烟头掐灭放入烟灰缸内。不在酒后或睡前在沙发或床上吸烟。

（2）要及时关闭电流开关及煤气、液化石油气总阀。外出时，或临睡前熄灭室内外的火种。

（3）教育未成年人不要玩火，不要玩弄电器设备。

（4）要在规定区域内安全燃放烟花爆竹。

（5）要确保过道、楼梯的畅通，不在楼层通道和安全出口外堆放物品，以防封堵。

（6）不乱接乱拉电线，防止超负荷用电。使用电加热器时，人不能离开。

（7）不用明火寻找物品和检查易燃、易爆物品。

（8）不用灯泡取暖或烘烤衣物。

（9）不把点燃的蚊香靠在床沿、蚊帐和窗帘处。

（10）不在房内焚烧物品或迷信用品。

三、火场逃生与自救

（一）火场逃生的原则

火场逃生的原则是安全撤离，救助结合。

（1）安全撤离。是指火场中的人员应抓住有利时机，就近、就便，利用一切可以利用的地形、工具，迅速撤离危险区域。

（2）救助结合。一是自救与互救相结合，在火灾现场，我们不仅要尽快撤离现场，还要积极帮助老、弱、病、残、妇女、儿童等疏散，切忌乱作一团，否则会堵塞通道，酿成大祸。二是逃生与抢险相结合，有时候火灾千变万化，如不及时消除险情，就可能造成更多人员伤亡和财产损失。因此在条件许可时要千方百计地消除险情，延缓火灾发生的时间，减轻灾害发生的规模。三是救人与救物相结合，在所有情况下救人始终是第一位的，决不要因为挽救贵重物品而贻误逃生良机。

（二）火场逃生的技巧

1. 火场逃生的准备

消防部门在平时要加强火场逃生知识的普及训练。一是要抓好火灾逃生知识的宣传普及，提高全社会、全民的自我保护意识，掌握火场逃生知识。二是在消防部门中进行逃生技能项目的应用性训练，使消防人员成为火灾等灾难中逃生的有力组织者。三是设立专门的现场组织机构：①指导逃生、报警引导组。专门负责火灾现场情况报警，稳定被困人员情绪，引导逃生，并负责打开安全通道，保持通道畅通。②疏散抢救组。主要负责被恶劣环境围困的人员或老、弱、病、残者的疏通和抢救。③安全救护组。主要负责对严重伤员进行急救，并配合医务人员进行检伤分类，迅速转送等。

2. 一般建筑火灾逃生的方法

一般建筑是指非高层和地下建筑的场所，逃生的方法如下：

（1）利用疏散通道逃生。每个建筑按规定设有室内楼梯，室外楼梯，有的还设有自动扶梯，消防电梯等，发生火灾后，尤其在火灾的初起阶段，这些都是逃生的有效途径。在下楼时，用抓住扶手，以免被人群撞倒，踩伤。

（2）自制器材逃生。建筑物发生火灾后，可能利用逃生的物品来源比较多，要学会随机应用。例如：将毛巾、口罩捂住口、鼻，可当成防烟工具；利用绳索、布匹、床单、地毯、窗帘等的连接来开辟逃生通道。

（3）利用建筑物现有设施来逃生。发生火灾时，如果上述两种方法都无法逃生,可利用落水管、房屋内外的突出部分、门窗、建筑物上的避雷线(网)逃生或转移到安全区域。利用这种方法时,既要大胆又要细心,特别是老、弱、病、残、妇、幼等人员切不可盲目行使,否则容易出现伤亡。

(4)寻找避难处所逃生。在无路可逃的情况下,应积极寻找避难处所。如到阳台、楼层平顶等待救援;选择火势、烟雾难以蔓延的房间,如厕所、保安室等,关好门窗、堵塞间隙,房间如有水流,应立即将门窗和各种可燃物浇湿,以阻止和减缓火势和烟雾的蔓延速度。无论白天或黑夜,被困者都应大声呼救或挥舞白色毛巾等,不断发出各种呼救信号,以引起救援人员的注意,帮助自己脱离困境。

(5)灭火与逃生相结合。火灾初起时,要尽快关闭防火区或防火分区的防火门,防止火势蔓延或封闭窒息灭火,把初起火灾控制在最小范围内,初起火灾应采取一切可能的措施将其扑灭。在充满烟雾的房间、走廊时,鉴于烟气向上的原理,在离地板近的地方,烟雾相对较少,因此逃生时最好弯腰,使头部尽量贴近地面,不要深呼吸,尽量以低姿前进。在可能的情况下,用湿衣服或毛巾捂住口和鼻子,防止烟雾进入呼吸道。

3. 火灾逃生时注意事项

(1)不能因为惊慌而忘记报警。进入建筑物后,应注意通道,警铃、灭火器位置,一旦发生火灾,要立即按警铃或打电话,延误报警是很危险的。

(2)不能一见低层起火就往下跳,低楼层发生火灾后,如果上层的人都往下跳,反而会给救援增加困难,正确的做法是逃至着火楼层的上一层或上上一层。

(3)不能因清理贵重物品和行李而延误时间,起火后,如果发现通道被阻,则应关好房门,打开窗户设法逃生。

(4)不能盲目从窗口往下跳,如果被大火围困在房内,无法脱身时,要用毛巾或折叠的衣服捂住鼻子,阻挡烟气侵袭,耐心等待救援,并想方设法报警呼救。

(5)不能乘坐普通电梯逃生,高楼起火后容易断电。这时乘普通电梯,就有"卡壳"的可能,使疏散失败。

(6)不能在浓烟弥漫时直立行走,大火伴着浓烟腾起后,应在地上爬行,避免呛烟和中毒。

第六节　抗震逃生

一、地震相关知识

1. 什么是地震

地震就是地面震动，它是一种自然现象。强烈地震，会造成地面破坏和建筑物倒塌。

地球上每天都在发生地震，全世界每年大约发生 500 万次，绝大多数地震因震级小，人感觉不到。其中有感地震约 5 万多次，5 级以上地震近千次，7 级以上地震约 18 次，8 级以上地震 1～2 次。

2. 什么是震源、震中和地震波

震源：是地球内发生地震的地方。

震中：震源上方正对着的地面称为震中。震中及其附近的地方称为震中区，也称极震区。

地震波：地震时，在地球内部出现的弹性波叫做地震波。它就像把石子投入水中激起的水波，向四周一圈一圈扩散一样。

地震波主要包含纵波和横波。纵波引起地面上下颠簸振动；横波引起地面和建筑物左右或前后晃动，它是地震时造成建筑物破坏的主要原因。

由于纵波传播速度大于横波，它总是先到达地表，横波则落后一步。这样，发生较大的近震时，人们总是先感到上下颠簸，过数秒到十几秒后才感到有很强的水平晃动。这一点非常重要，当我们感觉到纵波时，应当意识到造成建筑物破坏的横波马上要到了，要赶快防备。

3. 什么是震级和地震烈度

震级：是表示地震大小的一个量度，它与地震释放出来的能量多少相关。一次地震只有一个震级。震级每相差 2 级，能量相差近 1 000 倍。目前已知的最大地震为 8.9 级。

地震烈度：地震烈度用来表示地震对建筑物和地表的破坏程度，一次地震可能造成多个等级的地震烈度。在我国，地震烈度分为十二个等级。地震烈度对应现象简略如下。

地震烈度表现

一度：无感，仅仪器能记录到。

二度：个别敏感的人在完全静止中有感。

三度：室内少数人在静止中有感，悬挂物轻微摆动。
四度：室内大多数人、室外少数人有感，悬挂物摆动．不稳器皿作响。
五度：室外大多数人有感，家畜不回家，门窗作响，墙壁表面出现裂纹。
六度：人站立不稳，家畜外逃，器皿翻落，简陋棚舍损坏，陡坎滑坡。
七度：房屋轻微损坏，牌坊、烟囱损坏，地表出现裂缝及喷沙冒水。
八度：房屋多有损坏，少数路基塌方，地下管道破裂。
九度：房屋大多数破坏，少数倾倒，牌坊、烟囱等崩塌，铁轨弯曲。
十度：房屋倾倒，道路毁坏，山石大量崩塌，水面大浪扑岸。
十一度：房屋大量倒塌，路基堤岸大段崩毁，地表产生很大变化。
十二度：一切建筑物普遍毁坏，地形剧烈变化，动植物遭毁灭。

4. 什么是地震直接灾害

地震直接灾害主要是地震断层错动以及地震波引起地面震动所造成的灾害。地震直接灾害包括地面和建筑物的破坏、山体等自然物的破坏（如滑坡、泥石流等）以及地光烧伤等。

5. 什么是地震次生灾害

地震次生灾害是由直接灾害所引起的灾害。主要有火灾、水灾、毒气泄漏、瘟疫等，其中火灾是城市地震次生灾害中最常见、最严重的。

6. 不要听信地震谣言

根据法律规定，我国地震预报由省级以上人民政府发布。已经发布短期地震预报的地区，地震异常显著的，可以由县级以上人民政府发布 48 h 临震预报，其他任何单位和个人都无权发布，包括地震部门和地震工作者。所以，我们平时千万不要听信地震谣言，造成不必要的恐惧，甚至不良的社会影响和经济损失。

二、地震前如何正确防护

1. 自己的家是否安全

（1）对房屋进行必要的除险加固，使其坚固不易倒塌。
（2）固定好衣橱、餐具、橱柜、电冰箱等，防止倾倒。
（3）检查水、电、气以及灭火器。
（4）在家具、窗户等的玻璃上粘上透明薄膜或胶布，防止玻璃破碎时四处横飞。
（5）用安装合叶方式固定橱柜、壁橱门，防止因地震的晃动造成柜橱门敞开，里面的物品掉出。

（6）不要将电视机、花瓶等放置在较高的地方。

（7）准备好较厚实的拖鞋，防止散乱在地面上的玻璃碎片伤人。

（8）注意家具的摆放位置和方式，确保安全。

（9）整理、重置危险物品，要特别注意煤油取暖炉等用火器具及危险品的管理和保管。

（10）找好家中安全避难处。

2. 紧急备用品准备好了吗

（1）饮用水、食品、婴儿奶粉等（至少够用3天的量）。

（2）急救医药品（绷带、消毒液、双氧水、消炎药、止痛药、止泻药、纱布等）。

（3）便携式通信设备（手机等）、收音机、手电筒、干电池、铁锤、胶布、口哨、绳子、工具刀等。

（4）现金、贵重物品。

（5）内衣裤、毛巾、手纸等。

3. 如何检查和加固住房

（1）看一看自家住房是怎样的，有没有不利抗震的地方，摸清周围环境情况。

（2）查看住房的建造质量好不好，是否年久失修，不利抗震的房屋要加固，不宜加固的危房要撤离。

（3）查看住房的结构是否有利抗震，笨重的装饰物应拆掉。

4. 如何合理放置家具、物品

（1）把墙上的悬挂物取下来或固定，防止掉下来伤人。

（2）把易燃易爆和有毒物品放在安全的地方。

（3）固定高大家具，防止倾倒砸人；家具物品摆放做到"重在下、轻在上"。

（4）阳台护墙要清理，花盆杂物拿下来。

（5）把牢固的家具下腾空，以备震时藏身。

（6）加固睡床。

5. 如何保证家中水、电、火的安全

（1）准备消防设备，以应对地震后可能发生的火灾；留意灭火器的有效期限。

（2）定期检查燃气、电线管路，煤气罐应予固定。全家人均应清楚总开关位置及关闭方法。

（3）水、电、气等设备使用后应及时关闭。

6. 住家附近哪些场所和单位需要特别留意

（1）熟悉住家环境，清楚哪里是最好的避难场所，预先设计好逃生路线。

（2）家人间互相约定震后如何联系及会合地点。

（3）记住附近医院和公安、消防部门电话号码。

7. 学校如何防震

（1）学校（尤其是中小学）应经常安排在课堂上宣讲防震常识。

（2）应制订地震应急预案，明确防震避险场所，标明疏散路线，并组织指导学生举行防震演习，检查预案的实用性。

（3）固定教室照明灯具、实验室橱柜及图书馆的书架等。

（4）检查并加固危险教室和师生宿舍。

8. 办公室及公共场所如何防震

（1）检查并加固危险房屋，经常检验防火和消防设备。

（2）制订应急预案，并开展演练。

（3）固定悬挂物品，以防地震掉落。

9. 哪些地方可以作为临时避难场所

（1）政府规划建设的应急避险场所。

（2）远离建筑物的平坦地方。

应特别注意避开生产危险品的工厂，存放危险品与易燃、易爆品的仓库等。

10. 如何甄别和对待地震谣言

（1）正确认识国内外当前地震预报的实际水平，人类目前作出的较大时间尺度的中长期预报已有一定的可信度，但短临预报的成功率还相对较低。除非是政府公布的地震预报，否则时间、地点、震级越准确的预报越不可信。

（2）要明确，在我国，发布地震预报的权限在政府，任何其他单位或个人都无权发布地震预报消息。小道消息不能信。

（3）学习地震常识，消除恐震心理。

（4）不要轻信谣言，盲目抢购备用物品。

（5）对待地震谣言，要做到不相信、不传播、及时报告。

三、地震来了怎么办

1. 大震来临时如何避震

大震来临时避震应掌握三个原则：

（1）因地制宜，正确抉择。震时每个人所处的环境、状况千差万别，避震方式也不可能千篇一律，要具体情况具体分析。

（2）行动果断、切忌犹豫。避震能否成功，就在千钧一发之际，决不能瞻前顾后，犹豫不决。如住平房，更要行动果断，或就近躲避，或紧急外出，切勿往返。

（3）伏而待定，不可疾出。发生地震时，不要急着跑出室外，而应抓紧求生时间寻找合适的避震场所，采取蹲下或坐下的方式，静待地震过去，这样即使房屋倒塌，人亦可能安然无恙。但如果建筑物抗震能力差，则尽可能从室内跑出去。

2. 地震时来不及撤离建筑物时怎么办

（1）抓紧时间紧急避险。如果感觉晃动很轻，说明震源比较远，只需躲在坚实的家具底下就可以。大地震从开始到振动过程结束，时间不过十几秒到几十秒，因此抓紧时间进行避震最为关键，不要耽误时间。

（2）选择合适的避震空间。室内较安全的避震空间有：承重墙墙根、墙角，有水管和暖气管道等处。屋内最不利避震的场所是：没有支撑物的床上、吊顶、吊灯下，周围无支撑的地板上，玻璃（包括镜子）和大窗户旁。

（3）做好自我保护。首先要镇静，选择好躲避处后应蹲下或坐下，降低重心；抓住桌腿等身边牢固的物体，以免震时摔倒或因身体失控移位而受伤；保护头颈部，低头，用枕头等物品或双手护住头部；保护眼睛，闭眼，以防异物伤害；保护口、鼻，有可能时，可用湿毛巾或衣物捂住口、鼻，以防吸入灰土、毒气等。

3. 在高楼内如何避震

专家建议，在以楼房为主的城市中，居民采取以下策略较为合适：

（1）震时保持冷静，震后走到户外。这是国际通用的避震守则，国内外许多起地震实例表明，在地震发生的短暂瞬间，人们在进入或离开建筑物时，被砸死、砸伤的概率最大。因此专家告诫，室内避震条件好的，首先要选择室内避震。

（2）避震位置至关重要。可根据建筑物布局和室内状况，审时度势，寻找安全空间躲避。结实的家具下和承重墙根都可作为临时避震场所，最好找承重墙较多、开间小的地方（如厕所）或金属管道密集的地方。

（3）特别要牢记不能滞留在床上；不可跑向阳台；不可跑到楼道等人员拥挤的地方去；更不可跳楼；不可使用电梯，若震时在电梯里应尽快离开，若电梯门打不开时要抱头蹲下；另外，要立即灭火断电，防止烫伤、触电和发生火灾。

4. 地震时来不及撤离楼房能跳楼吗

千万不能盲目行动，跳楼等于自杀。已有震例表明，钢筋混凝土房屋除具有刚性以外还有一定韧性，一般不会一震就彻底摧毁，况且地震又有大小远近之分，不是任何一次地震都会使房屋倒塌。躲过了危险的一分钟以后，就有生存的希望。

5. 地震时撤离建筑物后应注意哪些问题

地震时，已经撤离建筑物的人，不要以为没有危险了。狭窄的街巷，高大的建筑物旁，随时可能掉落建筑材料、玻璃碎片、广告牌、霓虹灯等，都有可能对行人构成威胁。此外，不要靠近河堤、水渠、陡壁、悬崖、桥梁，要远离高压电线、变压器，尽可能到公园、操场、田野等开阔的地方。

6. 地震时车间工人和特殊岗位人员怎么办

地震时，车间工人一般可以躲在机车、机床及比较坚固的设备下，不可惊慌乱跑。特殊岗位人员要尽可能按下列要求开展地震应急：

（1）从事高温、高压工作的人员必须立即停止加温加压，并及时降温降压。

（2）非特殊用电单位要紧急切断电源。

（3）与化学物品有关的岗位，要迅速将不同化学性质的药品隔离；熄灭火源；对易燃的物质要采取固定措施，远离其他可燃物。

（4）正在使用或生产有毒气体的岗位，应迅速关闭生产、储存有毒气体的阀门，防止泄漏，必要时中和有毒气体。

（5）涉及细菌等微生物的岗位，应迅速将培养基和微生物放到安全的地方，采取保护措施，防止扩散。地震时遇到化工厂着火、毒气泄漏，要尽量逆风绕到上风方向，并用湿毛巾捂住口鼻，不要朝顺风方向跑。

7. 行车中碰到地震应该怎么办

乘客要抓牢扶手，保持镇静。车辆应立即减速并停车，因为地震造成的路面晃动、开裂和桥梁损坏等随时都会危及驾乘人员和车辆的安全。

8. 地震来临人群集中的娱乐场所怎么办

破坏性地震一旦发生，人群集中的娱乐场所如影剧院、录像厅、音乐厅等要马上实施原来制订的地震应急方案。观众要迅速躲到排椅下,用随身携带的包、衣服或手保护头部。位于前排的观众可在舞台或乐池下躲避,位于门口的观众可快速跑到室外。震动停止后,娱乐场所工作人员要指挥群众有秩序地撤离建筑物,避免乱挤乱哄、争先恐后、互相踩踏的事故发生,防止盲目跳楼。待群众撤离至空旷地后,马上切断娱乐场所的电源、气阀,防止次生灾害的发生。

9. 在公共场合遭遇地震怎么办

在商场、书店、展览馆、地铁等处遭遇地震怎么办

(1) 选择结实的柜台、商品(如低矮家具等)或柱子边,以及内墙角等处就地蹲下,用手或其他东西护头。

(2) 避开玻璃门窗、玻璃橱窗或活动的柜台。

(3) 避开高大不稳或摆放重物易碎品的货架。

(4) 避开广告牌、吊灯等悬挂物。

10. 在农村如何避震

在农村遇到地震时,应把握就近避震原则和到平坦开阔地避震的原则。

(1) 就近避震是指在室内遭遇地震时,应迅速躲避到结实、能掩护身体的物体下面或者旁边,也可以躲避到易于形成三角空间的地方,如床下、灶台底部等。避震时,要尽量降低身体重心,抓住牢固物体,保护头颈、眼睛,掩住口鼻,千万不要跳楼或者站在窗外。

(2) 到开阔平坦地避震是指在室外遭遇地震时,要尽量避开建筑物、高大树木以及山坡、河沟等地及其附近地区,尽可能在平坦空旷的地方。

11. 学校人员应如何应对地震

地震时最需要的是学校领导和教师的冷静与果断,要安排学生躲避在课桌下、讲台旁,绝不可乱跑或跳楼;震后沉着指挥学生有秩序地撤离。

12. 避震时应采取什么姿势最好

(1) 蹲下或坐下,尽量蜷曲身体,降低身体重心。

(2) 抓住桌腿等牢固的物体,防止地震时的晃动让自己摔伤。

(3) 如果时间允许,用被子等厚软的东西保护头颈,用湿毛巾、湿衣服等保护眼睛,掩住口鼻,防止管道破裂,导致有毒气体中毒。如果时间不允许,直接用手臂抱头。

有条件时,以上三点均要采取。

13. 在城内户外遭遇地震和逃出房屋后如何避险

(1) 用物品或手等保护头部;不要因为财物等随便返回室内。

(2) 不要慌乱，不要拥向出口，要避开人流，避免被挤到墙壁或栅栏处，避免因挤压而发生踩踏伤亡事件。

(3) 避开楼房，特别是有玻璃幕墙的建筑；要远离天桥、立交桥上下；要躲开高烟囱和水塔等建、构筑物。

(4) 要远离变压器、电线杆、路灯、广告牌、吊车等。

14. 在野外遭遇地震如何避险

总体上把握到开阔地避震这一原则。

(1) 避开山脚、陡崖，以防山崩、滚石、泥石流等。

(2) 避开陡峭的山坡、山崖和河坡，以防地裂、滑坡等。

(3) 遇到山崩、滑坡，要向垂直于滚石前进的方向跑，切不可顺着滚石方向往山下跑。

(4) 来不及跑到开阔地时，可就近躲在结实的障碍物下，或蹲在地沟、坎下，别忘了要保护好头部。

15. 避震时遇到特殊危险怎么办

地震时，除了地震导致建筑物倒塌可造成人员伤亡外，还存在许多特殊的危险。

(1) 燃气泄漏：用湿毛巾或湿衣服捂住口、鼻，千万不要开打火机、开电灯、点燃灶具等；地震结束后，如有可能应立即设法转移场所。

(2) 毒气泄漏：遇到化工厂着火，毒气泄漏，要尽量绕到毒气泄漏源的上风方向去，并尽量用湿毛巾或湿衣服捂住口、鼻。千万不要向毒源下游顺风方向跑。

(3) 发生火灾：立刻趴在地上，用湿毛巾或湿衣服捂住口、鼻。地震停止后向安全的地方转移。要注意，要匍匐前行，并逆风行进。

16. 地震时被重物压住受困了怎么办

地震最直接的危害是建筑物倒塌，屋梁、大块木头、墙壁等重物压在受灾人员身上。如果真的遇到了这种情况，该怎么办呢？

(1) 保持镇定，要有坚定的生存信念，灵活运用平时掌握的救生知识。相信党和政府决不会忘记受困民众，一定会帮助脱离险地。

(2) 不要声嘶力竭地呼救，如果周围没有人，乱呼救只会浪费体力。要等看到或听到救援人员到场后，尽量用敲击声求救。被压后，保持体力是最重要的事。

(3) 搬开身边可移动的碎砖瓦等杂物，扩大活动空间，保持呼吸畅通。设法避开身体上方不牢靠的倒塌物、悬挂物等，以免被再次砸到。

（4）设法用砖石、木棍等支撑残垣断壁，以防余震时再被埋压。

（5）不要随便使用明火，如用火柴、打火机等点火照明。通常地震后会有燃气泄漏，此时使用明火，易发生爆炸事故。

（6）闻到煤气及有毒异味或灰尘太大时，设法用湿衣物捂住口鼻，以防中毒。

特别提醒：

不动时千万不要勉强，防止周围杂物进一步倒塌。

牢记，一定要保持体力，等待救援人员的到来。

17. 地震后应采取哪些紧急处理措施

地震过后，如果没有被压倒或者砸伤，活动自如，此时也不能只顾着匆匆往外逃生，下面这八条震后紧急措施不可忘记：

（1）检查周围的人是否受伤或者被压，如有必要，应帮助其解除压迫或实施急救。

（2）检查家中水、电、煤气管线有无损害，将门、窗打开，如有损害，立即向有关权责单位报告，同时撤离现场，转移至空旷、安全的地方。

（3）尽快离开受损建筑物。一定要记住，转移时不可使用电梯，要从安全通道撤离。

（4）带上收音机并打开，以了解紧急情况指示及灾情报导，从而做出正确的灾后生活安排。

（5）撤离前保持冷静，尽可能穿着方便奔跑的皮鞋，以防震碎的玻璃及碎物伤脚；可能的情况下，携带一些衣物、食品和水。

（6）撤离后听从紧急救援人员的指示疏散，并注意余震发生。不要轻易返回受损现场，以防房屋延迟倒塌，造成不必要的伤亡。

（7）地震后常常会有海啸等次生灾害发生，因此要远离海滩、港口以防海啸侵袭。

（8）受灾人群应团结互助，发动自救和互救，最大程度地减少人员伤亡。救灾同时，应严防歹徒趁机抢盗。

四、震后施救和护理

1. 灾后救援总原则

地震发生后，我们要团结一致，在有能力的情况下，尽量帮助被困受伤人员，以减少人员伤亡，度过难关。

救援时要注意以下原则：

(1) 先抢救建筑物边沿瓦砾中的幸存者,及时抢救那些容易获救的幸存者,以扩大互救队伍。

(2) 应当首先抢救医院、学校、宾馆、招待所等人员密集地方的伤员。

(3) 先救近,后救远;先救易,后救难;先救青壮年和医务人员,以增加帮手。

(4) 救援要快,时间就是生命。据统计,受灾人员被困72小时后生存的可能性仅有10%左右。

2. 救援时要讲究方法

(1) 要先了解房屋结构,再行有效且有防护的抢救,以防止抢救时发生意外伤亡。

(2) 注意听被困人员的呼喊、呻吟、敲击声,确定被困人员的具体位置。

(3) 救援时,清除覆盖在伤员身体上的碎砖瓦时不可用利器刨挖,即使没有看到伤员的情况下也不可以。刨挖时要注意保护伤者的眼睛。挖掘被埋压人员应保护支撑物,以防进一步倒塌伤人。

(4) 实施救援时首先应使被困人员头部暴露,先迅速清除其口鼻内尘土,防止窒息,再行抢救。如有窒息,立即进行人工呼吸。

(5) 对于埋压在废墟中时间较长者,应首先输送饮料,以延长其生命,为抢救争取时间。

(6) 对于颈椎和腰椎受伤的人员,施救时切忌生拉硬抬,以免造成进一步受伤,搬运时应用门板或硬担架;对于危重伤员,应尽可能在现场进行急救,然后迅速送往医院或医疗点。

(7) 当发现一时无法救出的存活者,应立下标记,以待救援。

3. 地震发生后如何寻找被压埋的人

如何寻找被压埋的人,方法很多。利用救助犬、生命探测仪等,可以很方便地对被压埋者定位。但这些方法在大灾区无法普及使用,为了赢得抢救时间,也可以用简易的方法寻找被压埋的生存者。

首先,了解基本情况。向知情的生存者询问,了解什么人住在哪些建筑物内,震时是否外出等,从而了解哪些房屋内可能有较多的受困、受伤人员。

其次,要仔细观察。仔细观察废墟中有没有人爬动的痕迹或血迹,注意观察有人的居住空间是否完全密闭,有无幸存者。

再次,要细心倾听存活人员的动静。可以趴在地上,耳朵贴着地面细听;也可以利用夜间安静时听;或者一边敲打(或吹哨)一边听。特别要注意一些轻微的呻吟声或微弱的敲击瓦片的声音。

4. 地震后急救基本原则

强烈地震后,人员伤亡较多,未受伤者必要时会参与到救护工作中。急救需要遵循一定的原则。作为非医务人员,不要轻易做危险的尝试,尽量找医务人员寻求帮助。如果无法找到医生,又急需要救助伤员,请记住下面的原则:

(1) 保持镇静,谨慎行事。

(2) 根据需要采取措施:

将伤者从危险区域中救出

检查伤者的呼吸和心跳

应对休克状况

护理大量出血的伤口

(3) 组织救援(发信号、运送伤员等)。

(4) 精心照看伤者。

5. 何为"昏迷姿势"

"昏迷姿势"能使失去知觉的伤者的颈部伸展,保持其呼吸道畅通;能使聚集在口中的液体流出,以免窒息。

怎样使伤者摆出昏迷姿势呢?

(1) 使伤者侧卧。

(2) 将伤者压在身下的一侧手臂尽量拉直。

(3) 将伤者近地面侧的腿弯曲。

(4) 小心地将伤者远离地面一侧的肩部和腰部拉向自己(用腿托住)。

(5) 将伤者压在身下一侧的胳膊肘小心地向后拉。

(6) 将失去知觉者的头部向后伸展,脸部略微朝向地面。

(7) 将伤者上面的一侧手臂平放在脸颊下面。

6. 如何使生命垂危者保持正确的姿势等待救援

如何使生命垂危者保持正确的姿势等待救治

(1) 救援者用双手从下方抓住仰卧伤者的后颈,同时前臂支撑伤者的头部。

(2) 用力使伤者的上半身直起,成坐姿。

(3) 救援者紧靠着伤者的背部,避免伤者身体滑下。

(4) 握住伤者的一只前臂,放在伤者的腹部。

(5) 救援者用双臂从伤者腋下穿过,双手握住伤者的前臂。

(6) 救援者微微屈膝,将坐着的伤者拉起,以双腿支撑。

(7) 救援者微微屈膝,后退,将伤者拉出危险区域。

(8) 使伤者以"昏迷姿势"侧卧。

7. 如何从汽车内营救伤者

(1) 从后面抱住伤者,高度与伤者的座位相当。

(2) 用一只手抓住伤者远离救援者一侧腰部的衣服,用力把伤者拉向自己。

(3) 救援者直立,将伤者的一只前臂放在伤者腹部。

(4) 救援者将双臂从伤者腋下穿过,双手握住伤者的前臂。

(5) 救援者屈膝,然后站直,将救援者拖出汽车

(6) 将伤者小心地放在地上。

(7) 检查伤者的气管、呼吸和心跳,然后使伤者以"昏迷姿势"侧卧。如果是脊椎受伤的伤员,则不能采取侧卧姿势。

(8) 如果无法从汽车中救出伤员(可能被夹住),就必须在车内检查伤者的呼吸和心血管系统,并采取急救措施。

8. 不同类型的伤员如何搬运

挖掘出被困伤员后,如何搬运有很多需要注意的地方。对于不同类型的伤员,要用不同的搬运方法。

(1) 在无法判断伤者受伤部位和程度时,不能扶着走,不能用软担架,更不能用一人抱胸、一人抬腿的方式。最好是三四个人分别扶托伤员的头、背、臀、腿,将其平放在硬担架或门板上,用布带固定后搬运,防止搬运过程中跌落而造成新的损伤。

(2) 遇到四肢骨折、关节损伤的伤员,应就地取材,用木棍、树枝、硬纸板等对骨折部位实施夹板固定。固定时应显露伤肢末端(手或脚),以便观察血液循环情况,防止包扎过紧导致肢体缺血坏死。

(3) 搬运呼吸困难的伤员时,应让伤员处于俯卧位(趴着),并将其头部转向一侧,以免引起窒息。

9. 如何处理大量出血的伤口

面对大量出血的伤口,千万不要慌张,冷静下来,按照下面的步骤一步一步处理,通常都会有很好的止血效果。

(1) 抬高流血的部位。

(2) 挤压相关的大动脉。

（3）合拢伤口边缘。
（4）直接用绷带加压包扎。

动脉压迫点：

注意：

血液随着心脏的跳动节奏流出。

包扎：

（1）伤口边缘尽量合拢。
（2）使用尽可能清洁的敷料覆盖伤口。情况紧急时，可以使用干净的手帕或其他纺织品，甚至可以使用卫生纸。
（3）用绷带固定敷料。
（4）在伤口处绷带外面加一个（用纱布或毛巾折成的）垫子，局部压迫止血，并包扎牢固。
（5）如果一个垫子被血浸透，再加一个。

动脉压迫止血法：

（1）在加压包扎无法止血的大出血情况下使用。
（2）压迫位置在上臂或大腿处，不能直接在关节处缚扎。
（3）使用具有一定宽度的包扎材料。
（4）包扎材料（带子、皮带、绳子、绷带）中绑上一块固定用的木板，直到血止住为止。
（5）将受伤部位抬高。

注意：

每15分钟将固定的木板松开一次，否则会发生肢体坏死，导致截肢。

10. 如何处理开放性伤口

（1）每次处理伤口前都要洗手。
（2）观察伤口。
（3）被严重污染的伤口要用煮过的盐水（1升水中放1茶勺盐）冲洗，用器械的尖端剔除脏东西。
（4）将伤口周围的皮肤消毒，以保持伤口的清洁。
（5）如果受伤时间不超过6 h：清洁伤口边缘，清除破碎的组织。将伤口边缘合拢并固定（缝合、夹住或用胶布粘贴）。
（6）时间较长的伤口用抗菌敷料包扎。
（7）固定身体受伤的部分。
（8）定期重新包扎伤口（间隔1~2天）并检查伤口情况。

（9）如果从伤口向心脏方向延伸出红色痕迹或是发热，立即服用抗生素。

11. 如何处理烧伤

烧伤分为 3 级：

一级：皮肤发红，疼痛。

二级：皮肤起水疱，水疱破裂后有分泌物流出，疼痛。

三级：皮肤以及深层组织被损坏。

如体表 15% 以上的皮肤被烧伤就有休克的危险（人双手的面积大约占体表面积的 1%）

治疗：

（1）小心除去衣物。

（2）粘在身体上的衣物不要移动。

（3）被烧伤的部分在冷水（尽量是流水）中浸没 10～15 min。但要注意，较大的伤口浸水时间不要太长，或者用温水降温，否则会造成体温过低。

（4）对于开放型的烧伤不要触碰，也不要在靠近伤口处说话（说话时溅出的飞沫有可能使伤口感染）。

（5）不要在烧伤伤口上涂抹药膏、药油、药粉或其他物质。

（6）保持伤口清洁。用干净的手帕，最好使用碘酒纱布覆盖在伤口上。如有必要，事先用聚维酮碘溶液冲洗。

（7）不要弄破水疱。

（8）小心地安放、运送伤者。

（9）服用止痛药或镇定剂。

（10）让伤者饮水（每 15 分钟 1 杯）。最好在 1 升水中加入 1 茶勺盐、1 茶勺糖、1 茶勺碳酸氢钠。

（11）如果发现伤口处发出臭味、有脓液流出或伤者发热，那么伤口已经被感染。每天用温热的盐水（1 升水中加入 1 茶勺盐）纱布敷 3 次（盐水和纱布事先煮开）。清除坏死的组织，服用抗生素。

（12）大面积烧伤时，一般服用抗生素以防感染。

12. 如何处理皮肤擦伤

（1）预防：可能受伤的部位涂抹润滑脂，然后包扎起来。

（2）伤口尽量不要包扎，如果包扎，就要加上软垫。

（3）使用外伤药膏，用干净的敷料覆盖。

（4）如果伤口已经感染，使用含有抗生素的药膏（如新霉素等）。

13. 地震后砸伤的紧急处理

地震后若被砸伤，而没有被压埋，不要过于紧张，要冷静处理。

首先，要试着移动一下四肢，判断一下是否有骨折、头颈、脊椎损伤。

如果肢体活动自如，没有活动受限或者根本无法活动的情况，那么多数情况下，仅仅是被砸伤部位有出血伤口。一般伤口的处理原则不是太复杂，一定不要惊慌失措。平静下来，回忆学过的处理伤口的知识，迅速处理伤口，同时撤离现场。

伤口的紧急处理主要有两条：清洁和止血。

清洁：

地震发生之时，尘土飞扬，伤口难免会沾上一些脏东西，有时候甚至会有小石子或碎玻璃嵌在伤口里，这些脏东西容易使伤口感染。

在地震后，通常不可能找到生理盐水，这时我们可以使用干净流动的自来水冲洗伤口。理想的状况下，我们需要生理盐水来冲洗伤口上的灰尘。对于嵌在伤口里的碎玻璃和小石子，别急着想办法把它们弄出来，否则会有划破血管导致大出血的可能。应该在清洁伤口之后，用干净的布或纸巾覆盖伤口，待专业的医护人员来处理。

特别提醒：

如果伤口出血很严重，止血就成为第一步要做的事情，待出血止住或医务人员到场后再处理伤口污染问题。

止血：

最常用的简便有效的止血方法就是"直接加压法"。具体的方法是，用干净的布块或纸巾，直接在出血伤口上方施压；如果出血仍然不止，那么可以将伤口部位抬高超过心脏的位置，并继续加压到不再流血为止。

特别提醒：

不可用布条或绷带长时间环扎出血肢体，否则容易导致肢体缺血坏死。如果迫不得已必须采用环扎法，要注意肢体末端的感觉和皮肤颜色，如果感觉麻木或者皮肤颜色发紫或发黑，一定要解压。

14. 地震后扭伤的紧急处理

地震后逃生过程中由于慌乱或者大量物体倒塌在地，容易绊倒而发生扭伤。

扭伤的部位往往是关节附近，以脚踝最为常见。

扭伤后的紧急处理第一步是固定，固定的目的是为了让伤处休息、提供支撑的力量、减轻疼痛等。

最好使用弹性绷带，自肢体远端（即远离躯干的方向）开始，对伤处进行缠绕。如果无法找到绷带，也可以使用厚衣物或枕头，将伤处包起来。

为了减轻疼痛，防止伤处继续肿胀，在受伤一天之内可以冷敷。第二天，再以热敷的方式来促进消肿。但如果开始热敷后，发现伤处又再度肿起来，就要继续冷敷。

15. 地震后断肢的紧急处理

地震中很多伤员发生肢体断裂。通常在这种情况下，伤员多已陷入昏迷，只能由旁人施救。

如果看到伤者断肢的情形，千万要保持冷静。只有冷静下来，才能更好地救助伤员。

第一步：记住，止血永远是第一步。可以用松紧带或橡皮筋绑在伤口的上方，一定要紧，要看到出血减慢。断肢后都有较大血管的破裂，其出血一般都比较凶猛，如不及时有效止血，伤员会很快发生出血性休克，以致无法等到救援者到来。

第二步：尽快求救。先打电话到医院，一定要告诉对方伤员有断肢的情况，以方便医院先安排。然后，再向周围人求救，一起救助伤员。

第三步：保护断肢。准备两个清洁的塑料袋或两个装得下断肢的清洁容器，内层放断肢，外层放冰块。低温可以保护断肢，防止断肢腐败。但一定要注意，不能将断肢直接放在冰水或冰块之中！对于细小的手指等断肢，一定要保存好，以防慌乱中丢失。多半的断肢，在处理得当的情况下，都是可以通过外科手术接回去，且恢复它大部分的功能。

第四步：密切观察出血部位。如果出血不仅没有停止，还有增多的情形，要及时调整止血方法。但松解松紧带或橡皮筋时，要同时压迫出血部位，防止突然解压后大出血致使止血更加困难。

第五步：密切观察伤员情况。如果伤员仍有意识，可以给其喝一些淡盐水。如果附近有小的诊室，就为伤员先行输液。

16. 地震后骨折的紧急处理

前面已经讲过，骨折是地震后各种人体伤害中发生几率最高的。所以，我们应该掌握一些骨折后急救的基本知识。

通常，要通过 X 线片才能确定是不是骨折。但在地震后，大量人员伤亡，根本无法得到正常医疗，所以我们要学会从症状上来判断是不是有骨折。

骨折后的种种表现：

（1）受伤的部位变形，它的长度和形状会与另一侧肢体不一致。

（2）受伤的人听到"啪"的裂声，或是感觉到骨头断裂。

（3）伤口的颜色变紫、变肿。

（4）受伤的地方移动不自然，或是移动有困难。移动的时候会非常疼痛，或是移动时与正常的一侧肢体不同。

（5）肢体移动时没有困难，可是有"嘎吱嘎吱"的摩擦声。

（6）直接从伤口就可以看得见断裂的骨头（即为开放性骨折）。

我们要清楚地认识到，只要受伤就有可能存在骨折，除非现场有紧急的危险，如房屋倒塌、燃气爆炸等情况，否则在确定排除骨折或者固定伤口之前，都不应该去移动伤员。

确定为骨折后，要保持冷静，正确处理。

（1）固定伤口。最好用夹板固定受伤部位的上下两处，越过伤口，让骨折的部位不能再移动。这样，既能止痛，又能防止因为骨折断端的移位而损伤神经、血管。在震区，往往无法找到像医院一样的夹板，这时可以就地取材，用一些厚报纸、两把伞的骨架、扫把柄、硬纸板、树枝等坚硬具有固定伤口作用的物品，再用布条将伤口固定住，这样也可以达到给骨折部位上夹板的效果。如果实在无物可用，可将受伤的上肢固定于胸壁，受伤的下肢固定于健侧，这样也能起到固定作用。

（2）如果有出血的情形，就轻轻地加压止血。止血过程中尽量不要使骨折骨发生移位。出血量大者，可以采用加压包扎或者止血带止血的方法。但要注意，大量出血与骨折断端移位比较，前者更具有致命性。

（3）等待救援的过程中，千万不要清洗伤口，也不要往伤口上涂药，伤口表面有明显异物可以取掉，用干净的布块或纸巾轻轻盖在伤口上即可。对于开放性骨折暴露于体表外的骨头断端，千万不要将其推回去，以免将污染物带入深层，只要盖好就可以了。

（4）在没有固定之前，不要移动伤员。如果是自己骨折，一定要告诉身旁想帮助你的人，不要随便移动你，以免使骨折的情况更加恶化。

力所能及的自我救治完成后，应设法尽快与医疗机构取得联系，以求获得进一步妥善的治疗。

17. 地震后触电的紧急处理

（1）迅速设法关闭开关，切断电源。找不到开关时，应就近找一些绝缘物品，如干燥的竹竿、木棍、扁担、擀面杖、塑料棒等，用力将电线从触电者身上挑开。还可用绝缘的老虎钳将电线剪断。

（2）在触电者脱离电源后，立即将其抬到通风较好的地方，解开衣扣、裤带，保持呼吸通畅。

（3）如果患者呼吸心跳已停止，必须争分夺秒地进行人工呼吸和胸外心脏按压（心肺复苏）。胸外心脏按压前可用拳头稍用力捶心前区 2～4 次，有时心跳可因此恢复。抢救往往要坚持数十分钟，在抢救同时，应及时向当地医疗急救部门或附近医院求救。

（4）如有可能，可给触电者吸入氧气。

（5）妥善处理局部伤口，最好用凡士林纱布或盐水纱布包扎，也可用清洁布块包扎，并及时就医。

18. 地震后眼内异物的紧急处理

地震时房屋倒塌，会扬起很大的尘土，加之如果天气恶劣，常常会有沙粒、灰尘、煤屑等迷入眼内。

正确的处理：让受伤者侧着头，由他人轻轻掀起眼睑，用液体冲洗。用生理盐水或自制的浓度为 0.9% 的淡盐水冲洗最佳；有滋润作用的眼药水也可以；什么都没有就用凉开水。这样反复冲洗，异物便可被冲出。

错误的做法：

（1）用手使劲揉搓或用棉签蘸取（这样很容易划伤眼球表面）。

（2）用不洁净的水或者有酸度或碱度的液体冲洗（这样会造成感染或眼内灼伤）。

19. 地震后脑震荡和颅骨骨折的紧急处理

地震后脑震荡和颅骨骨折的紧急处理

脑震荡会有以下表现：

（1）事故后症状立即出现。

（2）外伤，例如流鼻血。

（3）出现失忆、神志不清或昏迷（不超过 15 min）。

（4）呕吐。

（5）眩晕。

（6）头痛。

治疗：

（1）如果伤者失去知觉，让其以"昏迷姿势"躺向未受伤的一侧；其他情况下，上身抬高仰卧。保持安静！

（2）用干净的织物覆盖伤口。

(3) 不断地检查呼吸和脉搏。

(4) 可以使用镇静剂（如地西泮，即安定）、止痛药或止吐药。

如果情况恶化（常常在短暂的好转之后），或是出现下列症状，就可能是颅骨骨折、颅底骨折或是脑出血，有生命危险！

恶化表现：

(1) 持续呕吐。

(2) 15 min 以上的昏迷或反复出现的昏迷。

(3) 神志不清变得严重。

(4) 瞳孔缩小、放大或双侧瞳孔大小不等。

(5) 流鼻血或是清水样的液体，口、耳出血。

(6) 出现瘫痪或痉挛。

(7) 脉搏放慢，或急剧加快，或出现不规则的脉搏。

出现上述情况，初步护理可参照脑震荡的处理，但是，必须及时进行医疗抢救。如有可能，用救护车运送伤者。

20. 如何进行徒手心肺复苏

如果遇到身边的人由于重物砸伤或者原有心脏病等发作，出现呼吸、心跳停止，陷入了昏迷状态，一定要保持冷静。

首先，如果通讯信号没有中断，立即拨打120求救，说清楚所在地址，简要叙述伤员情况。

其次，大声呼救，以争取到别人的帮忙。如果没有医生在场，可以先行急救，

冷静地按照以下步骤进行。

步骤一：将伤员摆成仰卧位，背靠坚硬地板或垫上硬木板。

步骤二：清理呼吸道。将伤员口中的痰、异物等清除出来。

步骤三：口对口人工呼吸。一只手压迫伤者额头，另一只手向后上方提起伤者下颌使伤者头后仰，然后用放于前额的手夹闭伤者鼻子，施救者深吸一口气后用双唇包绕伤者嘴外缘，在密闭状态下用力吹入，频率为每 0.2 次/s。

步骤四：胸外按压。选取胸骨上 2/3 与下 1/3 交点处为按压点，一只手掌根部置于按压点，另一手掌根部压在前者上方，双手手指交错或平行重叠，手指翘起，两臂伸直（如下页图），迅速垂直下压 4～5 cm 后立即放松，按压和松开时间为 1∶1，按压频率 80～100 次/min。

21. 如何减轻地震次生灾害造成的损害

强烈的破坏性地震瞬间将房屋、桥梁、水坝等建筑物摧毁，直接给人类造成巨大的灾难，还会诱发水灾、火灾、海啸、有毒物质及放射性物质泄漏等次生灾害。有时，次生灾害所造成的伤亡和损失，比直接灾害还大。1923年日本关东大地震，直接因地震倒塌的房屋1万幢，而地震时失火却烧毁了70万幢房屋。

五、地震中自救的10项要点

（1）当建筑物倒下时，每个只「蹲下和掩护」的人都几乎全被压死了。而那些躲到物体，如桌子，或汽车下躲避的人也总是受到了重伤或死亡。

（2）猫，狗和小孩子在遇到危险的时候，会自然地蜷缩起身体。地震时，你也应这么做。这是一种安全的本能。而你在一个很小的空间里便可做到。靠近一个物体，一个沙发，或一个大物体，结果它仅受到轻微的挤压。

（3）在地震中，木质建筑物最牢固。木头具有弹性，并且与地震的力量一起移动。如果木质建筑物倒塌了，会留出很大的生存空间，而且，木质材料密度最小，重量最小。砖块材料则会破碎成一块块更小的砖。砖块会造成人员受伤，但是，被砖块压伤的人远比被水泥压伤的人数要少得多。

（4）如晚上发生地震，而你正在床上，你只要简单地滚下床。床的周围便是一个安全的空间。

（5）如地震发生，你正在看电视，不能迅速地从门或窗口逃离，那就在靠近沙发，或椅子的旁边躺下，然后蜷缩起来。

（6）大楼倒塌时，被发现很多人在门口死亡。这是怎么回事？如你站在门框下，当门框向前或向后倒下时，你会被头顶上的屋顶砸伤。如门框向侧面倒下，你会被压在当中，所以，不管怎么样，你都会受到致命伤害！

（7）千万不要走楼梯，因楼梯与建筑物摇晃频率不同，楼梯和大楼的结构物会不断发生个别碰撞。人在楼梯上时，会被楼梯的台阶割断，会造成很恐怖的毁伤！就算楼梯没有倒塌，也要远离楼梯，哪怕不是因为地震而断裂，还会因为承受过多的人群而坍塌。

（8）尽量靠近建筑物的外墙或离开建筑物。靠近墙的外侧远比内侧要好。你越靠近建筑物的中心，你的逃生路径被阻挡的可能性就越大。

（9）地震时，在车内的人会被路边坠落的物体砸伤，这正是路上所发生的事情。地震无辜受害者都是呆在车内。其实，他们可简单地离开车辆，靠近车辆坐下，或躺在车边就可以了。所有被压垮的车辆旁边都有一个约90

cm 高的空间，除非车辆是被物体垂直落下。

（10）在报社或办公室里堆有很多报纸的地方，通常会好些，因为报纸不受挤压。在纸堆旁可找到一个比较大的空间。

思 考 题 六

1. 核武器及其杀伤破坏途径有那些？
2. 化学、生物武器及其杀伤破坏途径，如何做好个人防护？
3. 简述过滤式防毒面具使用方法。
4. 简述皮肤防护器材的使用要领。
5. 如何利用各种地形、战斗工事和建筑物对常规武器毁伤效应进行防护，有效保存自己？

第七章　综合训练

第一节　《中国人民解放军内务条令》(试行)日常战备

一、日常战备的基本要求

第二百一十三条　部(分)队必须高度重视战备工作,严格执行战备法规制度,紧密结合形势任务,经常进行战备教育,增强战备观念,建立正规的战备秩序,保持良好的战备状态。

第二百一十四条　部(分)队应当制定完善战备方案,经常组织部属熟悉方案内容,进行必要的演练。

编制、人员、装备、战场和形势任务等情况发生变化时,应当及时修订战备方案。

第二百一十五条　部(分)队各类战备物资,应当区分携行、运行、后留,分别放置,并做到定人、定物、定车、定位。战备物资应当结合日常训练、正常供应周转和重大战备行动,进行更新轮换,使其处于良好状态。战备物资不得随意动用;经批准动用的,应当及时补充。后留和上交的物资,应当建立登记和移交手续。个人运行和后留物品应当统一保管,并按照有关规定注记清楚。

第二百一十六条　部(分)队应当按照规定保持装备完好率、在航率和人员在位率,保持指挥信息系统常态化运行,保证随时遂行各种任务。

二、紧急集合

第二百一十七条　部(分)队应当根据上级的紧急战备号令,或者在下列情况下实行紧急集合:

(一)发现或者遭到敌人的突然袭击;

（二）受到火灾、水灾、地震、台风等自然灾害威胁或者袭击；

（三）上级赋予紧急任务或者发生重大意外情况。

第二百一十八条 部（分）队首长应当预先制定紧急集合方案。紧急集合方案通常规定下列事项：

（一）紧急集合场的位置，进出道路及其区分；

（二）警报信号和通知的方法；

（三）各分队（全体人员）到达集合场的时限；

（四）着装要求和携带的装备、物资、粮秣数量；

（五）调整勤务的组织和通信联络方法；

（六）值班分队的行动方案；

（七）警戒的组织，伪装、防空和防核、防化学、防生物以及防燃烧武器袭击的措施；

（八）留守人员的组织、不能随队伤病员的安置和物资的处理工作。

第二百一十九条 部（分）队接到紧急集合命令（信号），应当迅速而有秩序地按照紧急集合的有关规定，准时到达指定位置，完成战斗或者机动的准备。

部（分）队首长根据情况及时增派或者撤收警戒；督促全体人员迅速集合；检查人数和装备；采取保障安全的措施；指挥部（分）队迅速执行任务。

第二百二十条 为锻炼提高部（分）队紧急行动能力，检查战斗准备状况，通常连级单位每月、营级单位每季度、旅（团）级单位每半年进行1次紧急集合。紧急集合的具体时间由部（分）队首长根据任务和所处环境等情况确定。

第二百二十一条 舰（船）艇部队、航空兵部队和导弹部队的部署操演、实兵拉动、战斗值班（战备）等级转进、战斗演练，按照战区、军兵种有关规定执行。

三、节日战备

第二百二十二条 各级应当按照战备工作有关规定，周密组织节日战备。

第二百二十三条 节日战备前，各级应当组织战备教育和战备检查，制定战备方案，修订完善应急行动方案，落实各项战备保障措施。

第二百二十四条 节日战备期间，各级应当加强战备值班。担负战备值

第七章 综合训练

班任务的部（分）队，做好随时出动执行任务的准备。

第二百二十五条 节日战备结束后，各级应当逐级上报节日战备情况，组织部（分）队恢复经常性戒备状态。

第二节 民兵战备工作规定

一、总则

第一条 为了规范民兵战备工作，完善民兵战备制度，保证民兵战备任务的完成，根据《民兵工作条例》和军队战备工作的有关规定，制定本规定。

第二条 民兵执行战备任务和军事机关、地方人民政府、企业事业单位组织民兵战备工作，适用本规定。

第三条 民兵战备工作必须坚持党管武装的原则，贯彻新时期军事战备方针，突出重点，落实制度，常备不懈，提高民兵执行战备任务的能力。

第四条 全国的民兵战备工作在国务院、中央军委领导下，由中国人民解放军总参谋部（以下简称总参谋部）主管。

军区、省军区（含卫戍区、警备区，下同）、军分区（含警备区，下同）、人民武装部和乡（含民族乡、镇，下同）及街道人民武装部、企业事业单位人民武装部负责本区域或本单位的民兵战备工作。

第五条 地方各级人民政府必须加强对民兵战备工作的领导，组织、协调、监督有关单位做好民兵战备工作。地方各级人民政府有关部门应当协助本地区军事机关开展民兵战备工作，解决有关问题。企业事业单位应当按照当地人民政府和本地区军事机关的要求，完成本单位的民兵战备任务。

二、战备任务

第六条 民兵担负下列战备任务：

（一）参加军警民联防和哨所执勤，配合人民解放军、人民武装警察、人民警察保卫边防、海防和战备重点地区的安全；

（二）搜集情报；

（三）守护重要目标；

（四）协助部队维护管理国防工程；

（五）协助人民警察、人民武装警察维护社会治安秩序；

(六)参加抢险救灾;

(七)上级军事机关赋予的其他战备任务。

战时,民兵担负配合部队作战、独立作战、战场勤务、支援前线和保卫后方等任务。

第七条 参加军警民联防的民兵,应当明确联防区域和任务,遵守有关规定,掌握通信联络、协同行动、处置情况的方法,配合人民解放军、人民武装警察部队执行对边境、领海、领空的侦察(观察)、警戒和守卫,严防敌人武装袭扰,保卫边防安全;协助人民警察、人民武装警察实施对海上船只、港口码头、车站、交通要道的监视和控制,打击违法犯罪活动。

第八条 担负哨所执勤任务的民兵,应当明确执勤区域和任务,熟悉哨所附近的地形和社会情况,掌握执行任务的各种技能,保持通信联络畅通,严格按照上级规定执行观察、巡逻、警戒勤务,加强自身防卫。当发现敌情和异常情况时,必须立即报告,果断处置。

第九条 担负搜集情报任务的民兵,应当严格遵守情报工作纪律,掌握侦察和情报搜集、分析、报知技能,按照上级指示开展工作,及时提供准确的情报。当搜集到危害国家安全和社会稳定的重要情报时,必须迅速向上级报告。

第十条 守护重要目标的民兵,应当明了守护目标的性质、特点及守护任务和职责,熟悉周围地形,掌握守护方法,牢记联络信号和口令,落实有关制度和规定,保持与目标归属单位的联系,不得擅离岗位。当守护目标的安全受到威胁时,必须按照有关规定处置并迅速向上级报告。

第十一条 协助部队维护管理国防工程的民兵,应当严格执行国家和地方人民政府、军事机关的有关规定,认真履行职责,定期检查和维护国防工程,适时向上级报告有关情况,保守军事设施秘密,制止破坏、危害国防工程的行为。

第十二条 担负协助人民警察、人民武装警察维护社会治安任务的民兵,应当明确任务和分工,严格遵守有关法律、法规,熟悉政策和规定,掌握各种情况的处置手段和协同行动的方法,在上级指定的区域内执行勤务,保持本地区、本单位的正常秩序。

民兵执行平息动乱、暴乱或者严重骚乱任务时,必须执行上级军事机关的命令和指示,与人民警察、人民武装警察、执行任务的人民解放军密切配合,依法行动,坚决、迅速、稳妥地制止和平息危及国家统一或者社会公共安全的违法犯罪活动。

第七章　综合训练

第十三条　担负抢救灾任务的民兵，应当了解险情、灾情的性质、范围和程度，明确具体任务及实施方法，服从统一指挥，保护国家财产和群众的生命安全。

三、日常战备制度

第十四条　在执行战备任务时间，民兵的管理应当参照人民解放军有关条令、条例的规定，建立正规的内务制度，严格执行请假销假规定，保持人员稳定，增强民兵的组织纪律观念和服从命令意识，注重培养优良作风，保持良好的战备执勤秩序。

担负守护重要目标任务的民兵组织和民兵哨所，人员在位率平时应当达到80％以上；担负其他战备任务的民兵组织，应当建立并落实人员外出报告登记制度，明确紧急召回的方法和时限并制定人员临时补充的措施。

第十五条　民兵的战备教育，应当结合国内外形势和战备任务，以民兵职能和任务、战备形势、战备制度、爱国主义和优良传统、有关法律法规和政策、纪律为主要内容进行，以增强民兵的国防观念和战备意识。

民兵战备教育应当列入年度民兵政治教育计划。

第十六条　民兵军事训练，应当按照总参谋部颁发的《民兵军事训练大纲》的规定和上级指示，结合战备任务进行，要实施规范化训练，落实训练人员、时间、内容和质量。

县人民武装部应当按照战备方案，组织常年担负战备任务的民兵进行战备演练，通常每年不少于1次。

第十七条　民兵武器装备的管理，按照《民兵武器装备管理条例》的规定执行。

第十八条　省军区、军分区、县人民武装部和乡、街道、企业事业单位人民武装部及担负战备任务的民兵组织，应当根据上级指示和本单位的任务，制定相应的战备方案并报上级审批。当情况或任务发生变化时，必须及时修订战备方案。战备方案的保管和使用，应当严格执行保密规定，严禁无关人员接触战备方案。

第十九条　民兵开展敌情、社情研究，应当根据上级指示、安排和有关情报通报，结合战备任务进行。研究的主要内容是：预定作战对象的编制装备、主要武器性能、作战思想和特点；当地社会治安和社会动态情况，特别是敌对势力的主要活动及其特点。遇有重要情况，必须及时进行研究。

第二十条　民兵战备物资应当按照战备要求管理，实行集中保管，分类存放，定期清点，适时更换、补充。动用战备物资，必须按照规定经过批准。民兵战备物资的携行、运行标准，由省军区确定；战备物资的供应、筹措办法，由省军区会同省（含自治区、直辖市，下同）人民政府制定。

第二十一条　民兵战备设施应当实行责任制管理。对民兵执勤使用的营房、工事和观察、警戒、通信、供电、照明、供水等设施，必须明确管理人员，定期检查和维护，确保战备设施完好。

第二十二条　担负战备值班（包括日常值班、节日值班和等级战备值班）的民兵，由县人民武装部根据上级指示的战备任务的需要指派，并明确值班民兵的具体任务、时限和位置。

担负战备值班的民兵组织，必须按照上级的规定落实兵力，明确任务，熟悉方案，坚守岗位，保持通信联络畅通并使武器装备处于良好状态，做好随时执行任务的准备。

第二十三条　民兵组织在执行战备任务时，必须遵守下列请示、报告规定：

（一）凡涉及任务变动、部署调整、兵力使用、武器装备动用及上级未作出明确规定的重要事项，必须逐级请示，经批准后方可执行；

（二）担负战备执勤时，应当按照上级规定的时限报告执勤情况，遇有重要情况必须立即报告；

（三）担负战备值班时，应当逐日报告值班情况，遇有重要情况必须立即报告；

（四）完成战备执勤、战备值班任务后，应当及时进行总结并上报执勤、值班总结报告；战备执勤情况综合统计，按照上级制发的《民兵战备执勤情况统计表》的要求填报；

（五）常年担负战备任务时，应当在年度民兵组织整顿后报告实力，主要包括组织实力、装备实力和人员在位率。

第二十四条　省军区、军分区、县人民武装部应当定期进行民兵战备工作检查，检查内容和应达到的标准是：

（一）组织健全，官兵相识，在位率达到规定标准，人员流动情况清楚；

（二）战备教育落实，战备观念强；

（三）军事训练任务落实，军事素质良好；

（四）敌情、社情研究针对性强，掌握情况及时、准确；

（五）战备方案齐全，人员紧急收拢迅速，武器装备和战备物资、设施管理有序；

第七章 综合训练

（六）战备执勤、值班严格正规，请示报告及时，处置情况正确。对检查中发现的问题，必须采取措施予以纠正。

四、战备等级

第二十五条 民兵战备等级分为三级战备、二级战备、一级战备。民兵组织进入或者解除等级战备，必须根据军事机关的命令进行。民兵组织接到进入等级战备命令后，必须立即按照相应等级战备的要求，转入战备状态。

第二十六条 三级战备按照下列要求组织实施：

（一）军政主官进入值班岗位，及时沟通对上对下联系，修订并熟悉有关的战备方案；

（二）掌握人员在位情况，控制外出，做好收拢准备；

（三）进行战备教育，了解战备形势、任务；

（四）明确人员紧急收拢的地点、时限、通知方法及信号；

（五）组织敌情研究，了解、掌握社会动态；

（六）边防、海防和战备重点地区的民兵，加强观察和巡逻、警戒，及时报告情况；担负战备值班任务的民兵，在上级指定的位置待命，做好随时执行任务的准备；

（七）检查战备工作落实情况，按时上报有关情况。

第二十七条 二级战备按照下列要求组织实施：

（一）在位干部加强值班，及时研究、安排战备工作，保持通信联络畅通，随时接受上级的命令、指示；

（二）停止人员外出，召回在外的干部和骨干，人员在位率保持在70％以上；

（三）进行战备动员，明确战备任务和要求；

（四）组织必要的收拢集结和紧急集合演练，完善紧急行动的措施；

（五）加强敌情研究，密切注视社会动态，掌握敌对势力活动特点，及时上报有关情况；

（六）按照上级指示了解战备物资供应渠道和方法，做好接收武器装备和各种战备物资的准备；

（七）边防、海防和战备重点地区的民兵，加强对重要地点和重要地段的控制、守卫；担负战备值班任务的民兵，集中待命，准备随时执行任务；

（八）逐日上报战备工作情况。

第二十八条 一级战备按照下列要求组织实施：

（一）配齐各级干部，建立组织指挥机构，明确职责分工，保持通信联络全时畅通和指挥不间断；

（二）召回在外人员，根据上级指示进行收拢集结，人员在位率保持在90％以上；

（三）进行临战动员，明确临战任务和有关规定；

（四）值班人员和分队昼夜值班，及时掌握和处置各种情况；

（五）请领、接收和分发武器装备、弹药及各种战备物资；

（六）根据担负的任务，进行临战训练和相关的演练；

（七）按照上级规定的标准齐装满员，完成各项临战准备工作，在指定的位置集中待命，保持临战状态。

第二十九条　战备等级的转换，必须根据命令实施。通常情况下，依次转入三级战备、二级战备、一级战备；紧急情况下，也可以越级转入所需要的战备等级。

民兵组织实施战备等级转换，必须在规定的时限内完成。战备等级转换时限的规定，由省级军区拟制方案，报军区审批，并报总参谋部备案；紧急情况下，由下达命令的军事机关规定。

五、领导与指挥关系

第三十条　民兵战备执勤，由省军区、军分区、县人民武装部根据本级任务，制定计划，组织实施。

第三十一条　民兵参加军警民联防，在地方党委、人民政府和上级军事机关的领导下，由联防指挥机构实施统一指挥；特殊情况下，由上级军事机关指定的单位负责指挥。

第三十二条　民兵担负守护重要目标勤务，由县人民武装部和目标归属单位共同领导，以县人民武装部的领导为主。县人民武装部负责执勤民兵的组织调整、教育训练、人员管理以及与附近民兵的联防工作。目标归属单位负责执勤民兵的守护勤务训练，解决执勤的后勤保障问题，协助县人民武装部做好执勤民兵的管理教育工作。

第三十三条　民兵协助人民警察、人民武装警察维护社会治安秩序，在地方党委、人民政府和上级军事机关的领导下进行。省军区、军分区、县人民武装部负责对民兵的组织和调动；公安机关负责现场指挥。

第三十四条　战时，民兵配属部队执行作战任务、战场勤务，由部队指挥和管理；民兵执行独立作战、支援前线、保卫后方的任务，由省军区、军分区、县人民武装部负责组织指挥。

六、批准权限

第三十五条　边防、海防地区民兵固定哨所的设立或者撤销，由军分区根据战备需要提出方案，报省军区批准。

第三十六条　使用民兵担负桥梁、隧道、仓库等重要目标守护任务，由目标归属单位根据国家有关规定提出申请，报省军区批准。

第三十七条　使用民兵维护管理国防工程，由管理该工程的军队团以上单位根据有关规定提出申请，报省军区批准。

第三十八条　使用民兵担负维护社会治安的一般勤务，由公安机关会同同级军事机关报同级地方党委、人民政府批准，军事机关根据地方党委、人民政府的决定组织实施，同时报上一级军事机关备案。在厂矿范围内，使用民兵担负维护治安、保护生产方面的勤务，由厂矿批准，同时报县人民武装部备案。

民兵执行上述任务，不得携带枪支等武器。遇有追捕持枪凶犯等紧急情况，必须携带枪支等武器的，由县人民武装部报县委、县人民政府批准，同时报告军分区。

第三十九条　动用民兵执行平息动乱、暴乱或者严重骚乱的任务，不携带枪支等武器的，由地方县以上党委、人民政府决定，同级军事机关根据地方党委、人民政府的决定，报上一级军事机关批准；携带枪支等武器的，由省委、省人民政府和省军区共同批准，并报军区和总参谋部备案。遇有特殊情况，必须使用武力处置的，严格按照有关法律、法规的规定执行。

第四十条　使用民兵执行抢险救灾任务，由县委、县人民政府批准，县人民武装部报军分区备案。

第四十一条　边防、海防地区，遇有敌人袭扰、空降和敌特潜入紧急情况，县人民武装部应当立即调动民兵，予以打击和搜捕，同时迅速向上级报告。

七、保障与优抚

第四十二条　在民兵哨所执勤的民兵，来自农村的，按照当地同等劳力的收入水平享受误工补贴；来自企业事业单位的，原享受的工资、奖金、福利待遇不变。对长期脱产执勤的民兵，在其退出执勤任务后，有工作单位的，由原单位安置；无工作单位的，由县、乡人民政府视情况予以安置。具体办法由省人民政府与省军区共同制定。

第四十三条 民兵守护重要目标所需营房、营具、厨具和通信、照明、饮水、警戒等设施，执勤民兵的生活补贴、执勤用品、必要的文化用品以及医疗、伤亡抚恤等经费，由目标归属单位解决。

第四十四条 协助部队维护管理国防工程的民兵，来自农村的，按照当地同等劳力的收入水平享受误工补贴；来自企业事业单位的，原享受的工资、奖金、福利待遇不变。维修经费和看护费从国防工程维护管理费中解决。

第四十五条 经地方人民政府和同级军事机关批准的民兵战备勤务和抢险救灾，执行任务的民兵的报酬或者补助，由地方人民政府解决。

第四十六条 对参战、执行战备勤务、参加战备训练和维护社会治安中伤亡民兵的优待、安置和抚恤，按照国家有关规定办理。

八、附则

第四十七条 民兵战备工作中对有关单位和个人的奖励与惩处依据有关法律、法规和条令、条例的规定执行。

第四十八条 省人民政府和省军区可以根据本规定，制定民兵战备工作实施细则。

第四十九条 本规定由总参谋部负责解释。

第五十条 本规定自发布之日起施行。

第三节 行　军

行军是军队沿着指定路线进行的有组织的移动。目的是为争取主动，转移兵力，向指定方向或地区实施有组织的移动，造成歼敌的有利条件。

行军的种类，按行动方式分为徒步和乘车行军；按时间分为昼间和夜间行军；按行程速度分为常行军、急行军和强行军；按行进方向分为向敌行军、侧敌行军和背敌行军。

行军的速度，应根据任务、道路状况和天候季节而定。常行军，按正常的每日行程和时速实施。摩托化行军，每日行程 150～250 km；时速为：夜间 15～20 km/h，昼间 20～30 km/h。急行军，是以最快的速度实施的行军，执行紧急任务时采用。强行军，是以加快行进速度和延长行军时间的方法实施，通常徒步 7 km/h 左右，日行程 50 km 以上。

行军时，休息通常由领导统一掌握。徒步每行进 1 h 左右休息 10 min，乘车通常每行进 2~3 h 休息 20~30 min。第一次小休息，时间可稍长些，以便整理装具。大休息通常是在走完当日行程的 1/2 时，进入指定地区休息 1~2 h。走完一日行程后，按上级指示进行宿营。

一、行军的组织准备

（一）研究敌情，拟出行军计划

指挥员应根据受领的行军命令，在地图上研究敌情、任务和行军路线，确定行军序列，指定观察员和值班火器，制订防护措施和各种情况的处置方案。

（二）做好思想动员

行军前，指挥员应根据本分队所担负的任务，结合部队的思想情况，进行深入的思想动员，保障分队顺利完成行军任务。

（三）下达行军命令

下达行军命令时应着重明确：

(1) 敌情。

(2) 本分队的任务、行军路线、里程，出发及到达指定地区的时间地点，以及大休息的地点。

(3) 分队集合地点，行军序列，乘车时还应区分车辆。

(4) 指挥员在行军中的位置及友邻的行军路线（分队与本分队的距离）。

(5) 着装规定。

(6) 完成行军准备的时限，明确起床、开饭、集合的时间。

(7) 行军警戒、通信联络信（记）号规定或口令及对口令传递的要求。

（四）组织战斗保障

(1) 指定 1~2 名战士为观察员，负责对地面，对空观察；指定值班分队及火器，负责对空防御。

(2) 规定遭敌原子、化学、细菌武器袭击时，各分队行进方法。

(3) 规定在敌航空兵或炮火袭击时的行军方法。

(4) 规定伪装方法及伪装纪律。

（五）做好物资装具准备

为了顺利完成行军任务，保持分队战斗力，行军指挥员必须：

(1) 检查携带的给养、饮水、武器、弹药等情况。

(2) 检查着装情况，如鞋袜的整理、背包的捆绑、装具的佩带等。

(3) 妥善安置伤病员。

(4) 根据季节，进行防暑、防冻的教育和物品的准备。

二、行军管理与指挥

(1) 出发时，应按照上级的命令，准时通过出发线，加入上级行军序列。在有可能发生遭遇战的情况下行军时，各排长应随连长在先头行进，以便及时受领任务。分队在公路或乡村路行军时，应沿道路的一侧或两侧行进；乘车时，沿道路的右侧行进。

(2) 行军中，应注意保持行进速度和规定的距离，听从调整哨的指挥，未经上级允许，不得超越前面的分队。经过渡口、桥梁、隘路等难以通行的地点时，指挥分队有组织地通过，防止拥挤。通过后，先头人员应适当减低速度，避免后面的人跑步追赶。徒步行军的分队应主动给车辆、执行特殊任务的分队和人员让路。夜间行军，严格灯火管制。

(3) 严格行军纪律，出发前监督战士排除大小便，教育战士在行军中听从指挥，不得擅自离队，不得丢失装具和食物等。

(4) 按上级的指示组织休息。小休息应靠路边，并保持原队形。在第一次小休息时，应督促战士整理鞋袜、装具等。大休息时应离开道路，进入指定地区。休息时，应派出警戒，必要时，可占领附近有利地形，加强对地、对空观察，并保持战斗准备，以防止地面和空中敌人的突然袭击。组织野炊，安排好伤病员，督促驾驶员检查车辆，组织分队在规定地区休息。夜间休息时，人员不准随意离队，武器、装具要随身携带。出发前，应清点人数，检查装备，补充饮（用）水。

(5) 行军中，应教育分队不要喝冷水，不要随便采食野果。

(6) 在山林地行军时，通过山垭口和上下坡时，应适当减速行进，以避免后面跑步追赶和掉队，火炮、车辆应适当加大距离。在严寒地带行军时，小休息时间不要过长，并禁止躺卧，以免发生冻伤。在炎热季节或在热带山岳丛林地行军时，应尽量利用早晚时间实施。要带足饮水和消毒、防暑药品，途中应采取防暑、防虫害的措施。

(7) 遇敌袭击时，应指挥分队迅速向道路一侧或两侧疏散隐蔽，并指定火器射击低飞敌机。如空袭情况不严重或行军任务紧迫时，分队则应以疏开队形，增大距离，加快速度前进。

(8) 行军中，连应指定一名干部，带领卫生员和若干体壮战士为收容组，在连的后面跟进，负责收容伤病员，组织掉队的人员跟进。

三、军训野外演练安全工作预案

为进一步加强野外演练中人员、装备安全管理,确保安全、顺利、圆满完成训练任务,制定本预案。

（一）组织领导

成立拉练安全工作领导小组

组　长：×××

成　员：各连连长、指导员

职　责：负责拉练期间安全工作的组织与领导。

各连成立安全防护应急处置小组（10人），由体能好、军事素质较高的学生组成，负责安全警戒与特殊情况处置任务，小组长由各连连长担任。

各连连长为本连安全工作责任人,具体负责本连安全工作。各班副班长为本班安全员,负责组织本班成员落实相关安全规章制度、安全工作预想、特殊情况处置及上报。

（二）规范日常工作制度

（1）加强研究工作。指挥部每天要利用一定的形式对部队当日行军宿营和训练等情况,进行一次讲评和通报。同时,每天出发前要向总指挥和学院值班室报告,宿营后,要报告当日行军和训练、宿营的详细情况。并组织召开一次会议,会议主要明确第二日训练科目、行军安排、大型活动、各级负责人的主要任务、注意事项等问题,会议结束后,由各连组织人员及时将会议精神和行军要求向各个连进行传达。

（2）加强请示汇报。行军途中各个连要坚持每天向指挥部报告两次行军和训练情况（上午、下午各一次），特殊情况要随时报告，尖刀班每天行军即将结束时应提前到达可宿营地，考察周边环境和了解社情民风，当天到达宿营地后要专门写出宿营报告。

（3）加强检查督促。指挥部每天要组织对学员的精神面貌、士气、作风纪律、军容风纪、身体、安全保密等情况进行2~3次检查。宿营期间,要对各营情况和哨兵执勤情况进行不定期的检查；随队医生要对所有人员进行一次巡诊。各个梯队在离开宿营地行军出发前,要对人员进行一次清点,对执行群众纪律、安全保密、做好人好事情况进行一次检查,并要做好与宿营地单位、群众的告别工作。

（三）严格部队管理

在拉练中,各级各类人员都要严格遵守国家的法律法规和社会公德,执行军队的条令条例及规章制度，维护群众纪律。自觉做到以下六个不准和六个防止。

六个不准：
(1) 不准私自离队、擅自行动。
(2) 不准在行军和休息时吸烟。
(3) 不准到不明水源喝水、不食用山果、野菜等食物。
(4) 不准与地方人员乱拉关系。
(5) 不准擅自搭乘地方的各种车辆。
(6) 不准擅离职守、违反纪律。

六个防止：
(1) 防止人员掉队和受伤。
(2) 防止装备、器材、物品的损坏和丢失。
(3) 防止失泄密事件。
(4) 防止火灾事故的发生。
(5) 防止各种自然灾害带来的损伤。
(6) 防止各种违纪问题、案件及其它有损军人形象事件的发生。

(四) 完善应急处置预案

(1) 徒步行军途中人员发生急病、重病时：由随队医生及时治疗，无力救治时及时送往学院门诊部或相关医院进行治疗，并及时上报。

(2) 行军途中遇特殊路段时：在危险路段设立观察哨，保证人员安全通过。在陡坡地段由尖刀排拉设辅助绳索，并用锹修成阶梯路面；遇到石头较多的路面时，放慢行军速度，防止崴脚；需要过河时，由尖刀排负责修整水中石块，保证部队顺利通行；遇到草木繁茂路段时，由尖刀排负责清理道路；必要时采用树枝辅助行军。

(3) 在夜间及雨天行军时：使用照明手电，注意路面情况，提醒大家注意安全；各营第一名、最后两名学员和指挥员着荧光服，提示通行车辆减速慢行；遇到拐弯路段时，使用哨声提醒对面车辆减速慢行。

(4) 在宿营时发生地震、泥石流、山体滑坡时：由值班连长吹紧急集合哨（规定地震时为急促短哨，泥石流为两长两短，山体滑坡时为两声长哨），迅速组织部队向安全地带疏散，并派出安全警戒小组进行侦查，如遇人员受伤要及时组织抢救，要及时上报。特别是下雨天宿营时，如遇上述突发情况时，各营应向指定的楼梯通道有秩序进行逃生，而后清点人员，及时上报，人员受伤应组织抢救。

(5) 在行军途中,如遇蛇虫成群出现时:部队视情况选择绕道通过或者向后撤离。派出警戒小组进行侦查。必要时,使用火把或者喷雾剂进行隔离,部队所有人员可用雨衣遮盖住身体裸露部分,防止蛇虫叮咬。如遇伤员,由随队医生及时治疗,必要时可送往学院门诊部或相关医院进行治疗。

(6) 在宿营地发生火灾时:应及时疏散部队向安全地域转移,各营利用所配发的灭火器材迅速扑救,如火势较大,暂时不能扑灭,应立即根据现场情况及时采取隔离等措施,防止火势进一步蔓延,同时上报指挥部,准确地将各种指令、情况及信息上传下达,派出防护救治组,对现场实行警戒,防止无关人员进入现场,配合医务人员抢救火场内被困人员及重要物资。

(7) 在遇到雷电袭击时:若在行军途中,部队迅速撤离到合适的避雷场所或地势较低的地带,采取降低重心,双膝下蹲,向前弯曲,双手抱膝的方式避雷,人员尽量分散开,严禁躺在地上。所有人员不准在大树底下避雷,不准靠近金属制物体。若在宿营时发生雷电袭击,应立即关闭所有门窗,禁止人员外出,迅速切断除照明外的所有设备电源,宿营地周围不可放置可燃物。防护救治组应做好救援准备。若有人员受伤,迅速组织抢救,必要时可送往学院门诊部或相关医院进行治疗。

(8) 发生暴力、破坏活动时:迅速完成部队集结,派出警戒防卫力量,控制、封锁和隔离事发现场及相关区域,组织人员疏散,设置盘查卡点,占领有利地形,在较短时间内集中有限的兵力,形成战术优势,掌握处置行动的主动权,防止事态扩大或发生连锁反应,及时上报,并注意收集掌握有关资料,为后续处理工作提供依据。

(9) 发生群众纠纷时:不要自行处理,及时上报指挥组,交由指挥组协调解决。

(10) 在公路行军时:人员不能越过公路中线。

(11) 发生其它问题时:要沉着冷静,不能手忙脚乱,一边依靠自身力量进行处理,一边及时上报,请求支援处理。

警报信号表:地震信号为急促短哨;山体滑坡:警报信号为两声长哨;泥石流:警报信号为两长两短。

第四节 宿 营

宿营是军队在行军或战斗后的住宿。宿营的目的是为了部队得到适当的休息和整理,为继续行军或战斗做好充分的准备。

一、宿营的种类及宿营地区的选择

宿营可采取舍营、露营或者两者结合的方式。分队通常在上级编成内宿营，有时也单独组织宿营。宿营时，必须提高警惕，加强侦察警戒和通信联络，注意隐蔽伪装，确保分队安全休息和迅速投入战斗。

分队宿营地，通常由上级指定，单独宿营时由本级确定。宿营地应根据敌情、地形、任务、行军编成情况，由宿营组预先选择或指挥员临时选定，其一般应符合下述条件：有良好的地形、充足的水源，良好的进出道路，便于疏散、隐蔽，便于机动和迅速投入战斗；避开大的城镇、集市、交通枢纽等明显目标，避开疫区、传染病村落等。露营地域，夏季要尽量选在郊外，避开谷地、低洼、洪水道和易于坍塌的地方；冬季应选在避风向阳处，土质较粘，便于搭设简易遮棚或便于挖掘的地方。

选择宿营地区时，通常还要考虑如下因素：一是要符合战术要求，从具体位置到配置方式都应以预想的战术背景为基本前提；二是要着眼于训练科目需要，有利于达到训练目的；三是要方便生活，尽量靠近水源，并有进出道路；四是要选择群众基础较好，或影响群众利益较小的地区。

二、宿营的基本要求

进入宿营地前，指挥员应了解宿营地域情况。必要时，还应组织侦察，查明有无毒剂、放射性物质、爆炸性障碍物、残存的敌人等。平时的野营训练，重点应调查是否有传染病流行等卫生情况，以及当地的民情风俗等。

到达宿营地域后，必须做好以下工作：

（1）派出岗哨和观察员（有时观察员可由岗哨兼），指定对空射击的火器和昼夜值班人员。如单独宿营时，应向重要方向派出班哨和步哨。必要时，派出游动哨。

（2）应立即组织所属指挥员勘察地形，划分各排的隐蔽配置位置，规定紧急集合场地和防敌空袭和疏散隐蔽地域。明确遭敌侵袭时各分队的行动。

（3）组织分队构筑必要的工事并进行伪装，建立通信联络，侦察水源。对汲取饮用水的河流，要区分饮水和洗刷地段。

（4）督促战士用热水洗脚，整理装具，烤晒衣服，抓紧时间休息。

（5）组织各班、排构筑厕所，教育战士不得随地大小便。

（6）了解当地民情，教育分队遵守群众的风俗习惯和三大纪律八项注意。

第七章 综合训练

（7）注意卫生常识教育，如教育战士冻伤后切记烤火或用热水烫洗；教育炊事员注意饮食卫生和调剂生活，检查食物是否清洁，防止中毒。

（8）及时向上级呈送宿营报告。

三、宿营警戒

宿营警戒是保障军队宿营安全的警戒。军队进入宿营地前，指挥员应迅速了解宿营地域的情况。在有敌情顾虑的情况下，应组织对宿营地域进行侦察、搜索，查明情况，对水源进行检查和警戒。

进入宿营地后，应迅速指定对空观察哨和值班火器，向有敌情顾虑方向派出班哨、步哨、游动哨和潜伏哨，不论任何情况，宿营地域内必须派出卫兵，严防敌人突然袭击和敌特破坏。派出宿营警戒的数量、距离，应视敌情和分队展开的所需要的时间而定。分队在上级编成内宿营时，通常不单独组织宿营警戒，只派出直接警戒。乘车行军时，还应加强对车队的警戒。

四、宿营中各种情况的处理

（1）遭敌人空袭时，应立即发出警报，迅速进入指定疏散区隐蔽，组织火器对空射击，空袭后根据情况继续宿营或按上级指示转移宿营地。

（2）遭敌坦克、摩托化步兵突袭时，应迅速指挥分队抢占有利地形，顽强抗击敌人，并及时报告上级。如敌少，应将其歼灭；如敌占优势，应配合主力部队歼灭敌人，或交替掩护撤退。发现敌人向我宿营地空投时，应立即报告上级，并指挥分队迅速奔赴空投地区，抢占要点，在友邻和民兵协同下歼灭敌人。

（3）当受到敌核、化学武器袭击时，应迅速进入疏散区，利用地形和工事进行隐蔽，用制式或就便器材进行防护。袭击后，应立即抢救伤员、灭火、消除沾染（消毒），并将情况报告上级，并组织分队立即撤出沾染地区。

宿营结束，要认真清理文件和武器装备，避免丢失，消除宿营时所留痕迹，并会同政治部门进行群众纪律检查和做好善后工作。

五、复杂地形、气候条件下的宿营

（1）在山林地宿营。宿营时应避开悬崖、陡坡、峡谷和可能发生山洪、雪崩的危险区。做好防虫害工作。宿营警戒要注意控制制高点、山隘口、道路交叉点及隘路，严防敌人突袭。

（2）草原、沙漠、高原地宿营。宿营时应力求选有水、有居民的地区，避开风口。搞好伪装,加强防空,注意防火、防风暴、防沙、防泥石流。

(3) 严寒条件下的宿营。宿营时,应尽可能舍营,力求集中住宿,预防冻伤,已冻伤者切忌火烤或热水烫脚,尽量吃热饭。睡觉时注意保暖。

(4) 炎热条件下宿营。宿营时,应注意防暑、防病、防毒虫、防火等。露营时,帐篷、草棚或地铺周围应铲除杂草,挖好排水沟。增供开水。

第五节 野外生存

野外生存,即人在食宿无着的山野丛林中求生。无论是军人还是平民,学习和掌握一些野外生存常识,对于食品断绝情况下的求生,较长时间远离基本生活区野外作业和训练,战争时期野外行军训练或意外情况下的求生都是非常重要的。

一、野外生存的物质准备

对于有计划的野外行动,出发前,应根据客观环境,选择适合的装备,物质准备是十分必要的。

(一) 基本用品

(1) 鞋子。挑选合适的鞋子,并在出发前两周进行试穿,使新鞋与脚有一个磨合过程,以避免或减少脚起泡。

(2) 衣服。根据预定野外生活时间的长短,仔细挑选合适的衣服,必须有一套换洗的衣服和一套休息时能保暖的衣服;严寒天气应多带几件御寒的衣服。

(3) 雨衣。雨季外出必须带上雨衣。

(4) 被装。根据季节选择合适的被装,最好选择柔软、轻便、保暖性能好的被装。

(5) 帐篷。在野外生存的时间较长时,应备有帐篷,以作为日常活动的场所。帐篷最好选择轻质材料制成的,以便于携带。

(6) 背包、行囊。要有一个背着舒适而且结实的行囊或背包,以便携带衣物和必要的装备。

(7) 食品。应带熟食品,盐要放在适宜的容器内。遇到严寒天气,要多带一些高脂的食品。各种食物的比例可按自己的口味确定,但一定要保证各类营养物之间的平衡。

(8) 通信设备。

第七章 综合训练

（二）医疗卫生盒

医疗卫生盒内装常用药和卫生用品，主要有镇痛药类、肠道镇静剂、抗生素、抗感冒药、防中暑和抗过敏药类防毒蛇咬（蚊虫叮）伤药、抗疟疾类药品、跌打损伤药、膏药类、急救包、绷带等。此外，还应备有高锰酸钾和漂白粉之类的消毒、灭菌药物。所有药品都应标明用法、用量和有效期。

上述各类医疗卫生用品可根据个人的习惯，以及执行任务区域的流行病特点，灵活选择搭配。

（三）百宝盒

在紧急情况下，有些平时并不起眼的小器具却能帮你增加幸存的机会。把这些小器具集中放在小盒里，以便携带，这就是人们常说的"百宝盒"。

"百宝盒"中通常装有生火用的火柴、蜡烛、打火石和放大镜，针和线、鱼钩和鱼线。

（四）工具包

工具包主要装有：指南针、绳索、手电筒、饭盒、救生袋、刀具等。

为了便于使用和保管，可以把上述各项必备工具集中装在饭盒内，也可以分开装在背包或行囊的边袋内。

二、野外判定方位

判定方位，是现地判明东、西、南、北方向，以便明确周围地形和敌我关系位置，保持正确的前进方向，尤其是夜间，视度不良，人的视听及各种感觉器官受周围环境的影响较大，容易产生错觉。要保证夜间行动的隐蔽、迅速、准确，保持正确的前进方向是首要条件。

判定方位的方法，例如利用指北针判定方位、利用北极星判定方位、利用太阳判定方位等，在本书第四章中已做过介绍。在阴天和没有指北针、地图的情况下，我们还应当学会利用自然界的一些特征和其他方法判定方向。

在自然界，有些地物、地貌由于受阳光、气候等条件的影响形成了某种特征，可以利用这些特征来概略地判定方位。

独立大树通常是南面枝叶茂密，树皮较光滑；北面枝叶较稀少，树皮粗糙，有时还长有青苔。砍伐后，树桩上的年轮北面间隔小，南面间隔大。

突出地面物体，如土堆、土堤、田埂、独立岩石和建筑物等，南面干燥、青草茂密，冬季积雪融化较快；北面潮湿，易生青苔，积雪融化较慢。土坑、沟渠和林中空地则相反。

我国大部分地区，尤其是北方，庙宇、宝塔的正门多朝南方；广大农村住房的正门一般也多朝南开。

由于我国幅员辽阔,各地都有不同的特征,只要留心观察,注意调查、收集和研究,就会找到判定方位的自然特征。如内蒙古地区,冬季大多是西北风,山的西北坡积雪较南方向伸展,坡度缓的一端朝西北,坡度陡的一端朝东南。再如,辽西丘陵地区气候比较干燥,松柏树一般生长在北坡。

还可利用已知点判定方位。通过已知高地的走向、河流的流向、村庄(街道)的方向与自己站立点的关系位置,来判定概略方位。如事先在地图或沙盘上知道某高地是西北东南走向,某庄在高地的东南方向,行进到该高地或某庄后如需判定方位,只要判明该高地与某庄的关系位置,便可知道概略方向。又如:事先在地图或沙盘上知道河流为东西走向,河水由西向东流,到达河边观察水流流向,便可知道上游是西,下游是东。

三、野外觅食

可在野外寻觅的食物种类主要有:野生植物、动物、昆虫、鱼类、藻类等。大部分野生植物、动物、昆虫、鱼类都可食用,只有少量有毒不可食用。

我国地域广大,寒、温、热三带气候俱全,而大部分是属于温暖地带,适合于各种植物生长,其中能食用的就有 2 000 种左右。野生植物的营养价值很高,含有多种维生素。数千年来,我国劳动人民积累了丰富的采食野生植物的经验。每年从三月开始到九十月间,我国辽阔的国土上,各种可食的野生植物生长旺盛,满山遍野,俯拾皆是。仅革命老根据地井冈山就有可食野菜 100 多种,其中苦菜、糯饭菜、猪油菜、马玉兰和角仁等 30 多种是当年红军的重要食品。

在广西、云南一带,一年四季都有可食的野果、野菜。春季有压车果、毡帽果、鼻涕果、小杨梅等野果,还有刺脑包、苦巴沟、蕨菜等野菜。夏季有木瓜、冷饭果、乌包果、荔枝等野果,野菜有石头菜、飞花菜、马蹄菜、牛舌头菜等。秋季有大树果、算盘果、野石榴、椎梨等野果,还有木耳、白参、齐头菜等野菜。冬季有槟榔、野芭蕉、长蛇果、老熊果等野果,野菜有野山药、芭蕉心等。

不但野菜、野果可食,而且树皮也可应急食用,柳树、松树、白杨树新生的树皮或内皮(在硬树皮与树木之间的软皮),都可以吃。战争年代,东北抗日联军,在白山黑水密林中,总结出三月吃桦树皮,四月吃椴树皮,五月吃松树皮的经验,这些季节里的树皮,不但没毒,而且还有一种甜滋滋的味道。

采食野生植物最大的问题是如何鉴定是否有毒。有人习惯于用有无怪味来判断是否能吃,这样很危险。有毒的植物不见得都有怪味,如马桑果,味儿甜,但毒性却很大。有毒的植物通常有以下几个特点:

特殊形态和色彩,如天南星的茎有斑纹。

分泌带色的液体,如毛茛、回回蒜和白屈菜在损伤后分泌浓厚黄液体。

具有不良的味觉和嗅觉,如苦参、臭梧桐等。但上述这些并不能包括所有有毒植物的特点。在鉴别野生植物是否有毒时,可采取以下方法:首先用手仔细触摸无毒的植物通常不会使手上皮肤发痒、发红、起风疹块等刺激症状。如折断其枝叶也不会有牛奶样枝液流出,闻之亦无腐败及其他使人感到怪异的气味。尔后,可将少量食物放入嘴里咀嚼几分钟,无毒植物一般不会有烧灼感,也无辛辣、苦味或滑腻味。此时,就可将此类植物采集少量食用。如果食用 8 h 后没有什么特殊感觉,就可适当加大食用量。另外,还可以通过观察哺乳类动物所食用的植物种类,以分辨那些植物能够被人食用。像老鼠、兔子、猴子、熊、等吃过的植物一般可以食用。鸟类可以食用的植物人不一定能够食用。食用各种野生食物一般应利用炊具进行制作。

烤,就是将可食用的动物肉和根茎类植物块根用木棍等穿挂,放在火焰上或炭火中烤(烧)熟。鱼(不去鳞片)和块根应用泥土包裹烤熟后剥皮食用,贝壳类动物可放在火堆下烤熟。使用方法是:先在地上挖个浅坑,坑的四周衬以树叶或湿布,然后将食物放入坑内,再在食物上面盖上树叶或布,上面再压一层 3 cm 厚的沙子,最后在该坑的上面生起火堆,待食物烧熟后取出食用。

四、复杂地形行进方法

(一)在山地行进

在山地行进,为避免迷失方向,节省体力,提高行进速度,应力求有道路不穿林翻山,有大路不走小路。如没有道路,可选择在纵向的山梁、山脊、山腰、河流、小溪边缘,以及树高林稀、空隙大、草丛低疏的地形上行进。要力求走梁不走沿,走纵不走横。

行进时,能大步走就不小步走,这样数十千米下来,可以少迈许多步。疲劳时,应用放松的慢行来休息,而不要停下来。

(二)沿山坡攀登

沿 30°以下的山坡攀登时,身体稍向前倾,全脚掌着地,两膝弯曲,两脚呈"外八字"形,迈步不要过大过快。坡度大于 30°时,一般采取"之"字形路线攀登。攀登时,腿微曲,上体前倾内侧脚尖向前,全脚掌着地,外侧脚尖稍向外撇。在行进中不小心滑倒时,应立即面向山坡,张开两臂,伸直两腿,脚尖跷起,使身体尽量上移,以减低滑行的速度。这样,就可设法在滑行中寻找攀引和支撑物。千万不要面朝外坐,因为那样不但会滑得更快,而且在较陡的斜坡上还容易翻滚。

(三)涉渡河流

河流是山区和平原地区经常遇到的障碍。遇到河流不要草率入水,要仔细的观察之后再确定渡河的地点和方法。山区河流通常水流湍急,水温低,河床坎坷不平,涉渡时,为了保持身体平衡,应当用一根杆子支撑在水的上游方向,或者手执重达 15~20 kg 石头。集体涉渡时,可三人或四人一排,彼此环抱肩部,身体最强壮的位于上游方向。

五、野外觅水

水对于人类的生存是至关重要的。春秋战国时期,齐国出兵远征孤竹国。得胜回师时,正值隆冬季节,河溪干涸,人马饥渴难耐,大军无法行进。大臣隰朋向齐王建议说:"听说蚂蚁夏天居山之阴(北),冬天居山之阳(南)。蚁穴附近必定有水,可令兵士分头到山南找蚁穴深掘。"齐王采纳了这个建议,果然找到了水,解救了全军。这个故事告诉我们,在各个地区,草木的生长分布,鸟兽虫的出没活动,常常可以给寻找浅层地下水提供一些线索。水是野战生存的重要条件。俗话说:"饥能挡、渴难挨。"水在某种程度上说比食物更重要。因此,觅水训练是野战生存训练的重要内容之一。

(一)寻找水源的方法

根据人们的实践经验,寻找水源通常采取观察草木生长位置和动物的活动范围的方法来判定。在许多干旱的沙漠、戈壁地区生长着怪柳、铃档刺等灌木丛的地表下 6~7 m 深就有地下水;有胡杨生长的地方地下水位距地表面不过 5~10 m;芨芨草指示地下水位只有 2 m 左右;生长茂盛的芦苇,地下水只有 1 m 左右;如果发现金戴戴、马兰花等植物便可判定下挖 1 m 左右就能找到地下水。

在南方,叶茂的竹林不仅生长在河流岸边,也常生长在与地下河有关的岩溶大裂隙、落水洞口的地方。在广西许多岩溶谷地、洼地,成串的或独立的竹丛地,常常就是有大落水洞的标志。这些落水洞有的在洞口能直接看到水,有的在洞口看不到水,但只要深入下去往往就能找到地下水。

我们还可以从特殊植物的生长地点,来判定地下水的水质情况,如见到马兰花、拂子茅等植物群,就可断定那里不太深的地方有淡水。

另外在地下水埋藏浅的地方,泥土潮湿,蚂蚁、蜗牛、螃蟹等喜欢在此做窝聚居;冬天青蛙,蛇类动物喜欢在此冬眠;夏天的傍晚,因其潮湿凉爽,蚊虫通常在此成柱状盘旋飞绕。

(二) 鉴定水质的办法

由于水在自然界的广泛分布和流动,特别是地面水流经地域很广,一般情况下难以保证水源不受污染。在野外没有检验设备时,我们可以根据水的色、味、湿度、水迹概略地鉴别水质的好坏。

1. 通过水的颜色鉴定

纯净的水在水层浅时无色透明,深时呈浅蓝色。可以用玻璃杯或白瓷碗盛水观察,通常水越清水质越好,水越浑则所含杂质越多。水色随含污情况不同而变化,如含有腐殖质呈黄色,含低价铁化合物呈淡绿蓝色,含高价铁或锰呈黄棕色,含硫化氢呈浅蓝色。

2. 通过水的味道鉴定

一般清洁的水是无味的,而被污染的水带有一些异味。如含硫化氢的水有臭鸡蛋味,含盐的水则带咸味,含铁较高的水带金属锈味,含硫酸镁的水有苦味,含有机物质的水有腐败、臭、霉、腥、药味。为了准确地辨别水有苦味,可以用一支干净的瓶子装半瓶水,摇荡数下打开瓶塞后,立即用鼻子闻。也可以把盛水的瓶子放在60℃的热水中,闻到水里有怪味就不能饮用。

3. 通过水温鉴定

地面水(江河、湖泊)的水温,因气温变化而变化,浅层地下水受气温影响较小,深层地下水,水温低而恒定。如果水温突然升高多是有机物污染所致。工业废水污染水源后也会使水温升高。

4. 通过水点斑痕鉴定

用一张白纸,将水滴在上面,晾干后观察水迹。清洁的水是无斑迹的,有斑迹则说明水中杂质多、水质差。

(三) 改善水质的方法

人员饮用的水必须经过洁治、消毒和改善水质,饮用水里的悬浮物和胶质物质越少越好。

1. 饮用水的消毒

水的消毒主要是杀灭有害人体的致病微生物,主要方法有两种:

物理法:主要是将水煮沸消毒,这是一种既容易又简单而且比较可靠的消毒方法。

化学法：利用化学药品氯、碘、高锰酸钾、漂白粉、明矾、69-1型饮水消毒片等。

2. 饮用水的洁治

水的洁治就是消除水中的杂质和污物。常用的方法有沉淀、过滤、混凝三种。在野外，因条件限制，也可以用一些含有黏液质的野生植物净化浑浊的饮用水。如灌木的根和茎，榆树的皮、叶、根，木棉的枝和皮，仙人掌和霸王鞭的全株，水芙蓉的皮和叶，都含有黏液质，都含有糖类高分子化合物。这些植物与钙、铁、铅、镁等二价以上的金属盐溶液化合，形成絮状物，在沉淀的过程中能吸附悬浮物质，起到净化浑水的作用。植物净水，虽然絮状物沉淀是能除去部分细菌和微生物，但是没有消毒作用。因此，饮用水最好能加少许漂白粉或煮沸消毒。

在无水源的情况下，也可利用简便方法获取少量的水。如用一个塑料袋套在树枝上将袋口扎紧，每天取水量可达1 L左右。还可以用塑料布收集露水等。

另外，山野中有许多植物可用以解渴。如北方的黑桦、白桦的树汁，山葡萄的嫩条，酸浆子的根茎；南方的芭蕉茎、扁担藤等。

六、野外常见伤病的救护与防治

（一）昆虫叮咬

（1）在野外为了防止昆虫叮咬，人员应穿长袖衣和长裤，扎紧袖口、领口，皮肤暴露部位涂搽防蚊药。

（2）不要在潮湿的树阴和草地上坐卧。

（3）宿营时，烧点艾叶、青蒿，柏树叶、野菊花等驱赶昆虫。

（4）被昆虫叮咬后，可用氨水、肥皂水、盐水、小苏打水、氧化锌软膏涂抹患处止痒消毒。

（二）毒蛇咬伤、蚂蟥叮咬、蜇伤

（1）毒蛇咬伤的救治。进行野外作业时，应当备有蛇药。当被蛇咬伤时，应当尽快（不能超过1 h）采取急救措施。首先，马上缚住伤处靠近心脏的一端，以减少毒液上流。然后在被毒蛇咬伤处，用刀子浅浅的划一个十字口，挤出毒液，以减轻中毒症状。也可用口吸出毒液，随吸随吐，但口舌生疮或口腔黏膜溃疡的人不能口吸，以免中毒。口吸须进行20～30 min。伤口上可用1‰～3‰的高锰酸钾溶液湿敷，或用大蒜汁、雄黄、干草等配合涂敷。为确保安全，进行上述处理后，在可能的情况下，还须马上注射抗毒血清或用蛇药外敷和口服。像眼镜蛇之类的毒蛇，不仅会咬人，而且会喷射毒液，一旦遇到这种情况，应立即用水冲洗被喷射到的皮肤表面。

(2) 蚂蟥叮咬的防治。遇蚂蟥叮咬时，不要硬拔，可用手拍或用肥皂液盐水、烟油、酒精滴在其前吸盘处，或用燃烧着的香烟烫，让其自行脱落，然后压迫伤口止血。并用碘酒涂抹伤口以防感染。野外生存训练行进中，应注意查看有无蚂蟥爬在脚上。如在鞋面上涂些肥皂、防蚊油，可以防止蚂蟥上爬。涂一次保持的时间约为 4~8 h。此外，将大蒜汁涂抹于鞋袜和裤脚，也能起到驱避蚂蟥的作用。

(3) 蛰伤的救护。被蝎子、蜈蚣、黄蜂等毒虫蛰伤后，伤口红肿、疼痒，并伴有恶心、呕吐、头晕等症状，这时要先挤出毒液，然后用肥皂水、氨水、烟油、醋等涂搽伤口，或用马齿苋捣碎，汁冲服，渣外敷。也可将蜗牛洗净后捣碎涂在伤口上。此外，蒜汁对蜈蚣咬伤有疗效。

(三) 中暑

(1) 中暑的原因。由于气温增加，人体产生的热量散不出去，产热与散热失去平衡，体温调节和其他生理机能产生障碍，就会引起中暑。此外，劳动量过大，缺少适当休息，水盐补充不足，衣服不通气等也会导致中暑。

(2) 中暑的症状。突然头晕、恶心、昏迷、无汗或湿冷，瞳孔放大，发高烧。发病前，常感口渴，浑身无力，眼前阵阵发晕。

(3) 中暑的救护。遇到中暑，应立即在阴凉通风处平躺，解开衣裤带，使全身放松，再服十滴水、仁丹等药。发烧时，可用凉水浇头，或冷敷散热。如昏迷不醒，可掐人中、合谷穴使其苏醒。

(四) 昏厥

野外昏厥多是由于摔伤、疲劳过度、饥饿过度等原因造成的。主要表现为脸部突然苍白，脉搏微弱而缓慢，失去知觉。遇到这种情况，不必惊慌，一般过一会儿便会苏醒。醒来后，应喝些热水，并注意休息。

(五) 中毒

(1) 中毒症状：恶心、呕吐、腹泻、胃疼、心脏衰弱等。

(2) 中毒的救护：遇到中毒，首先要洗胃，快速喝大量的水，用手指触咽部引起呕吐，然后吃蓖麻油等泻药清肠，再服活性炭等解毒药及其他镇静药，多喝水，以加速排泄。为保证心脏正常跳动，应喝些浓茶、糖水、暖暖脚并立即送医院救治。

(六)冻伤

(1) 冻伤的症状。皮肤冻伤时,首先感到刺痛,皮肤出现苍白的斑点,感到麻木,接着出现卵石似的硬块并伴有疼痛、肿胀、发红、起疮,最后减弱消失;严重冻伤者,冻伤部位的肌体组织变灰—变黑—死去,最终剥落。

(2) 冻伤的护理。①对初步冻伤者,用手或干燥的绒布摩擦伤处,促进血液循环,或将受冻部位放到温暖处。如将手夹在腋窝处,将脚抵住同伴的腹部,还可用辣椒泡酒涂擦伤处。②对深度冻伤者,要防止冻伤部位进一步恶化,注意不要用雪揉擦或放在火上烘烤。最好的方法是将冻伤部位放在28~28.5℃左右的温水中慢慢解冻。③对严重冻伤者,注意不要挑破水疱和摩擦伤处,要防止感染,并力争送医院治疗。

七、野外求救

在野外,生存环境非常恶劣,各种灾难会不期而至。对野外生存者来说,及时了解自己所面临的困境,通知别人,求得救援,是非常重要的。遇险求救时,要通过各种方式与别人取得联系,发出的信号要足以引起人们的注意。

根据自身的情况和周围的环境条件,发出不同的求救信号。一般情况下,重复三次的行动信号都象征寻求援助。下面介绍求救信号的种类。

(一)烟火信号

火光作为联络信号是非常有效的。遇险时可根据自身的情况:为保证其可靠程度,白天可在火堆上放些苔藓、青树枝、橡皮等使之产生浓烟;晚上可放些干柴,使火烧旺,使火升高。

燃烧三堆火焰是国际通行的求救信号,将火堆摆成三角形,每堆之间的间隔相等最为理想,这样安排也方便点燃。如果燃料稀缺或自己伤势严重,或者由于饥饿、过度虚弱,凑不够三堆火焰,那么就因陋就简,点燃一堆也行。

不可能让所有的信号火种整天燃烧,但应随时准备妥当,使燃料保持干燥,一旦有任何飞机路过,就尽快点燃求助。

火堆的燃料要易于燃烧,点燃后要能快速燃烧。白桦树皮是十分理想的燃料。

可以利用汽油,但不可将汽油倾倒于火堆上。用一些布料做灯芯带,在汽油中浸泡,然后放在燃料堆上,将汽油罐移至安全地点后再点燃。点燃之后如果火势即将熄灭,添加汽油前要确保添加在没有火花或余烬的燃料中。

在白天，烟雾是良好的定位器，所以火堆上要添加散发烟雾的材料。浓烟升空后与周围环境形成强烈对比，易受人注意。

在夜间或深绿色的丛林中亮色浓烟十分醒目。添加绿色、树叶、苔藓或蕨类植物都会产生浓烟。其实任何潮湿的东西都产生烟雾，潮湿的草席、坐垫可熏烧很长时间，同时飞虫也难以逼近伤人。

黑色烟雾在雪地或沙漠中最醒目，橡胶和汽油可产生黑烟。

如果受到气候条件限制，烟雾只能近地表飘动，可以加大火势，这样暖气流上升势头更猛，会携带烟雾到相当的高度。

（二）旗语信号

将一面旗子或一块色泽亮艳的布料系在木棒上。持棒运动时，在左侧长划，右侧短划，加大动作的幅度，做"8"字形运动。

如果双方距离较近，不必做"8"字形运动。一个简单的划行动作就可以，在左侧长划一次，右侧短划一次，前者应比后者用时稍长。

（三）声音信号

如相隔较近，可大声呼喊，三声短、三声长，再三声短，间隔 1 min 后再重复。

（四）反光信号

利用阳光和一个反射镜即可折射出信号光。任何明亮的材料都可加以利用，如罐头盒盖、玻璃、一片金属铂片，有面镜子当然更加理想。持续的反射将规律性地产生一条长线和一个圆点，这是莫尔斯代码的一种。即使你不懂莫尔斯代码，随意反照，也可能引人注目。无论如何，至少应掌握 SOS 代码。

即使距离相当遥远也能察觉到一条反射光线信号，甚至你并不知晓联络目标的位置，所以应多多试探。要注意环视天空，如果有飞机靠近，应快速反射出信号光。这种光线或许会使营救人员目眩，所以一旦确定自己已经被发现，应立即停止反射光线。

思 考 题 七

1. 什么是行军？行军中遇到各种情况如何处置？
2. 行军时要做好哪些组织准备？
3. 宿营中遇到各种情况如何处置？
4. 简述野外生存的基本需要和获取方法。

5. 简述野外生存时获取食物的方法。
6. 民兵战备等级分为哪些？各级战备实施要求有哪些？

第八章 防卫技能与战场医疗救护

进行防卫技能与战时防护训练,主要了解格斗、防护的基本知识,熟悉卫生、救护基本要领,掌握战场自救互救的技能,提高大学生安全防护能力。

第一节 防卫技能基本常识

格斗是由拳打、脚踢、摔打等搏击、散打的基本动作组成。练习格斗,能使全身各部位得到比较全面的活动,尤其是对上下肢肌肉的爆发力,各关节的灵活性和柔韧性,以及快速的反应能力都能得到提高。此外,格斗还有自卫和制敌的作用。

一、格斗基本常识

(一)人体关节与要害部位

人体关节在受到超过生理限度的压迫、打击或扭转时,就会失去正常的功能使局部丧失战斗力,从而达到制敌的目的。了解人体关节的生理特点,能够更好地在格斗中控制敌方,保护自己。

要害部位是指在人体受到外力打击或挤压后,最容易造成昏迷、伤残、死亡的部位。在了解要害部位的同时,还需掌握正确的击打方法,既能克敌于瞬间,又能避免因打击过度而带来的种种遗憾(见图 8-1)。

1. 人体关节

人体中,四肢承担着全部的进攻、防守和移动的任务。四肢共有 80 多个关节,关节的活动形式可分为五种,即屈伸、伸展、外展内收、回旋和环转。在格斗中,对敌关节施以正确的击打可导致脱臼、骨折和韧带撕裂,使敌部分肢体丧失正常功能,从而削弱或解除敌人的战斗力。

(1)指关节。手掌共有 9 个指关节,只能作屈伸运动,关节囊背侧松弛,其余三侧有韧带加固,掌指关节 5 个,可作屈伸和伸展运动。指关节骨骼较小，关节和韧带也较小，手指伸直后，用力向后扳、拧、压或向两侧扭、拧，可造成脱臼和韧带撕裂。

（2）腕关节。腕关节由桡骨的桡腕关节和三块腕骨组成。用力击打轻则疼痛难忍，重则韧带撕裂、骨折。

（3）肘关节。肘关节由肱骨下端与尺骨、桡骨的上端组成。用力击打可使韧带撕裂、关节脱臼。

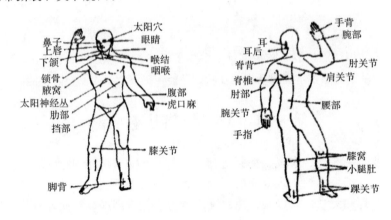

图 8-1 人体要害部位图

（4）肩关节。肩关节是人体活动范围最大的关节，由肩胛骨关节囊和肱骨上头组成，属于球窝关节。用力击打可使韧带和肌肉撕裂、脱臼。

（5）膝关节。膝关节粗大，结构复杂而紧密，只能后屈和伸直。由股骨下端、膑骨和胫骨上端组成。遭暴力击打轻则剧痛，行动不便或倒地；重则可造成两侧副韧带撕裂、半月板骨折或脱臼。

（6）踝关节。踝关节由胫骨下关节面，内踝、外踝关节面和趾骨上方的滑车关节面组成。用力击打或扭转可造成脱臼、韧带撕裂。

（7）脚背。脚背肌肉和韧带极少，而神经、筋骨密布。由骰骨和3块楔骨、5块跖骨组成。由上向下施暴力砸压会发生脱位、骨折，猛力扭转脚背还可使人整个身体翻转。

2. 要害部位

人体要害部位可分为头颈部要害部位和躯干要害部位。了解并学会攻击这些要害部位，有利于迅速将敌制服和防护自己。

（1）头颈部要害部位。

头颈部的要害部位，以点状目标为主，分布集中，暴露明显，防护较弱，击打效果明显。主要包括：

太阳穴：位于上耳廓和眼角延长线交点处。此处骨质脆弱，且有一条动脉和大量神经集中于皮下，遭暴力打击可引起骨折，伤及动脉和神经，致使血管壁膨胀，血液不能流畅，造成大脑缺血、缺氧，轻则脑震荡，重则死亡。

耳朵：耳廓神经距大脑较近，受到打击或挤压后可损伤脑膜中的动脉，使血管壁肿胀，血液循环受阻；在耳廓后下颌骨的上缘，有一个同太阳穴一样致命的穴位，叫耳后穴。击打耳朵或耳后穴，轻则击穿耳膜、耳内出血，重则脑震荡或死亡。

眼睛：眼睛是人体最重要的器官之一，很容易受伤，用拳打、指抠、掌刺等手法均可使其受伤或致盲。

鼻子：鼻皮下组织较少，神经、血管丰富，鼻骨部分由软骨组成，鼻筛板较薄，打断鼻梁骨很容易造成软组织水肿，使人疼痛难忍并暂时失明。如猛烈打击，可将骨碎片楔入脑组织，使人立刻毙命。

上唇：上唇是鼻软骨与硬骨的连接处，此处神经接近皮层，且有人中穴，是脸部的要害部位。轻击能产生剧痛，重击则使人昏厥。

下颌：在格斗中猛击下颌会产生特殊的效果，会使人猛然失去平衡或使颈椎受到损伤，用拳向上重击还会使下颌骨骨折，牙齿崩落，大脑受到震荡而眩晕。

咽喉：咽喉由食管和呼吸管组成，两侧有颈总动脉另外，男性的喉结处有气管、颈动脉和迷走神经，极易受伤，击打后会阻塞血液流通，引起大脑缺氧、缺血，从而窒息、死亡。

颈外侧：颈外两侧血管、神经极为丰富，颈动脉迷走神经均沿两侧分布。受到暴力打击时，迷走神经以 106.68m/s 的传速使人感到剧痛，同时，由于颈动脉受阻减少大脑供氧，会使人眩晕，压迫颈动脉窦，会产生严重的心律不齐，导致心力衰竭。

颈椎：颈椎由 7 块椎体组成，椎管内有脊髓是中枢神经的一部分，直接与脑连接，枕动脉、静脉及枕大神经都由颈后通过，如受暴力击打或扳拧会使中枢神经受损，轻者高位截瘫，重者顷刻毙命。

（2）躯干部要害部位。

躯干部要害部位，既有点状目标，又有面状目标，呈区域分布，有一定的遮蔽和防护；目标大，移动慢。主要包括：

锁骨：锁骨横卧于两侧肩颈之中，内接胸骨外连肩胛骨，辅助肩臂活动。如果锁骨骨折不仅影响肩臂活动，而且会造成大脑功能障碍。

腋窝：腋窝下有一条粗大的神经，打击敌腋窝，可使其产生剧痛和短暂的局部瘫痪。

太阳神经丛：俗称"心窝"，位于剑突下端，是人体较大的神经密集区，通向腹腔的粗大血管和神经都由此经过。对太阳神经丛的任何一次具有穿透力的打击，都可使敌产生剧痛、窒息或瘫倒在地，猛烈打击可置敌于死地。

腹腔：腹腔位于体前剑突以下，耻骨以上部位。右上为肝脏，左上为脾脏，中下部有胃、肠和膀胱等脏器受暴力击打后内脏血管壁膨胀，导致血液循环受阻，同时由于腹膜神经末梢感觉灵敏，会使人感到疼痛难忍。如果肝、脾等脏器破裂而出血，会导致死亡。

裆部：裆部是人体中神经末梢最为丰富的地方。睾丸容易受伤，受伤后疼痛剧烈，严重的损伤还会引起终身残疾或死亡。

肋部：肋部由 12 对肋骨组成，成环桶状护卫着胸腔内的脏器。肋骨细长，附在表面的肌肉很薄，较容易折断第 11、12 对肋骨后端与脊椎骨相连，而前端已不与胸骨连接，称为浮肋，它们骨骼细小而脆弱，折断后不易痊愈。肋部在受到打击后会产生震荡并压迫内脏神经，疼痛难忍；骨折后，折断的锋利骨茬还会刺破内脏，造成体内大出血。

肾脏：肾脏被中医称为"生命之源"，是人体最重要的器官之一，位于背后脊柱两侧，紧靠软肋下部。打击此部位，可使肾脏损伤，并引起严重的神经震动，产生剧痛如肾脏或肾上腺破裂而得不到及时救治将危及生命。

脊椎：脊椎是人体的支柱，全身各骨骼都直接或间接与之相连，对脊椎重击可使敌脊椎关节脱位，导致瘫痪或死亡。

(二) 手型和步型

1. 手型

拳：四指并拢握紧，拇指扣在食指的第二节上。通常分为立拳、反拳、平拳三种（见图 8-2）。

立拳　　　　　反拳　　　　　平拳

图 8-2　立拳、反拳、平拳

掌：四指并拢伸直，拇指弯曲紧扣于虎口处。分立掌、横掌、插掌、八字掌四种（见图8-3）立掌捕掌

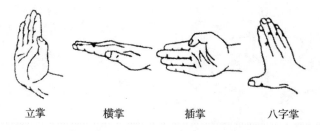

图8-3 立掌、横掌、插掌、八字掌

勾：五指第一节捏拢在一起，屈腕（见图8-4）。

爪：五指的第一、二关节向掌心方向弯曲并用力张开。分鹰爪、虎爪两种（见图8-4）。

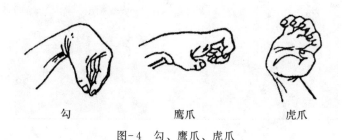

图-4 勾、鹰爪、虎爪

2. 步型

马步：两脚平行拉开（约本人脚长三倍），脚尖正对前方，屈膝半蹲，膝部不超过脚尖，大腿接近水平，全脚掌着地，身体重心落于两腿之间，挺胸、塌腰，两拳握于腰间，拳心向上（见图8-5）。

弓步：两拳抱于腰间，拳心向上，左（右）脚向前上步，左（右）腿屈膝半蹲，右（左）腿在后挺直，脚尖里扣（见图8-6）。

虚步：两脚前后分开（约为本人脚长的2.5倍），前脚掌着地，腿微屈。后腿屈膝半蹲，脚尖外撇45°，全脚掌着地，体重大部分落于后脚。左脚在前为左虚步，右脚在前为右虚步（见图8-7）。

盖步：两脚前后开立，约本人脚长的3倍，右（左）脚尖向右（左）前，两腿交叉屈膝半蹲，左（右）脚后跟抬起，两拳拳心向上收于腰际，挺胸抬头，目视正前方（见图8-8）。

图 8-5 马步

图 8-6 弓步

图 8-7 虚步

图 8-8 盖步

跪步：两脚前后开立，约本人脚长的 3 倍，两腿屈膝下蹲，右（左）膝屈膝下跪并稍向外展，右（左）脚后跟抬起，两拳拳心向上收于腰际，挺胸抬头，目视正前方（见图 8-9）。

二、格斗基本功

（一）格斗势

格斗势是实施攻防动作的准备姿势。正确的格斗姿势是进行有效攻击和严密防守的基础，是完成进攻和防守的最佳预备姿势。它的特点是身体暴露面积小，便于步法移动，便于进攻和防守，可以全身自如保持平衡，又可以在瞬间做出反应。

以左式为例,在立正的基础上,右脚后撤一步,身体稍向右转,膝微屈,脚尖外斜45°脚跟稍提起;左脚尖稍里扣,膝微屈,重心落于两脚之间;两手握拳前后拉开,拳眼向上,左臂弯曲,肘关节夹角在90°~110°之间,肘尖下垂,左拳与鼻同高;右臂弯曲,肘关节夹角小于90°,大臂贴于右侧肋部;身体侧立,下颌微收,闭口合齿,收腹含胸,目视前方(见图8-10)。

图8-9 跪步

图8-10 格斗势

(二) 步法

步法是格斗中身体向前、后、左、右移动的方法。灵活而敏捷的步法,不仅是调整重心和维持身体平衡的关键,也是进攻和防守中占据有利位置和发挥最优攻势的基础。因此,对步法的训练应特别注重在活、疾、稳准上下功夫。

1. 进、退步

进、退步主要用于向前、向后及斜向移动。急进急退主要用于突然进步攻击和急退防守。

在格斗势的基础上,进步时,右脚前脚掌用力蹬地,通过腰髋的牵引推动左脚向前滑动,左脚前移后,右脚随即前滑跟进一步,前移时,身体重心要平稳前移,两脚应贴地而行,膝关节切勿僵硬,两脚进步距离相同,着地后仍保持格斗势的基本姿势(见图8-11);退步时,左脚前脚掌用力向后蹬地,右脚先后退一步,左脚随即后退一步,向后退步的步幅同前进步的步幅相同(见图8-12)。急进急退时,动作要领与进、退步相同,但脚步启动更突然,进、退更迅速。进、退时,左、右脚移动的距离基本相等。

图 8-11 进步

图 8-12 退步

2. 横移步

横移步主要用于横向闪躲向我直线攻击的拳或腿。在格斗势的基础上，左横移步时，右脚前脚掌蹬地，左脚先向左前侧移动，右脚随即向左移动，右脚移动距离大于左脚（见图 8-13）；右横移步时，左脚前脚掌蹬地，右脚先向右后侧移动，左脚随即向右移动，右脚移动距离大于左脚。移动中保持基本姿势不变（见图 8-14）。

图 8-13 左横移步

图 8-14 右横移步

3. 垫步

垫步主要用于急进出拳或出腿攻击和急退防守及反击。在格斗势的基础上，前垫步时，右脚前脚掌蹬地并先向左脚后进一步，左脚随即向前进一步

（见图 8-15）；后垫步时，左脚蹬地并先向右脚前后退一步，右脚随即后退一步。

（三）拳法

拳法是格斗中主要的攻击方法。要求出拳迅速、有力、准确。可以原地击打，也可配合步法、身法使用基本拳法有：直拳、摆拳、勾拳等。

1. 直拳

左直拳在格斗势的基础上，右脚蹬地，使身体重心稍前移，左拳向前用力内旋击出，力达拳面，上体微向右转，目视前方，然后迅速收回，成预备姿势。

右直拳：在格斗势的基础上，右脚蹬地上体稍向左转，转腰送肩，用力出拳使拳直线向前击出，力达拳面目视前方（见图 8-16）。

图 8-15 垫步

图 8-16 右直拳

2. 摆拳

左摆拳：在格斗势的基础上，左脚蹬地，使身体稍向右转，左拳向左前伸出转向右下横击，左拳内旋，拳心向左稍向下，力达拳面；右拳收于右腮。

右摆拳：在格斗势的基础上，右腿蹬地，上体稍向左转，右拳向外、向前、向里横击，右拳内旋，力达拳面，目视前方（见图 8-17）。

3. 勾拳

（1）平勾拳：分为左平勾拳和右平勾拳。

左平勾拳：在格斗势的基础上，上体稍向右转，左肘关节外展抬起，大臂和小臂约成 90°角，左拳经左向右击出，拳心向下，左脚跟外转，出拳后左臂迅速向胸靠拢,成预备姿势(见图 8-18)。右平勾拳的动作同左平勾拳,方向相反。

图 8-17　右摆拳

图 8-18　左平勾拳

(2)上勾拳:分为左上勾拳和右上勾拳。

左上勾拳:在格斗势的基础上,身体稍左转,微沉肘,重心略下沉,左脚蹬地,腰突然向右转,以蹬地、扭腰、送胯的合力,左拳由下向前上猛力击出,力达拳面,目视前方。出拳后迅速恢复成预备姿势(见图 8-19)。

图 8-19　左上勾拳

右上勾拳:在格斗势的基础上,身体稍向右转微向前倾,右脚蹬地、扭腰、送胯,右拳向内,由下向前上猛击,力达拳面,并迅速收回成预备姿势。

(四) 腿法

腿法具有打击力量大、范围广、隐蔽性强,能进行有效进攻与反击等特点。基本腿法通常有蹬腿、勾踢腿、弹腿等。

1. 蹬腿

左蹬腿:在格斗势的基础上,右腿直立或稍弯曲,左腿屈膝抬起,勾脚尖,由屈到伸以脚跟领先,向前猛力蹬出,力达脚跟;也可送髋,脚掌下压,力达前脚掌。左臂自然下摆助力,右拳护面,目视前方。做左蹬腿时可配合垫步前蹬(见图8-20)。

图8-20 左蹬腿

右蹬腿:在格斗势的基础上,右脚蹬地,重心前移,左腿直立或稍弯曲,右腿屈膝抬起,勾脚尖,以脚跟为力点,由屈到伸向前猛力蹬出;也可送髋,脚掌下压,力达脚掌。右臂自然下摆助力,左拳收回到头部左侧,目视前方(见图8-21)。

图8-21 右蹬腿

正蹬腿：分为左正蹬腿和右正蹬腿

左正蹬腿：在格斗势的基础上，重心后移，左脚屈膝抬起，勾脚尖，由屈到伸，向前猛力蹬出，力达脚跟，左臂自然下摆于体侧，右拳护面，目视前方。动作完成后迅速收回成预备姿势。做左正蹬腿时可配合垫步前蹬。

右正蹬腿：在格斗势的基础上，右脚蹬地，重心前移，右脚屈膝抬起，勾脚尖，以脚为力点，由屈到伸，向前猛力蹬出，右臂自然下摆于体侧，左拳收回到头部左侧，目视前方（见图 8-22）。

图 8-22　右正蹬腿

2. 勾踢腿

左勾踢：在格斗势的基础上，右脚微屈膝支撑身体，左脚向后抬起（一般大小腿夹角不超过 90°），上体稍右转，收腹合胯带动左腿，勾脚尖向前向右弧线擦地勾踢，力达脚弓内侧（见图 8-23）。

图 8-23　左勾踢

右勾踢：在格斗势的基础上，左腿弯曲，身体向左转180°，收腹合胯，右腿勾脚尖，由后向左前弧线擦地勾腿，力达脚弓内侧（见图8-24）。

图8-24 右勾踢

3. 弹腿

左弹腿：在格斗势的基础上，重心移至右腿，右腿微屈支撑。身体，左腿提膝上抬，大腿带动小腿向前上方弹击，脚背绷直，着力点在脚背，目视前方（见图8-25）。

图8-25 左弹腿

右弹腿：在格斗势的基础上，重心移至左腿，左腿微屈支撑身体，右腿提膝上抬，大腿带动小腿向前上方弹击，脚背绷直，着力点在脚背，目视前方（见图8-26）。

图 8-26 右弹腿

4. 踹腿

左踹腿：在格斗势的基础上，右腿稍弯曲保持弹性，左腿屈膝抬起靠近胸前，大小腿夹紧，勾脚尖，小腿外摆，脚掌正对攻击目标，展髋、挺胸向前猛力踹出，力达脚掌，身体适当侧仰（见图 8-27）。

图 8-27 左踹腿

右踹腿：在格斗势的基础上，左腿稍屈支撑，身体向左转 180°，同时右腿屈膝高抬靠近胸前，大小腿夹紧，勾脚尖，小腿外提，脚掌对正攻击目标，展髋、挺胸向前猛力踹出，力达脚掌，身体适当侧仰（见图 8-28）。

第八章　防卫技能与战场医疗救护

图 8-28　右端腿

（五）鞭腿

左鞭腿：在格斗势的基础上，上体稍向右转侧倾同时左腿屈膝抬起，大小腿折叠，脚尖绷直，右腿支撑身体，左脚向右上方猛力弹踢，力达脚背或小腿下端左臂自然下摆助力，右拳收于下颌处，目视前方。左脚迅速收回，落地成预备姿势。

右鞭腿：在格斗势的基础上，上体稍左转，同时右腿屈膝抬起，脚面绷直，膝关节弯曲大于90°，右脚向左前方猛力弹踢，右臂自然下摆助力，左拳收于下颌处，目视前方。右脚迅速收回，落地成预备姿势（见图8-29）。

图 8-29　右鞭腿

（六）肘法

横击肘：在格斗势的基础上，右（左）脚蹬地向左（右）转体时，身体

— 265 —

重心移至左腿同时,右(左)肘抬平,由右(左)成弧形击肘,力达肘尖,肘稍高于肩,眼看右(左)肘,击中目标后向右(左)转体,回到原来位置,恢复成预备姿势(见图8-30)。

顶肘:在格斗势的基础上,右脚向后撤一大步,身体后转成右弓步同时左手抱推右拳,右肘向右水平顶击,肘与肩平,眼看右肘(见图8-31)。

图8-30 横击肘　　　　　　　图8-31 顶肘

砸肘:在格斗势的基础上,右(左)脚蹬地向左(右)转体时,右肘抬起,由上向下砸击,力达肘尖,肘稍低于肩,眼看右(左)肘,击中目标后向右(左)转体,回到原来位置,恢复成预备姿势(见图8-32)。

挑肘:在格斗势的基础上,右臂屈肘握拳,随即以蹬腿、拧腰、送胯之合力,由下向上猛力挑击,力达肘尖或肘前部(见图8-33)。左挑肘动作相同,方向相反。

图8-32 砸肘　　　　　　　图8-33 右挑肘

(七）膝法

正顶膝：在格斗势的基础上，身体重心移至前腿，收腹含胸的同时，两手成拳向后下回拉，右膝向前上方冲顶，力达膝部，两手与膝同高，眼看右膝。击中目标后右脚向后落地，恢复成准备格斗式（见图8-34）。

侧顶膝：在格斗势的基础上，身体重心移至前腿，收腹含胸的同时，两手成拳向右后下回斜拉，右膝由向左前上方冲顶，力达膝部，两手与膝同高，眼看右膝。击中目标后右脚向后落地，恢复成预备姿势（见图8-35）。

图8-34 正顶膝　　　图8-35 侧顶膝

（八）倒法

合理的倒地可以避免摔伤，增强防护能力，也可用于摆脱困境，变被动为主动，同时还可借跌扑技能攻击对方。

1. 预备姿势

在立正的基础上，右脚向右分开约与肩同宽，屈膝半蹲，两臂后摆，掌心相对，上体前倾（见图8-36）。

2. 前倒

在立正的基础上，身体挺直自然前倒至约45°时，挥臂上举，尔后屈肘于胸前，两掌成杯状，掌心向前，在身体接触地面的同时，手掌扣拍地面，与小臂同时着地，两腿挺直，以手、小臂、脚尖将身体撑起（见图8-37）。

3. 前扑

在预备姿势基础上，两脚蹬地，向前上方跃起，同时挥臂上举展腹，两腿挺直后摆，倒地的同时，两掌成杯状，扣拍地面，以两掌、小臂及两脚前脚掌内侧将身体撑起（见图8-38）。

图 8-36 倒法预备式

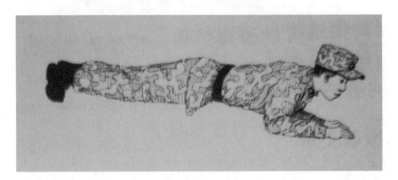

图 8-37 前倒

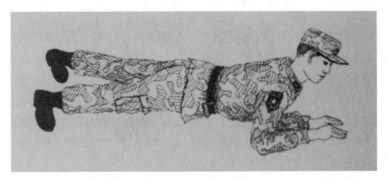

图 8-38 前扑

第八章　防卫技能与战场医疗救护

4. 侧倒

在预备姿势基础上，左脚向前半步，右脚上前一步，同时，向右拧腰、挥臂（左臂在前上，右臂在后下）左脚顺势前扫上摆，两臂向左上挥摆，身体向左后猛转，右脚经体前，向左摆动，以右脚掌、左手臂和体侧着地，右臂上架护头，两腿成剪刀状（见图8-39）。主要用于绊摔中侧倒时的自我保护，也是跌扑击敌的主要技能，倒地后还可用脚勾踹、绊绞。

图8-39　侧倒

5. 侧扑

在预备姿势基础上，两脚蹬地向前跃起，同时两臂前摆，侧身屈肘，团身收腿，以两手掌、两小臂、体右侧着地，倒地后，双腿屈膝分开（见图8-40）。用于受到猛力打击向侧前摔倒时的自我保护，倒地后，也可用双脚勾踹。

图8-40　侧扑

6. 后倒

在预备姿势基础上，两臂前摆击掌，上体微向前倾，随即上体后仰、髋部前送，两臂同时外展仰身，猛向后挥臂，左（右）脚蹬地，使手臂、双肩后侧同时着地，右（左）脚前上摆（见图 8-41）。多用于向后失去重心倒地时的自我保护，要求倒地时切记勾头、挺腹、憋气。

图 8-41　后倒

三、徒手擒敌

（一）携臂

（1）面对敌站立或行进至敌右前侧一步远时，左脚向左前半步，同时左手抓敌右手腕上抬，右小臂猛力挑击敌右肘弯，迫敌屈肘（见图 8-42）。

（2）向右后转身，上右脚成右弓步，右手抓敌肩，左手折腕右推，别压敌右臂，迫其伏身下蹲，使敌右膝左手接地（见图 8-43）。

（二）携腕

由后接敌，左（右）脚上步，左（右）手抓敌右（左）手腕上挑的同时，右（左）掌猛砍敌肘弯，（见图 8-44）右（左）手抓敌手背，猛力下折敌腕关节制敌（见图 8-45）。

（三）拦腰摔

（1）敌两臂在内抓我大臂，我迅速两臂在外抓敌大臂（见图 8-46），我右小臂抬起向下猛切敌左腕，乘敌抽手之机，上右步于敌右腿后侧，右臀紧靠敌右臀，双膝微屈，右手揽抱敌腰（见图 8-47）。

第八章 防卫技能与战场医疗救护

图 8-42 携臂（1）

图 8-43 携臂（2）

图 8-44 携腕（1）

图 8-45 携腕（2）

图 8-46 拦腰摔（1）

图 8-47 拦腰摔（2）

(2) 左手猛拉敌臂向左,右手扳腰向后顶臀,将敌摔倒,右膝顶肋,右手卡喉制敌(见图8-48)。

图8-48 拦腰摔(3)

(四)顶摔破卡喉

(1) 当敌从正面双手卡喉或揪抓我衣领时,我左脚迅速旁迈,向左拧身挥拳猛击敌太阳穴或左腮(见图8-49),重心下沉,以大臂由上向下借转体之力猛切敌小臂或手腕,迫敌脱手(见图8-50)。

图8-49 顶摔破卡喉(1)　　图8-50 顶摔破卡喉(2)

(2) 上右脚于敌两腿之间,弯腰伏身;左手抱敌右膝窝,右肩猛顶敌腹(见图8-51),将敌摔倒,而后上左脚于敌右肩前,双手卡喉,右膝顶档将敌制服(见图8-52)。

图 8-51　顶摔破卡喉（3）

图 8-52　顶摔破卡喉（4）

（五）拧头破前抱腰

敌由前双手抱腰（见图 8-53），我迅速降低重心成马步，同时左手扳敌后脑，右手推托敌下颌，左扳右推（见图 8-54），即可解脱。

（六）顶腹锁喉

（1）面对敌站立，以突然迅速的动作上左步，双手分别抓敌两肩并向我怀里猛拉下按，同时抬起右膝猛顶敌腹部（见图 8-55）。

（2）乘敌弯腰收腹之机，右脚向后半步落地同时，右手从敌颈下迅速穿过，抓我左手腕以小臂桡骨锁喉，将其头部挟于我右掖下（见图 8-56），身体后仰，右小臂上提，别压敌喉结部，使敌窒息，身体猛向后仰可折断敌脖颈（见图 8-57）。

图 8-53　拧头破前抱腰（1）　　图 8-54　拧头破前抱腰（2）

图 8-55　顶腹锁喉（1）

图 8-56　顶腹锁喉（2）　　图 8-57　顶腹锁喉（3）

(七) 击腹别臂

(1) 敌由后左臂锁喉,我迅速重心下沉防敌抱摔,同时收紧下颌以减轻对我咽喉的锁压,左脚迅速旁迈,左手扣抓敌左手腕下拉,右肘向后猛击敌腹(见图8-58)。

(2) 身体继续右转,右臂从敌左臂下绕过,向上伸起,左手抓右手腕猛力向左下别压敌臂,锁控敌肘关节迫敌弯腰俯身(见图8-59)。

图8-58 击腹别臂(1)

图8-59 击腹别臂(2)

(八) 踹腿锁喉

(1) 隐蔽接敌距其后一步远时,起右(左)脚猛踹其左(右)膝窝,迫其身体后仰,同时双手前伸,右手在前左手在后(见图8-60)。

(2) 左手抓右手腕,以右小臂桡骨侧锁喉制敌(见图8-61)。

图8-60 踹腿锁喉(1)

图8-61 踹腿锁喉(2)

(九) 由后抱膝

(1) 由后快速隐蔽接敌，距敌约一米远时猛力前冲，肩顶敌臀部，双手抱膝后拉上提，将敌摔倒（见图 8-62）。

(2) 迅速骑坐敌腰，锁喉制敌（见图 8-63）。

图 8-62　由后抱膝（1）

图 8-63　由后抱膝（2）

四、防夺凶器擒敌

(一) 压肘夺手枪

(1) 敌由前持手枪顶我胸部，我双手慢慢上举，右脚向右前突然上步闪身，同时，右手抓敌手腕左推（见图 8-64）。

(2) 迅速上右脚于敌右腿后侧，同时右肘前送向下磕击敌肘弯，迫敌屈肘，左手向下猛折敌手腕，迫敌后仰弃枪（见图 8-65）。

图 8-64 压肘夺手枪（1）

图 8-65 压肘夺手枪（2）

（二）压肘夺步枪

（1）敌持步枪向我右胸突刺，我迅速左前上步闪身，右手挡抓敌枪管并夹于腋下（见图 8-66）。

图 8-66 压肘夺步枪（1）

（2）左掌猛砍敌左腕迫敌脱手，并抓住敌左腕，向左后转体，右手将枪托插入敌裆的同时反手下压敌左肘，左手上抬敌臂，将敌制服（见图 8-67）。

（三）卷腕夺匕首

（1）敌反握匕首上右步下刺我腹部时，我双手在腕部交叉，成"×"型下挡敌手腕（左手在前，右手在后）同时双脚略微后跳，防敌刺中腹部（见图 8-68）。

图 8-67　压肘夺步枪（2）

图 8-68　卷腕夺匕首

（2）左手反抓敌手腕，拇指抵压其手背，右手以同样的方法推卷敌手腕，向左外拧拉，上右步于敌后，以右小腿向后扫（挑）击敌右小腿，以向左外拧拉和向后扫击之合力，将敌摔倒（见图 8-69），而后左脚垫步，右脚蹬肋，双手猛力折腕，使敌匕首脱手（见图 8-70）。

（四）拉肘夺匕首

（1）敌右手正握匕首上右步上刺我上体，我迅速抢步进身，左手托抓敌手腕，同时右拳直打敌面（见图 8-71）。

（2）上右脚于敌右腿后侧，右手扳敌右肘关节内拉，左手别压敌小臂，以左按右扳绊腿之合力将敌摔倒（见图 8-72）。尔后右膝顶肋，双手右推左拉将敌臂别于我左大腿上，右手卷腕夺取匕首（见图 8-73）。

第八章　防卫技能与战场医疗救护

图 8-69　卷腕夺匕首（2）

图 8-70　卷腕夺匕首（3）

图 8-71　拉肘夺匕首（1）

图 8-72　拉肘夺匕首（2）

图 8-73　拉肘夺匕首（3）

(五）绊摔防直刺

（1）敌右手反握匕首上右步直刺我上体，我右脚迅速右前上步闪身，左手挡抓敌手腕外拧，尔后右脚上步于敌右腿后侧，别绊其腿，右手推按敌左肩（见图 8-74）。以左拉、右按、绊腿之合力将敌摔倒（见图 8-75）。

图 8-74 绊摔防直刺（1）　　　图 8-75 绊摔防直刺（2）

（2）右膝顶肋，右手卡喉，左手拉直敌臂，将敌右肘关节别于我左大腿上（见图 8-76）。

图 8-76 绊摔防直刺（3）

(六）推肘夺菜刀

（1）敌右手持菜刀上右步向我头部砍来时，我迅速左前上步闪身，右手顺抓敌手腕外推（见图 8-77）。

第八章 防卫技能与战场医疗救护

图8-77 推肘夺菜刀（1）

（2）向右后转体，右脚落地迈步，左手向下推压敌肘，右手猛力提拉敌小臂，左肘紧顶敌背，以右大腿和双手磕掉敌刀，迫敌跪地（见图8-78）。

图8-78 推肘夺菜刀（2）

（七）别肘防短棍

（1）敌右手持短棍上右步由上向下向我头部打来时，我迅速上左步抢步进身，左臂向上向外格挡敌小臂，右拳直打敌面或右掌猛刺敌喉（见图8-79）。

（2）上右步于敌右腿后侧，右手虎口向上扳拉敌肘左小臂向下别压敌小臂，迫敌失去重心（见图8-80）

图 8-79　别肘防短棍（1）　　　图 8-80　别肘防短棍（2）

（八）下钻防棍

（1）敌持棍由上向下向我劈来时，我迅速弯腰俯身，右脚向前一大步抢步进身，双手抱敌膝窝，肩顶敌腹（见图 8-81）。

图 8-81　下钻防棍（1）

（2）以顶腹抱膝之合力将敌摔倒，上左脚踩敌右大臂，双手卡喉，右膝顶裆（见图 8-82）。

（九）掏裆防棍

敌双手持棍上右步由上向下向我头部打来时，我左脚迅速向左前上步闪身，左手掏裆，右手按颈，左掀右按迫敌倒地（见图 8-83），而后迅速骑腰，左手八字掌按颈，右拳猛击敌太阳穴或耳（见图 8-84）。

图 8-82 下钻防棍（2）

图 8-83 掏裆防棍（1）

图 8-84 掏裆防棍（2）

五、捕俘拳

捕俘拳是捕俘技术的基本功、基本动作的一种综合练习。通过训练，可增强力量，掌握技术，锻炼灵活性，提高受训者抓捕、擒拿技能和身体素质。

（一）队形散开

成方队队形散开时，一般由右侧一路和最前侧一列人员报数，其他人员记住自己所在的路和列的数字，并将此数字乘2减1，确定自己要向前和向左要走的步数，听到"散开"的口令后，当前一名踢出两步后，在其踢出第三步的同时自己踢出第一步，而后踢完自己的步数。然后所有人统一向左转,按上述动作要领踢完向左的步数。最后统一向右转,即完成队形散开。

(二) 动作要领

预备姿势

当听到,"捕俘拳—格斗准备"的口令后,在立正的基础上(见图 8-85),两脚尖迅速并拢,同时两手握拳,两臂微屈,拳眼向里,距身体约 10cm,头向左摆,目视左方(见图 8-86)。

图 8-85 预备姿势①　　图 8-86 预备姿势②

1. 挡击冲拳

起右脚原地猛力下踏,左脚向左侧跨出一步,右拳提至腰际,拳心向上(见图 8-87),在左转身的同时,左臂里格上挡,拳心向前,右拳从腰际旋转冲出,拳心向下,左拳位于额前约 20cm,成左弓步(见图 8-88)。

图 8-87 挡击冲拳①　　图 8-88 挡击冲拳②

要求：踏脚时要全脚掌着地。

易犯错误：垫步格挡慢，冲拳不到位。

纠正方法：垫步闪身迅速到位，转腰送胯旋转出拳。拳面要平，拳心向下。

2. 拧臂绊腿

左拳变掌切击右拳背，右拳收回腰际，右脚前扫（见图8-89）；左手挡、抓、拧、拉收回腰际，同时右脚后绊，右拳猛力旋转冲出（见图8-90）。

图8-89 拧臂绊腿①

图8-90 拧臂绊腿②

要求：前扫后绊协调有力，重心要稳。

易犯错误：砍臂绊腿分解。

纠正方法：砍臂迅速，旋转出拳，削踹同时，出拳绊腿同时，绊腿有力，重心稳定。

3. 叉掌踢裆

上右脚成右弓步，同时两拳变掌沿小腹向上架掌，掌与眉同高（见图8-91）；两掌变勾猛向后击，同时起左脚，大腿抬平，脚尖绷直，猛力向前弹踢，迅速收回（见图8-92）。

要求：两大臂夹紧，猛力后击；猛踢快收，重心要稳。

易犯错误：重心不稳。

纠正方法：上步架掌，弹踢击腰，重心前移，支撑腿微弯。

图 8-91　叉掌踢档①　　图 8-92　叉掌踢档②

4. 下砸上挑

两手变拳，左拳由上猛力下砸，与膝同高，同时左脚向前跨步，成左弓步（见图 8-93）；右拳由档前上挑护头，拳心向前，起右脚大腿抬平，脚尖绷直，头向左甩（见图 8-94）。

图 8-93　下砸上挑①　　图 8-94　下砸上挑②

要求：起身要快，重心要稳。

易犯错误：重心不稳。

纠正方法：上步下砸，重心迁移，掼完上挑，同时收腿。

5. 下蹲侧踹

上体正直下蹲，右脚猛力下踏，两小臂上下置于胸前，左臂在上，拳心向下，右臂在下，拳心向上（见图 8-95）；迅速起身，两拳交错外格，起左脚大腿抬平，脚尖里勾，向左猛踹，迅速收回（见图 8-96）。

图 8-95　下蹲侧踹①　　　　图 8-96　下蹲侧踹②

要求：踏脚有爆发力，下蹲，起身要快。
易犯错误：收腿缓慢。
纠正方法拳心相对，踹完起身，同时收脚。

6. 顺手牵羊

左脚向前方落地屈膝，两拳变掌在左前方成抓拉姿势（见图 8-97），两手向右后回拉，同时右脚前扫（见图 8-98）。

图 8-97　顺手牵羊①　　　　图 8-98　顺手牵羊②

要求：后拉、前扫要协调有力，重心要稳。

易犯错误：手眼不到位。

纠正方法：上步上手，左托肘，右抓腕，后拉猛踹，眼看后手。

7. 上步抱膝

右脚向前落地的同时，两手变拳，左小臂上挡（见图8-99）；左转身屈膝下蹲，两拳变掌合力后抱，掌心相对，与膝同高，右肩前顶，成右弓步（见图8-100）。

图8-99　上步抱膝①

图8-100　上步抱膝②

要求：转体、合抱要协调一致。

易犯错误：抱膝不到位。

纠正方法：转身迅速，插掌抱膝，掌与膝高。

8. 插裆扛摔

左转身左手上挡，右手前插，掌心向上（见图8-101）；左手向右下拧拉，大臂贴肋，小臂略平，拳心向上，同时右臂上挑，右肩上扛，身体稍向右转，右拳与头同高，拳心向前，重心大部分落于右脚，成右弓步（见图3-102）。

要求：下拉、上挑、转体要协调一致。

易犯错误：插扛不一致。

纠正方法：左右弓步互换，猛插裆，转腰扛摔。

9. 下拨勾拳

左拳下拨后摆，左转身的同时，右拳由后向前猛力上击，拳心向内，与下颌同高，同时右脚向右自然移动，成左弓步（见图8-103）。

要求：转身要快，勾拳要猛。

易犯错误：下拨不到位。

纠正方法：下拨迅速，同时闪身，转腰上勾。

图 8-101 插档扛摔①

图 8-102 插档扛摔②

图 8-103 下拨勾拳

10. 卡脖掼耳

右脚踮步，左脚抬起，脚掌与地面平行，在左脚落地的同时，右脚上步成右弓步，左拳变八字掌置于胸前，右拳后摆（见图8-104）；向左转体成左弓步的同时左手下按，右拳由后向前下猛力横击（见图8-105）。

要求：踮步有力，转体、卡脖、拳击要协调一致。

易犯错误：上步慢，掼耳不准确。

纠正方法：上步同时上掌，抡拳掼耳。

图 8-104 卡脖掼耳①

图 8-105 卡脖掼耳②

11. 内外挂腿

在起身的同时,左脚向右踮步,右脚前扫,两手合掌于右肩前(见图8-106),两手猛力向左肩前拧拉,上体稍向左转,同时右脚后绊,成左弓步(见图8-107)。

图 8-106 内外挂腿①

图 8-107 内外挂腿②

要求:踮步、合掌、前扫要协调一致,重心要稳。

易犯错误:手眼不到位。

纠正方法:拧拉转身要同时,眼看后方。

12. 踹腿锁喉

右脚向右前方踮步,左脚向右跃步,然后起右脚,大腿抬平,脚尖里勾，两臂弯曲，置于胸前，右掌在前，左掌在后，掌心向下（见图8-108，图8-109）；右脚侧踹，在落地的同时右手沿敌脖横插，左手抓握右手腕，右手变拳，猛力后拉，下压，成右弓步（见图8-110）。

图8-108　踹腿锁喉①　　图8-109　踹腿锁喉②　　图8-110　踹腿锁喉③

要求：踹、锁要协调一致，重心要稳。

犯错误：踹锁不到位。

纠正方法：重心前移，踹锁同时，肩顶敌头

内拨冲拳上左脚右转身成右弓步，左臂顺势内拨护于腹前，右拳收于腰际，拳心向上；左臂里拨后摆，右拳以蹬地、转腰、送胯之合力旋转冲出，成左弓步（见图8-111）。

图8-111　内拨冲拳

要求：冲拳要有爆发力。

易犯错误：冲拳不到位。

纠正方法：上步迅速，内拨闪身，迅速冲拳。

14. 抓手缠腕

两拳变掌，左手抓握右手腕；右掌上挑外拨，身体稍向右转，两臂用力后拉并扣压于腰际，成右弓步（见图8-112）。

图8-112 抓手缠腕

要求：抓手回收上挑，转身别压，抓握要快而有力。

易犯错误：抓手不到位，缠腕不到位。

纠正方法：紧抓敌手腕，划弧下压，左肘下压，低于右肘。

15. 砍脖提裆

左手砍脖，右手抓裆（见图8-113），在右手后拉上提的同时左手猛力向前下推拉，成左弓步（见图8-114）。

图8-113 砍脖提裆①

第八章 防卫技能与战场医疗救护

图8-114 砍脖提裆②

要求：左砍、右抓、下压上拉要协调一致。
易犯错误：砍脖不到位，提裆不到位。
纠正方法：左弓步砍脖插裆，右手提裆贴于右肋。

16. 别臂下压

右转身成右弓步时右手变拳，右小臂上挡（见图8-115）；上左脚成左弓步的同时，左臂微屈向前上方插掌并变拳，右手抓握左手腕（见图8-116）；向右转体，两手下拉别压，成右弓步（见图8-117）。

要求：转身，上步插掌、别臂回拉要协调。
易犯错误：抓腕别臂不协调。

图8-115 别臂下压①

图 8-116　别臂下压②　　　图 8-117　别臂下压③

纠正方法：转身上挡迅速，同时上步插掌，抓腕别臂，眼看左肘。结束姿势：听到"停"的口令，左转身，两拳收于腰际，右脚靠拢左脚，恢复成立正姿势（见图 8-118，图 8-119）。

图 8-118　结束姿势①　　　图 8-119　结束姿势②

（三）训练方法

1. 准备活动

（1）有氧热身

由小强度有氧运动开始，如慢跑等，随准备活动的进行增加强度。

（2）伸展练习在有氧热身之后进行伸展练习，特别强调上肢与下肢各关节的环绕及各肌群的拉伸练习。如跪姿后倒，牵拉髋部、腹部、大腿前部、小腿前部和踝关节；坐姿屈膝俯身，牵髋部、大腿内部和腰部；别臂侧压。

(3) 技术热身通过技术练习有针对性的活动专门的肌肉群。如几个人互相拍打颈部、背部以放松肌肉神经；以臂功腿功复习作为准备活动，既充分活动了身体，又巩固了臂功腿功的训练。

2. 训练步骤与方法

(1) 训练步骤。

初步掌握阶段：本阶段的训练应根据实际情况，多运用形象化训练手段：以示范为主，与讲解相结合，使受训者在模仿学习中通过视觉反馈逐步建立肌肉的运动感觉。在进行示范时，技术动作要准确、熟练、轻松、优美，而且还要把技术的实战作用贯穿到每一动作中给受训者一个正确、形象完整的动作概念。

首先，利用保护、帮助、降低动作难度等方法，使受训者在一定的安全保护下，提高肌肉的运动感觉，以消除防御性反射对练习的干扰。这要求组训者在训练安排及要求上，要注意贯彻由易到难、由简到繁、循序渐进的原则，防止出现训练伤。

其次，组训者对受训者完成动作的情况要多做肯定和鼓励，多从正面提出希望，这样有利于加速条件反射的建立进而提高动作学习的效率。

改进提高阶段：此阶段在技术动作训练中具有十分重要的作用，其训练的主要任务是在初步掌握技术动作的基础上，不断的巩固提高，让受训者进一步掌握动作细节，提高动作的练习质量，巩固建立的动力定型，使受训者逐步做到连贯正确的完成技术动作。

(2) 训练方法。

分解训练法：分解训练法是指将完整的技术动作合理地分成若干个环节或部分，然后按环节或部分分别进行训练的方法。在训练初期，为了对动作要领进行细致、专门的训练，使动作更加准确、高效，常采用分解训练法进行训练。

链式训练法：链式训练法是像锁链一样一环一环紧紧相扣的训练方法。此法是为了避免受训者在学习新动作时忘掉前面动作，而对之前学习动作不断加以巩固。以捕俘拳为例：学习每一新动作前，都要先复习已学动作，在新动作基本定型后要与之前动作反复连贯练习。即学习第十六动时，捕俘拳已经可以连贯打完。

重复训练法：重复训练法是指在相对固定的条件下，按照一定的要求多次重复某一练习，组与组之间安排较充分休息的训练方法。构成重复训练法的基本要素有：训练强度、训练量、持续时间、休息时间。重复训练负荷较大，可使受训者在短时间内提高适应能力。重复训练既可巩固新动作，又可复习老动作，使动作连贯、熟练、标准。

（四）实战应用训练

"深入虎穴"捕捉俘虏，必须采取隐蔽快速的行动，出其不意地袭击敌人，一招制敌，速战速决。捕俘拳套路中的动作创编主要包括由后捕俘、摔打捕俘等内容，练好各招式的实用技术是迅速制服敌人的硬功夫，是战场捕俘的基本技能

1. 由后捕俘

由后捕俘是从侧后接近敌人并实施捕俘的方法。捕俘拳训练第 7 动 "上步抱膝"、第 12 动 "踹腿锁喉"和第 15 动 "卡脖提裆"捕俘时，应根据敌情、地形，正确运用抱膝、锁喉、提裆等动作制服敌人

2. 摔打擒拿捕俘

摔打捕俘是捕捉徒手顽抗之敌的动作。捕俘拳训练第 8 动 "插裆扛摔"、第 14 动 "抓手缠腕"和第 16 动别臂下压"捕俘时，要善于找敌弱点，正确运用扛摔、缠腕、别臂动作擒敌要害，将敌制服。

第二节 军 体 拳

军体拳是由拳打、脚踢、摔打、夺刀、夺枪等格斗动作组合而成的一种拳术。经常开展军体拳训练，对培养军人坚韧不拔、勇敢顽强的战斗作风，具有重要意义。军体拳是经总参军训部批准，1989 已列入中国人民解放军《体育训练教材》，在全军推广的军体拳共有三套。第一、第二套各有十六个动作，第三套有三十二个动作。

一、军体拳特点

军体拳具有套路长短适中，动作精练，有技击含义，节奏分明，易学易懂，既能单人打又能集体表演；不需要任何器材，对场地要求不高，一块平地即可练习。

（1）第一套军体拳的特点：由格斗的基本功和基本动作组合而成的套路练习，它动作精练，有技击含义，适用。有一定锻炼价值，有防身自卫作用。

（2）第二套军体拳的特点：由摔打、夺刀、夺枪、袭击等格斗基本动作

所组成的套路练习。动作精练适用,每一动都是"一招制敌",能保护自己,同时能锻炼身体,增强体质。

第三套军体拳的特点:具有第一、第二套的特点外,还有长拳舒展大方,动作灵活迅速有力,节奏明显的特点,又有南拳步稳、势烈、动作刚劲有力的特点。动作数量等于第一、二套总和,运动量也较大,动作难度较复杂,都有技击含义,它不但能锻炼身体,又是克敌制胜的有效手段。

二、军体拳的作用

(1) 打军体拳有一定活动量,对发展力量、耐力、速度都有积极作用,因此有锻炼身体,增强体质作用。

(2) 因为军体拳是由踢、打、摔、拿、拧等格斗的基本要素所组成,因此学好军体拳一招一式,能防身自卫,克敌制胜,有保护自己的作用。

三、军体拳的手型、步型

(1) 军体拳手型主要有三种,即拳:主要用于击打和砸;掌:主要用于推、砍、劈、抽打等;勾手:主要是打、勾。

2. 军体拳的常用步型有马步、弓步、虚步、仆步、歇步等。

四、军体拳训练时常见的错误动作及纠正方法

(1) 动作要领不正确。纠正方法:用正误对比法;先慢动作正确示范,并边做边讲,看清错在那里。然后再慢动作领做。

(2) 发力不当,动作僵硬。纠正方法:由慢到快领做,由不用力逐步过度到用力。体会自然发力,体会徒手冲拳。发力要强调蹬腿扭腰的力量。

(3) 动作不连贯。纠正方法:套路不连贯是单个动作不熟练所致。要熟练掌握单个动作,然后由慢到快体会动作与动作之间的衔接关系,由慢到快反复体会。

(4) 不理解动作的性质和作用而出现的错误。纠正方法:根据动作的攻防含义,讲清动作的实用意义,通过两人攻防配合,解释动作方向路线,启发诱导,帮助纠正。

五、运用口令指挥军体拳训练

(一)口令指挥

(1) 把动作名称当"口令"。如发出"预备"或"弓步冲拳"口令,大

家做预备姿势或弓步冲拳,依次进行。

(2) 用"番号"代替口令。如喊"1",大家做弓步冲拳。再喊"2"……依次进行。口令要短促,宏亮有力,要结合套路结构的快慢,发出有快有慢的口令。

(3) 提示性口令,是在番号口令前加上动作名称,如"弓步冲拳",动作名称是预令,番号是动令,听到"1"的口令时大家做弓步冲拳。提示性口令有提醒和帮助记忆的作用。还有助于操练时动作整齐划一,对初学者较适用。

(二) 打军体拳发声的原因

军体拳每个动作都有技击含义,"一招制敌"。节奏分明,刚劲有力。发声是以声助力,达到加强发力的目的。发声有振奋精神,壮胆怯敌,长我志气,灭敌威风的作用,发声还可使动作整齐划一。操练或表演时,可每个动作都发声;也可一段中规定某个动作发声;或者第一动和最后一动发声等。

(三) 自学军体拳

自学军体拳首先要识别图解,军体拳书中的图,是描绘动作路线的;文字说明,是讲解动作顺序和动作方向。二者结合起来简称图解。正确掌握图解知识,便于自学自练。自学首先要识别图解运动方向;图中人的身前为前,身后为后,左侧为左,右侧为右。此外还有左前、右后、右前、左后之分。其次要识别运动方向,虚线或实线表示该部位下一动行进的路线。再次是要熟悉术语,军体拳有的是用术语解释动作,如马步、弓步、踢腿、冲拳等。

六、第一套军体拳动作要领

(1) 预备姿势:当听到"军体拳第一(二、三)套,预备"的口令后,在立正基础。(见图 8-120),身体稍向左转,同时右脚向右后撤一步,两脚略成"八字形"屈膝,体重大部落于右脚。两手握拳,前后拉开,左肘微屈,拳与肩同高,拳眼向内上,右拳置于小腹前约 10 cm 处,拳眼向上,自然挺胸,收腹,目视前方(见图 8-121)。

(2) 弓步冲拳:右拳从腰间猛力向前旋转冲出,拳心向下,同时左拳收于腰间,成左弓步(见图 8-122)。用途:击面、胸或腹部。

(3) 穿喉弹踢:左拳变掌向前上猛插,掌心向上。右拳收于腰间,同时抬右腿,大腿略平,屈膝,脚尖向下绷直,猛力向前弹踢,并迅速收回(见图 8-123)。用途:掌穿喉,弹裆或小腹部。

第八章 防卫技能与战场医疗救护

图 8-120　　　　　图 8-121　　　　　

图 8-122　　　　　图 8-123

(4) 马步横打：右脚向前落地成右弓步，同时左手前伸变八字掌，右拳自然后摆（见图 8-124①）左转身成马步的同时，左手抓拉收于腰间，右拳向前猛力横击，臂微屈，拳与肩同高，拳心向下（见图 8-124②）。用途：击头或腰部。

(5) 内拨下勾：右转身成右弓步，同时右臂内拨后摆，左拳后摆并由后向前上方猛击，拳与下颌同高，拳心向里，左脚自然向左移动（见图 8-125）。用途：击下颌，腹部或裆部。

(6) 交错侧踹：右转身，右脚尖外摆，左大腿抬平，屈膝、脚尖里勾，两臂在胸前交错（见图 8-126①），左脚向左侧猛踹，并迅速收回，同时两臂上下外格，屈右肘，拳与头同高，拳眼向后。左臂自然后摆，拳心向后（见图 8-126②）。用途：踹膝关节或肋部。

— 299 —

图 8-124

图 8-125

(7) 外格横勾：左脚向前落地，左转身成左弓步，同时左臂上挡、外格，后摆。右拳以扭腰送胯之合力由后向前猛力横击，合力由后向前猛力横击，拳与鼻同高，拳心向下（见图 8-127）。用途：击头、面部。

图 8-126

第八章 防卫技能与战场医疗救护

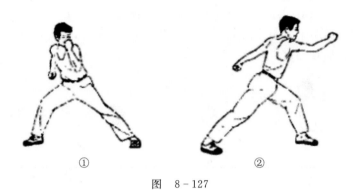

图 8-127

（8）反击勾踢：左脚尖外摆，起右脚，脚尖里勾，两手在胸前交错（见图 8-128①）。右脚由后向左猛力勾踢，同时两臂猛力外格，左臂屈肘，拳与头同高，拳眼向后，右臂自然后摆，拳心向下（见图 8-128②）。用途：勾踢脚跟或脚腕部

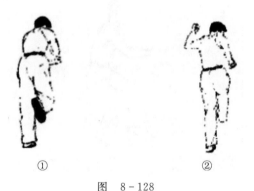

图 8-128

（9）转身别臂：右转身，右脚尖外摆并猛力下踏（见图 8-129①）；左脚成左弓步，同时右手向前上挑，左手抓握，右小臂（见图 8-129②），右后转体成右弓步的同时右拳变掌屈肘下压，掌心向下，两小臂略平置于腹前（见图 8-129③）。用途：别臂压肘。

（10）虚步砍肋：收右脚成右虚步，同时两手变掌，由外稍向里猛砍，大臂夹紧，小臂略平，掌心向上，两掌距离约 20 cm（见图 8-130）。用途：砍肋、腰部。

（11）弹裆顶肘：两掌变拳收于腰间，拳心向上，同时抬右腿屈膝，脚尖向下绷直，猛力向前弹踢并迅速收回（见图 8-131①）右脚落地成左弓

步。同时右臂屈肘,左手抓握右拳置于左胸前,两手合力将右肘向前推顶,右大小臂夹紧略平,拳心向下,成右弓步(见图 8-131②③)。用途:脚踢裆、腹部、肘顶心窝、头部。

图 8-129

图 8-130

图 8-131

第八章 防卫技能与战场医疗救护

图 8-132

（12）反弹侧击：右拳向前反弹，拳心向内上（见图8-132①），左掌沿右臂下向前猛挑成立掌（见图8-132②）；左转身成马步，同时左手抓拉变拳收于腰间，右拳向右侧冲出，拳眼向上，拳与肩同高，目视右拳（见图8-132③）。用途：反弹面部，左手挑掌解脱，右拳击肋或腹部。

（13）弓步靠掌：上体左移，体重大部落于左腿，两拳变掌交叉于裆前，右脚微收成后虚步（见图8-133①）。右转身，起右脚猛力下踏的同时，起左脚自然屈膝，两掌上下反拨，放于右肋前，掌心向前（见图8-133②），左脚向前落地成左弓步。同时两掌合力向前推出，左手在上，右手在下，掌心向前，两手腕自然靠拢；目视前方（见图8-133③）。用途：推胯、肋，将对方摔倒。

（14）上步砸肘：右脚向前上步成右弓步的同时，右拳后摆，左手成抓拉姿势，虎口向右（见图8-134①）。左转身成左弓步的同时，左手抓拉收于腰间，挥动右臂屈肘向左下猛砸，大臂夹紧，小臂略平，拳心向上（见图8-134②）。用途：砸、压肘关节。

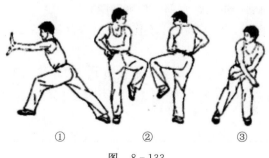

图 8-133

图 8-134

(15) 仆步撩裆：屈左膝，右腿伸直，右拳变立掌置于左胸前，左拳抱于腰间，上体前倾成左仆步（见图8-135①）。右手变勾，经右脚面（见图8-135②）向后搂手外拨后摆，转身成右弓步，同时左手变掌由后向前猛撩，掌心向上，目视前方（见图8-135③）。用途：勾手搂腿，撩掌打裆。

图 8-135

(16) 挡击绊腿：左脚向前上步（见图8-136①），左手变拳上挡护头，拳高于头，拳眼向下；；身体稍下蹲（见图8-136②），右脚前扫，左拳变掌前推同时右拳收于腰间，拳心向上（见图8-136③）。右腿后绊成左步，同时右拳变掌下按，掌心向下，虎口向里，同时左掌变拳收于腰间（见图8-136④）。用途：击裆、腹部、推胸绊腿。

(17) 击腰锁喉：右掌变拳屈臂上挡外格（见图8-137①），右脚向前上步，同时左拳向前猛力冲出，拳心向下（见图8-137②）。右拳变掌前插，左手抓握右手腕的同时，右掌变拳，两手合力回拉下压。右肩前顶，成右弓步，目视前下方（见图8-137③④）。用途：由后击腰锁喉。

(18) 结束姿势：左转身，右脚靠拢左脚，成立正姿势（见图8-138）。

第八章 防卫技能与战场医疗救护

图 8-136

图 8-137

图 8-138

第三节 刺 杀 操

一、基本刺杀

（1）刺杀。刺杀是我军的传统练兵项目，是步兵五大技术之一。刺杀就是用枪刺，并用枪托、弹仓（匣）等部位，采取刺、防、打、撞、劈等手段消灭敌人的技能。

刺杀训练能培养我军指挥员勇猛顽强、敢于刺刀见红的战斗作风；发扬一不怕苦，二不怕死的精神；还可以提高指战员的身体素质。

（2）基本刺。基本刺是刺杀训练的基础动作，分为步枪基本刺和对刺基本刺。是应用动作的攻防练习和对刺训练的基础动作。

步枪基本刺有：预备用枪；前进、后退、跃退；向左转、向右转、向后转；突刺；防刺（防左、防右、防下刺）；打击（防左侧击、防左弹匣（仓）击、防左下击等）。对刺基本动作有：刺左、刺右、刺下；防左、防右、防下；偏左刺右、偏右刺下、偏下刺上；左挑脱右打刺、挑打刺。

二、预备用枪、枪放下的动作要点

正确掌握右手压、四指顶、小臂向前稍左送枪的力量，动作迅速协调，姿势正确稳固。

（一）预备用枪，枪放下的训练步骤和方法

（1）脚步移动练习。主要解决左脚迈出的方向和两脚之间的距离。要求左脚尖正对前方，两脚间的距离稍宽于肩。方法：在自己前面地上画一纵线，两条横线，横线之间的距离稍宽于肩，主要解决两脚站立的位置与距离。两手插腰，听到"一"的口令，以右脚掌为轴，身体半面向右转（45度），同时左脚向前迈出一步（脚跟先着地），要求两膝顺脚尖方向微屈，上体微向前倾，两眼注视敌方。听到"二"的口令恢复原姿势。

（2）手部动作练习。主要解决右手虎口压、四指顶，手腕和小臂将枪向前稍左送出；要求送到位。

方法：两脚按脚步动作练习位置站好。①专门练习右手送枪动作，听到"预备用——枪"的口令，右手将枪送出，听到"二"的口令，恢复原姿势。②右手送枪、左手接握，听到"预备用——枪"的口令，右手送枪，左手接握；听到"二"的口令，恢复原姿势。③右手移握枪颈，在左手接握护木的

基础上，听到"预备用——枪"的口令，右手移握枪颈，听到"二"的口令，恢复原姿势。④送、接、移握一次完成，听到"预备用——枪"的口令，右手送，左手接右手随即移握枪颈；听到"二"的口令，左手将枪交给右手，脚部动作仍保持预备用枪的距离。

（3）完整动作练习主要解决送枪，出脚协调一致，姿势正确稳固。

"枪放下"，要求左手将枪交给右手和收回左脚的动作一致、迅速、有力。

（二）预备用枪，枪放下常见的错误动作及纠正

（1）左脚迈出去的距离过小，脚尖方向不正。纠正的方法：采用划线限制法练习，要求按正确要领反复体会，纠正过来。左脚尖方向不正时，强调左脚向前迈出，左膝正对前方。

（2）出枪时，右手送枪不到位，方向高度不正确。纠正方法：注意充分发挥虎口压、四指顶，在压顶基础上手腕和小臂前送的力量，送枪时，强调向左脚尖方向送出，左手接握时，小臂保持水平，两脚按预备用枪的姿势站好、专门练习右手送、左手接握的动作。

（3）抱枪、上体前倾、后仰或正面过大。纠正的方法：讲清抱枪动作的害处，不利于进攻作突刺，也不便于防守，要求左手虎口一定要对正枪面接握，两臂要自然、肘不外张，大臂不要夹的过死，按正确要领纠正右手和枪托的位置，教员站在操练者的右后侧，在操练者身体前倾时，右手扶其腰，左手扶其腋下，将臂部向前送；后仰时，站的位置不变，纠正时则相反，强调身体重心落于两脚中央稍前。

三、前进、后退、跃退的动作要点

前进、后退、跃退时，上体始终保持预备用枪的姿势，动作要迅速、灵活；跃退时按先左脚后右脚的顺序着地。

（一）前进、后退、跃退的训练步骤和方法

（1）个人体会动作要领，先徒手后带枪进行。

（2）集体操练，按口令或规定的信号作动作。如：以手势表示，指挥者手掌向前推，操练者作后退动作，手掌转向内回收时操练者作前进。两人一组，以一个人为主，作前进、后退。跃退动作，另一人保持距离，作相反动作，以训练双方控制距离的灵敏感。

（二）向后转的动作要点

拉枪、转体并转头（三个动作要一致）和撤（上）步劈枪迅速一致；动作勇猛有力，姿势正确稳固。

(三) 向后转的训练步骤和方法

(1) 徒手脚步动作练习。主要解决以两脚跟为轴，向后转180°。要求：两脚后转的位置要正确，成后预备用枪姿势。方法：在预备用枪的基础上，听到"预备用——枪"的口令，以两脚跟为轴，向右后旋转180°，同时迅速转头向后看，听到"二"的口令，恢复姿势。

(2) 拉枪转体练习。主要解决拉枪、转体要一致，拉枪转体摆头迅速；右手控制枪托位置的高度要正确。方法：听到"向后——转"的口令，两手猛力正直向后拉枪，并转体摆头。听到"二"的口令恢复原姿势。

(四) 向后转常见的错误动作及纠正

向后拉枪不正。纠正方法：一个人站在操练者的右后方，伸手或持一物，置于操练者的正后方，诱导其拉枪的方向及检查撞击的力量，强调右旋转和手腕下压控制枪托运动的方向。

劈枪横扫，枪托打胯骨。纠正方法：劈枪时，强调左手虎口稍向上推枪（成45°角）右手稍向下向腰际猛拉枪托，并注意手腕贴于右胯前控制枪托。

劈枪无力。纠正方法：在左手推和右手拉枪成垂直线时，两手突然用力迅速劈枪。或专门练习劈枪动作，在操练者右前方持一物体（教练球），诱导其练习，检查劈枪的力量。

四、突刺

(一) 突刺的动作要点

两臂推枪，右脚的蹬力和腰部的推力要充分、一致。要点：力量集中、动作突然、勇猛、迅速，姿势正确稳固，左脚着地的同时刺中敌人。

(二) 突刺的训练步骤和方法

(1) 推枪动作练习。主要解决两手推枪用力方向一致。要求：两手边推枪边稍内转，不耸肩、右臂不外张，并不要挟的过死。方法：在预备用枪动作的基础上，听到"突刺——刺"的口令，两手猛力推枪，同时右脚掌蹬地、结合腰部的力量，体重适当前移，右手突然紧握枪颈，右手内旋（小臂旋转）转正枪面，将枪推出。听到"二'的口令，两手稍向左旋转，用力拔枪，恢复原姿势。拔枪时要求突然有力。

(2) 徒手脚部动作练习。主要解决左脚向前踢出一大步，要求右脚掌内侧蹬上力，上体前移，左脚立即踢出去。方法：在预备用枪的基础上，距自己左脚尖前约30cm处，划一横线，在操练时，听到"突刺——刺"的口令,左脚踢出去,要越过横线,但姿势不宜过低。听到"二"的口令,恢复原姿势。

(3)突刺动作练习。主要解决三个力量结合一致。要求右脚掌内侧充分蹬地,两臂猛力推枪,结合腰部的力量刺出去。方法:可先分解后完整动作,分解动作时,听到"突刺——刺"的口令刺出,听到"二"的口令拔枪。完整动作练习时,突刺后随即拔枪一次完成。整个动作要协调一致,勇猛有力,姿势正确稳固。

(三)突刺时右脚蹬不上力的纠正方法

预备用枪姿势要正确,两膝弯曲稍大些,右脚掌稍向内,脚跟可稍提起,用脚掌内侧向后下方蹬地,注意发挥膝关节的弹力,右腿要充分蹬直,可采用两人面相对,成预备用枪姿势,操练者伸直左臂扶对方左肩,专门体会右脚蹬地和腰部推送的力量。配合者稍加抗力顶住,在操练者右脚蹬地左脚踢出一步时,顺势后退一步。

(1)突刺时左脚踢不出的纠正方法。原因:抬大腿迈左脚,上体前移过早,左脚踢的过晚。纠正的方法:强调在右脚蹬地时身体重心稍前移,左脚随即以小腿带动大腿踢出去,注意克服抬大腿迈左脚的动作。操练者成预备用枪姿势,配合者在操练者左侧蹲下,下达回令"突刺——刺"时,操练者右脚蹬地踢左脚,配合者同时用右手突然推其左小腿下端,帮助其左脚动作,也可采用左脚尖翘起稍离开地面,踝关节紧张按小腿带动大腿,反复练习踢出去的动作。

(2)突刺时耸肩,右臂外张的纠正方法。推枪时强调右肩放松,右臂自然向前,配合者一手推操练者枪托,协助练习。推枪时,应正直向目标方向用力,右手虎口应对正枪面握枪,并强调右肘关节内合,大臂轻贴右肋,手腕稍内转并稍上提枪托。也可采用在操练者右腋挟一物,要求推枪时不掉下。

(3)突刺时踢脚出枪或蹬地推枪不一致的纠正方法。其纠正方法可归纳为拉、推、顶三个字。拉:一个人站在操练者的右前方,面相对,右手拉枪帮助练习,在拉枪时,须先告知操练者作好准备,集中精力体会蹬地与推枪的关系。推:一个人站在操练者的右侧,左手突然推送枪托,在推枪时,必须掌握时机,不得过早或过晚。顶:只能用木枪进行,一个人站在操练者的前方,用手掌顶住对方的枪头(着护具,可用护具顶住枪头),体会蹬地、推枪的力量,在顶时,不要过紧和过松,过紧时推不动,过松体会不到要领。

五、防刺

防刺，是防开敌刺来的枪后迅速反刺的动作。在与敌拼刺中要为刺而防，防刺紧密结合，积极主动地消灭敌人。防刺有防左刺、防右刺，防下刺。

（一）防刺的动作要点

防与刺要紧密结合，两手以突然暴发的合力，防开敌枪，（左右手突然用力防开敌枪）随即取捷径向敌反刺。

（1）防左刺递教练棍配合训练的动作。递棍者位于刺杀靶的右侧，成持棍立正姿势（右手握棍位于腰际）。听到"预备用——枪"的口令后，左手反握教练棍上端与头同高，将球倒向左后方，同时右脚后退一大步，右小臂横贴于腹前，成准备姿势（即弓箭步姿势）。听到"防左——刺"的口令后，两手将棍向操练者的左胸刺去，同时右脚向右前上一大步，右手迅速松开，左脚靠拢右脚，待操练者拔枪成预备用枪姿势时，撤回左脚，再撤回右脚，恢复预备姿势。听到"枪放下"的口令，右脚靠拢左脚，成持棍立正姿势。

（2）防右刺递教练棍配合训练的动作。递棍者位于刺杀靶的左侧，右手持棍成立正姿势。听到"预备用——枪"的口令后，左手在右手下接握教练棍（虎口向下），右手移握教练棍上端（虎口向下），将球倒向右后方，同时左脚后退一大步，左小臂横贴于腹前，成准备姿势。听到"防右——刺"的口令后，两手将棍向操练者的胸部刺去，同时左脚向左前上一大步，左手迅速松开，右脚靠拢左脚，待操练者拔枪成预备用枪姿势时，撤回右脚，再撤回左脚，恢复准备姿势。听到"枪放下"的口令后，左脚靠拢右脚，成持棍立正姿势。

（二）防刺的训练步骤和方法

（1）专门练习防。主要解决防刺时两手运动的方向和合力。方法：①模仿练习（不对目标），教员面对学员领着做，先徒手后带枪进行；②结合棍练习防。配合者将教练棍固定于操练者要防的位置，操练者专门练习防枪的动作，先轻后重，遂步加大防的力量。

（2）练习递教练棍的动作。主要解决及时正确地将教练棍递出去。方法：①徒手体会；②持棍练习递棍的动作。

（3）防、刺结合练习。主要解决防枪正确，反刺及时。方法：①分解动作练习：一防、二刺、三拔枪；也可以一防刺二拔枪；②完整动作练习。防刺后拔枪一次完成。

(三) 防刺时防枪动作不正确（如引枪、后拉等）的纠正方法

产生的原因：思想上怕力量小防不开枪，故意引枪转体，两手握枪过分紧张。讲清防枪时引枪和后拉的危害性，引枪防的力量虽大，但防枪路线长，动作慢，容易给敌人造成空隙，防枪时后拉，增长了反刺距离，刺的速度慢。可采用教员持教练棍，操练者按防的动作要领做防枪练习（防击教练棍）或在引枪方向设一物体限制其引枪的动作。也可采用教员站在操练者右前方，面相对，右手放在操练者左手（防枪处的位置）左前稍下约一拳处，左手放在其右手（防枪后的位置）右前稍上约一拳处，导其练习；也可右手握其枪的表尺附近，左手握枪托，协助练习。

防与刺结合慢的纠正方法：

（1）防枪动作过大。

（2）防枪后收抢再刺。防御必须同时有进攻，防是手段，刺是目的，可采用分解动作练习，一防刺，二拔枪。要求：防枪突然有力，防枪动作不要过大，注意控制枪，借防枪的反弹力迅速取捷径转枪刺（有教练棍、木枪时，可结合目标练习）。防枪时，两膝要微屈，右脚做好蹬地准备，以便防开敌枪后迅速反刺。

六、打击

(一) 防左侧击的动作要点

左手拉，右手推，腰部旋转的力量结合一致，集中于打击点上；防枪确实、打击勇猛有力，防打结合。

（1）防左侧击递教练棍配合训练的动作。听到"预备用——枪"口令后，左手反握教练棍上端与头同高（虎口相对），两手将球倒向左后方，同时右脚后退一大步，右小臂横贴于腹前，成准备姿势（即弓箭步姿势）。听到"防左——侧击"的口令后，将棍向操练者左胸刺去，同时右脚向前上一大步，待操练者防后，左脚再向左前上一步，同时将球迅速转向前方（球置于操练者正前方枪口一线并与肩同高），随即右脚靠拢左脚，教练棍贴住右小臂，左手立即松开。待操练者击后，顺势将球倒向右后方，同时右脚向右后撤半步。等操练者劈枪成预备用枪姿势时，右脚向前一步，转向操练者，左脚后撤一步，右脚再后撤一步，恢复准备姿势。听到"枪放下"的口令后，右脚靠拢左脚成持棍立正姿势。

（2）防左弹匣（仓）击的动作要点。两脚掌的蹬力，腰部挺力，两手的推力结合一致，集中于打击点上；防枪打击勇猛有力，防打紧密结合。

（3）防左弹匣（仓）击递教练棍配合训练的动作。递教练棍的动作，同防左侧击的递棍动作，球置于操练者正前方 40 cm 处，约与头部同高。

（4）防左下击的动作要点。左手拉，右手前上推，利用两臂的合力，用枪托后磋猛击敌人的裆（腹）部。

（5）防左下击递教练棍配合训练的动作要领。防左下击递教练棍的动作，同防左侧击的递棍动作，球置于操练者正前方约 60 cm 处，约于小腹同高。

（二）打击的训练步骤与方法

（1）打击动作练习。主要解决打击时两手运动的方向和力量的结合。方法：①不对目标练习。体会打击时枪运动的路线，用力方法和动作完成后的姿势；②对目标练习。配合者将教练球固定在打击的位置上，操练者练习打击动作，着重解决打击的力量。

（2）防打结合动作。主要解决防打结合紧密。方法：①分解动作练习。一防、二打、三劈枪。也可以一防打，二劈枪。②完整动作练习。防打、劈枪结合起来一次完成。

（3）行进间练习打击动作。主要解决行进中国测距离，准确有力地打击目标。方法："流水式"进行，口令"前进"。①对单个固定目标的打击；②对多个活动目标练习打击动作。

（三）打击无力的纠正方法

产生的原因：缺乏敌情观念，怕准星护圈打左大臂，左手过早停止；三个力量结合不一致。纠正时，强调把目标当敌人脑袋打，打击时左手向左后方拉枪，不要向胸前拉枪，在左手拉枪接近身体时，左手腕突然紧张，控制住枪。三个力量不一致，一般都是腰腿动作慢于两臂的动作。可采用先徒手后持枪练习，以手掌当目标，检查合力，由慢到快反复练习。打击时腹部要突然紧张。

（四）防、打结合慢的纠正方法

在训练中要树立练为战的思想，明确防与打是紧密结合的一个完整动作，防开敌枪后，不要停顿，应立即向敌猛击。可使用目标诱导练习，作空防真打时先固定，后显示目标，逐步加快。配合者要加快递棍倒球的动作促进操练者能防打紧密结合。

（五）铁枪基本刺综合动作的编排

为熟练掌握步枪基本刺动作，可进行综合练习，以培养战士机智灵活，勇猛顽强的战斗作风。

(1) 不对目标的综合练习示例。

练习一：一步前进、突刺、向后转、垫步刺。

练习二：一步后退、防左刺，向后转、防下刺。

练习三：二步前进（交替步）、防左侧击、向后转、防左弹仓击、连续三枪刺。（左、右脚交替上步）。

练习四：突刺、向右变换方向、防左侧击、跃退刺。

练习五：防左下击、突刺、撞击砍劈、向左变换方向、突刺、防左弹匣（仓）击、向右换方向、突刺。

(2) 对多目标练习示例。练习一：突刺（活动目标）拔枪后前进、防左弹仓击、向后转（对目标撞击、砍劈）、防左侧击。练习二：突刺、向左变换方向，防左下击、向后转。二步前进（交替步）、防左刺、防左弹匣（仓）击、撞击砍劈、防下刺、防左侧击。

编排原则：动作结合紧密。方向变换、正面、侧面对主席台、前进、后退的步子要适当合理，一定要回到原来的位置。

第四节 匕 首 操

一、匕首基础知识

法律规定在我国法律中匕首被列为管制刀具进行管理。根据公安部于 2007 年 1 月 14 日发布的《管制刀具认定标准》：匕首是指带有刀柄、刀格和血槽刀尖角度小于 60°的单刃、双刃或多刃尖刀。根据公安部的《公安部对部分刀具实行管制的暂行规定》匕首除中国人民解放军和人民警察作为武器、警械配备的的外专业狩猎人员和地质、勘探等野外作业人员必须持有的须由县以上主管单位出具证明经县以上公安机关批准发给《匕首佩带证》方准持有佩带。佩带匕首人员如果不再从事原来的职业应将匕首交还配发单位《匕首佩带证》交回原发证公安机关。

新型警用制式刀具主要由：刀身、护手、刀柄、碎玻璃器、刀鞘、剪口座、磨刀石、刀带组成具有刺、挑、砍、削、锯、割、剪、锉、磨刀、碎玻璃以及 7 种螺丝刀等功效。中国 09 警用制式刀具有碎玻璃器能较轻松碎掉各种玻璃。这把刀具的碎玻璃器是针公安干警在执行任务中需经常击破玻璃而设计。该刀具的碎玻璃器设在圆柱形刀柄中刀柄尾端设有尾帽旋下尾帽即露出碎玻璃器的击针部件露出部分长 19 mm。碎玻璃器巧妙地运用了枪械的击发机构原理。当外力施压到一定程度时击针瞬时击打玻璃从而使其破碎。是一个缓慢施压、瞬时破碎的过程。该碎玻璃器可击碎普通玻璃、钢化玻璃还能击碎单层防弹玻璃。针对普通汽车及建筑物的钢化玻璃碎玻璃器可保障使用 100 次以上。

使用效果：刺：能刺穿 1 mm 厚低碳钢板，砍：能砍断直径 30 mm 杂木，割：能割断直径 4 mm 绳索，锯：能锯断直径 8 mm 的低碳钢筋，剪：能剪断直径 4 mm 的铁丝，碎玻璃：能顶压碎 8 mm 厚的钢化玻璃。

刀体部分质量 395 g，全质量 750 g。其与我国 95 式步枪刺刀相比质量较大主要是因增设了碎玻璃器及多种螺丝刀，而增加了质量，刀体质量的增大有利于砍、削、刺等功能的发挥。全刀长 355 mm，全刀宽 30 mm，全刀厚 5 mm。新型警用制式刀具具有刺、割、砍、锯、剪、多功能螺丝刀等多种实用功能，是近身格斗的一把利器。具有"一寸短、一寸险"的优势，实战中能起到出奇制胜的效果。公安民警可用其进行自身防卫、破坏玻璃、拆除障碍物等，尤其是遇到致命攻击或持械攻击，且开枪射击条件受限的情形下，可使用警用制式刀具制服暴徒、制止正在实施的犯罪行为。因而警用制式刀具一经试用就深受一线公安民警的青睐。

二、匕首基本动作

（一）警用刀具持法：

（1）正握刀具：拳眼向上拳心向下刀尖从拳心处伸出。此种持法主要用于上刺、侧刺、反刺、斜刺等刺法。

（2）反握刀具：拳眼向上拳心向下刀尖从拳眼处伸出。此种持法主要用于下刺、直刺等。

警用刀具刺法以右手拿刀为例。

（3）刺［又称扎］：正握刀具向前上右步或左步，由右肩上方向前下方猛刺。这种刺法多用于刺暴徒的头、颈、肩、胸部。正握刀具向前上右步或左步屈右肘向左侧平向猛刺。这种刺法多用于刺暴徒的腹、肋部。反握刀具向前上右步或左步由腹前向上方猛刺。这种刺法多用于刺暴徒的裆、腹、腰部。正握刀具向前上右步或左步屈右肘向右侧方向猛刺。这种刺法多用于刺暴徒的腹、肋、腰部。

（4）直刺。反握刀具向前上右步或左步由胸前向正前方猛刺。这种刺法多用于刺暴徒的胸、喉部。

(5) 斜刺。斜刺分左斜刺和右斜刺两种。

左斜刺正握刀具向前上左步或右步由右肩上方向左下方猛刺。这种刺法多用于刺暴徒的头、肩、颈部。

右斜刺正握刀具向前上左步或右步由左肩上方向右下方猛刺。这种刺法多用于刺暴徒的头、肩、颈部。

(6) 横割。横割分左横割和右横割两种。

左横割反握刀具向前上左步或右步，右臂前伸由左向右横割。这种割法多用于横割暴徒的颈、喉部及划刺胸、面部。

右横割反握刀具向前上左步或右步，右臂前伸由右向左横割。这种割法多用于横割暴徒的颈、喉部及划刺胸、面部。

(7) 竖划。竖划分上竖划和下竖划两种。上竖划反握刀具向前上左步或右步右臂伸直由上向下竖划。这种刺法多用于划刺暴徒的面部和肢体部位。

下竖划反握刀具向前上左步或右步，右臂伸直由下向上竖划。这种刺法多用于划刺暴徒的腹、面部和肢体部位。

三、匕首操

(1) 格斗式：右手正握匕首，动作要领与擒敌拳格斗式一致。

(2) 下防肘击。

动作要领：右脚猛然下踏微屈，左脚自然前伸，左手下格挡，右手握匕首护颚。收左手护颚的同时，右手握匕首正直上挑，接左手直拳，右手护颚，再接右横击肘，左手成八字掌贴于右手拳锋。

(3) 正蹬推击。

动作要领：上一动基础上，开门式，双臂立于胸前，起右脚正蹬，落步成右弓步，右匕首回割前刺，左手护颚。左脚在右脚处垫步的同时双手收于腰际，上右脚成右弓步的同时双手正直冲拳，两拳之间 20 cm。

(4) 转身下扎。

动作要领：上一动基础上，转身，左脚后撤步，左手握右手腕，右下刺，目视匕首处，迅速转身上刺，与颈同高。右脚自然跟步，成左弓步，左手提蓝式。

(5) 侧踹勾击。

动作要领：上一动基础上，右脚于左脚处垫步，起左脚侧踹，落步上刺，左手提蓝式，左脚回步成右弓步的同时，右手握匕首护颚，左手勾拳，右手提蓝式。

(6) 勾击击腹。

动作要领：上一动基础上，上左脚的同时，右手握匕首上挑，上右脚左手勾拳，右手握匕首护颚，上左脚，右手握匕首横割。收左脚下蹲成骑龙步的同时左手直拳下击，右手握匕首护颚。

(7) 劈击横踢。

动作要领：上一动基础上，起身高弓步的同时，左手成掌横击，回收护颚的同时右手握匕首右横割，起右脚横踢，落步接左直拳，转身成格斗式。

(8) 横踢下扎。

动作要领：上一动基础上，右手握匕首斜上前割伸直，起右脚横踢，落步成右弓步，左手握右手先左后右下扎，上左脚成左弓步的同时左手成八字掌外翻稍向下压，右手握匕首自然后摆成提蓝式。

(9) 侧步下扎。

动作要领：上一动基础上，右脚上步，左脚跟步的同时左手向前挡抓，右脚上步的同时右手横割，后右脚撤步，左手握右手向右下回刺；左脚上步右脚跟步成骑龙步的同时左手握右手由上下扎。

(10) 马步横割。

动作要领：上一动基础上，起身左手护颚，右手握匕首先向左伸直正割，后反向向右下刺，左手与右手前插，回拉至腰际的同时顶右膝，落步侧身成马步的同时左手逆时针由上至腰间，右手握匕首逆时针至下颚处。

(11) 侧踹下扎。

动作要领：上一动基础上，左脚横移步至右脚处，起右脚侧踹，落步的同时左手直拳，然后成八字掌接握右手腕由胸部往前下扎。

(12) 前扎后割。

动作要领：上一动基础上，转身，左脚回撤步成右弓步，右手握匕首下扎，左手成八字掌自然后摆，目视匕首处，上左脚成左弓步同时，左手横握右手腕正直上挑，左弓步换右弓步，转身左手握右手腕下扎。

(13) 跃起下刺。

动作要领：上一动基础上，左脚上步至右脚处，右脚自然跟步的同时右手握匕首斜割上举，左手握右手腕弯腰屈膝跃起，跃起两脚成骑马式，落地下刺，起身成格斗式。

第五节　战场医疗救护

战争不可避免地要造成人员受伤,因此通过初步的紧急救护可以尽量减少伤员的痛苦,尽可能地救护有生力量,战场医疗救护分为自救和互救。当伤员身边没有其他人员,自己还有一定的行动能力时可以展开自救,当伤员受伤情况严重,没有自救能力时,需要伤员身边的其他人员包括医护人员或其他战士来对其进行救护。

一、救护基本知识

掌握战场医疗救护的基本知识,可以帮助自己或他人减轻伤病造成的痛苦,有效预防并发症。因为战争中外伤比较多,所以在救护的过程中一定要注意伤口的治疗,保证伤口不被感染,造成破伤风等。战场医疗救护只是初步的治疗,最终还要靠全面的治疗。有效的初步治疗是全面治疗的基础,因为对于伤员来说,时间十分宝贵,在越短的时间内得到救护,最后痊愈或恢复得就越快,效果也就越好。

(一)战场医疗救护的基本原则

战场医疗救护应当遵循六条基本原则,即"先复苏后固定,先止血后包扎,先重伤后轻伤,先救治后运送,急救与呼救并重,搬运与医护同步"。其具体内容是:

(1)先复苏后固定。对有心搏、呼吸骤停又有骨折的伤员,应首先用胸外按压、口对口呼吸等技术使心肺复苏,直至心跳、呼吸恢复后,再进行固定骨折。

(2)先止血后包扎。对大出血又有创口的伤员,首先立即用指压、止血带或药物等方法止血,再进行创口消毒、包扎。

(3)先重伤后轻伤。对垂危的和较轻的伤员,应优先抢救危重伤员,后抢救较轻的伤员。

(4)先救治后运送。对各类伤员,要按战伤救治原则分类处理,待伤情稳定后才能后送。

(5)急救与互救并重。对成批的伤员,又有多人在现场的情况下,救护者应当分工合作,实施急救和呼救同时进行,以较快地争取到急救外援。

(6)搬运与医护同步。搬运与医护应当协调配合、同步一致,要做到:任务要求一致,协调步调一致,完成任务的指标一致。运送途中,减少颠簸，注意保暖，最大限度地减少伤员痛苦，减少死亡率，安全到达目的地。

（二）战场医疗救护的基本要求

救护伤员时，不准用手和脏物触摸伤口，不准用水冲洗伤口（化学伤除外），不准轻易取出伤口内异物，不准送回脱出体腔的内脏，不准用消毒剂或消炎粉上伤口。其基本要求是：

（1）救护头面部伤。伤员头面部受伤时，应保证其呼吸道畅通，清除口内异物，将伤员衣领解开，采取侧卧或俯卧姿势，防止吸入呕吐物，并妥善包扎和止血。

（2）救护胸（背）部伤。伤员胸（背）部受伤时，出现胸（背）部伤往往伴有多根肋骨骨折，除用敷料包扎外，还应用绷带或三角巾环绕胸（背）部包扎固定。

（3）救护腹（腰）部伤。伤员腹（腰）部受伤时，腹壁伤要立即用大块敷料和三角巾包扎。伴有内脏伤时，不能喝水、吃东西、吃药，尽快后送。

（4）救护四肢伤。伤员四肢受伤时，除了手指或脚趾伤必须包扎外，包扎其他四肢伤时，要把手指或脚趾露出，以便随时观察血液循环情况，采取相应措施。

二、战场自救互救基本技能

战时开展"自救互救"的基本技能与动作，主要有"通气、止血、包扎、固定、搬运"技术与方法。现在战场救护还需要掌握和应用"心肺复苏术"（CPR）来及时救治心跳呼吸骤停的伤员。熟练掌握救护动作，正确运用救护技术，能够提高士兵的救护能力，减少战时不必要的牺牲。

（一）通气

呼吸道发生了阻塞，在数分钟内伤员即会因窒息、缺氧而死亡，抢救时需争分夺秒去除各种阻塞原因，使气道通畅，称通气术。

1. 气道阻塞的原因

（1）直接原因。颌面伤、咽喉伤、颈部伤、气管支气管伤等。

（2）间接原因。中枢性昏迷、吸入性损伤、冲击伤等。

2. 气道阻塞的判断

（1）有受伤史，并可见头面颈部某处有创伤等。

（2）无呼吸声或有异常呼吸声。不同的异常呼吸声，提示不同的阻塞部位：①鼾声，由舌后坠所致；②喘鸣声，由喉头、上呼吸道阻塞所致；③漱口声，由咽部分泌物、呕吐物或血液存留所致；④喝哧喝哧声，由上呼吸道下部或支气管阻塞所致。

（3）如自主呼吸仍存在，可见强烈的腹壁运动、肋间肌内陷、辅助呼吸肌的运用或气管牵引动作。正换气时有明显的阻力。

（4）伤员面色及口唇紫绀，呈痛苦貌、烦躁不安，鼻翼扇动，出汗，吸气时出现三凹征（指吸气时胸骨上窝、锁骨上窝、肋间隙出现明显凹陷），脉搏细弱，不同程度的意识障碍。呼吸困难，有痰鸣或呼吸道阻塞呼吸急促声。

（5）呼吸受阻时间较长、窒息者，若不及时救治，则先呼吸停止、后心跳停止搏动。

3. 气道阻塞的处理

（1）异物阻塞咽喉部：

对于发生咽喉部异物阻塞的伤员，首先为清除阻塞的异物，用手指掏出或者用合适的管子迅速吸出堵塞物，清除伤员口鼻内积存的凝血块、分泌物、碎牙片、碎骨片、泥沙等。同时，立即改变体位，采取侧卧位，以利于咽喉部的引流，以有效清除分泌物，通畅呼吸道，解除通气障碍。对于有下颌骨骨折移位的必须将骨折复位固定，将舌向前拉，对昏迷的病人应将舌外拉并固定，以防止舌后坠阻塞气道。

（2）血肿、组织水肿压迫呼吸道：

1）鼻腔插入鼻咽通气导管通气。

2）环甲膜粗针头穿刺通气：病情紧急的可用 14～15 号粗针头由环甲膜穿刺插入气管内，（环甲膜穿刺的部位通常宜选在甲状软骨下缘与环状软骨之间），仍觉通气不足时可同时插入多个粗针头，随后应立即行气管切开术。

3）紧急环甲膜切开术：因通气障碍而濒死、深昏迷舌后坠的病人可行此术，即用尖刀迅速切开皮肤和环甲膜（环甲膜切开术，正确的切口方向为横切），达到通气目的。病情缓解后再作常规气管切开。

4）紧急气管切开术：仅在非常紧急的情况可以使用，即使用当前可以使用的物品切开气管，维持暂时的通气。具备条件时及时更换正规套管。

5）快速气管切开术：采用快速气管切开器完成手术。为了伤员的安全运送，防止途中发生意外，也可选择性的做预防性气管切开术。

（3）呼吸道误吸。及时吸出误吸的血液、涎液及呕吐物，尤其对昏迷、休克之误吸者应迅速做气管切开。对于昏迷病人，有条件时应留置胃管，吸出胃内容物。也可反复使用腹部冲击法（海姆立克急救法）使伤员呼吸道异物排出。

(4) 呼吸道烧伤水肿。应迅速做气管切开，通过气管套管迅速吸出气管、支气管分泌物，保持呼吸道通畅。

（二）心肺复苏术（CPR）

心肺复苏术是心跳呼吸骤停发生时所采取的抢救关键措施，即给予迅速而有效的人工呼吸与心脏按压，使患者呼吸循环重建并积极保护大脑，最终达到脑神经功能良好的存活。简单地说，就是通过胸外按压、人工呼吸使猝死的伤病员恢复心跳、呼吸。

心搏骤停的严重后果以秒计算：

10~20s：意识障碍，突然倒地。

15s：抽搐。

30~60s：呼吸停止。

1~2min：瞳孔放大固定。

4min：糖无氧代谢停止。

5min：脑内 ATP 枯竭、能量代谢完全停止。

6min：神经元不可逆性损伤。

所以，心肺复苏有"黄金 4min"的说法。心肺复苏开始时间与成功率有着密切的关系：1min 内开始 CPR——抢救成功率大约 90%；4min 内开始——抢救成功率约 60%；6min 内开始——抢救成功率 40%，且有不可逆的脑神经损伤；8min 内开始——抢救成功率＜20%，极有可能脑死亡成为"植物人"；10min 抢救成功率几乎为 0。抢救每延误 1min 成功率下降约 10%。

1. 心脏骤停的判断

(1) 急性意识丧失。

(2) 颈动脉搏动消失。

(3) 呼吸停止。（停止前可有不规则的喘息）

2. 心肺复苏术的操作程序

(1) 确认施救现场安全。

(2) 判断伤病者意识。拍两肩，大声呼唤"喂！醒醒！……"，观察有无反应。

(3) 呼救。呼救援助，多人协作有利于抢救成功率和转运。

判断呼吸和颈动脉搏动。用手指在喉结两侧感触颈动脉搏动，同时用脸贴近伤员感受有无呼气气流，并观察胸廓有无起伏。这一步骤要求在 5~10s 内完成（见图 8-139）。

第八章 防卫技能与战场医疗救护

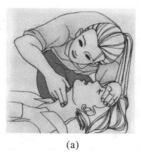
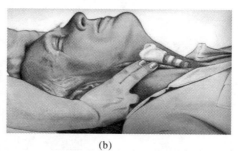

图 8-139　心肺复苏术图

（4）翻转成复苏体位。具体方法：使伤员仰卧在地面或硬板床上，施救者跪在伤者右侧，松开伤者衣领、皮带，解开上衣。

（5）胸外心脏按压（Compressions，C）。确定按压位置，将左手掌根置于两乳头连线中点（相当于胸骨中、下 1/3 交界），右手重叠置于左手上，十指相扣，左手五指翘起。肩、臂、肘垂直于伤者胸骨，用上身的重力快速下压。按压频率：100～120 次/min；按压的深度：胸骨下陷 5～6cm；按压放松比例：1∶1；要求胸廓充分回弹（不加压，掌根不离开），按压呼吸比 30∶2（按压 30 次，吹气 2 次），尽量不中断（中断＜10 秒）；尽早除颤（只要除颤仪准备好即可）（见图 8-140）。

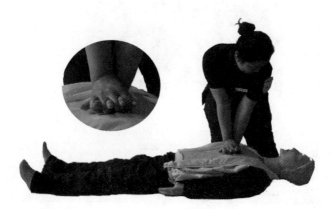

图 8-140　胸外心脏按压

（6）打开气道（Airway，A）。开放气道之前清理口腔。打开气道方法：仰头举颏法。疑似颈椎有损伤的病人不适合仰头举颏法，要用双手托颌法（见图 8-141）。

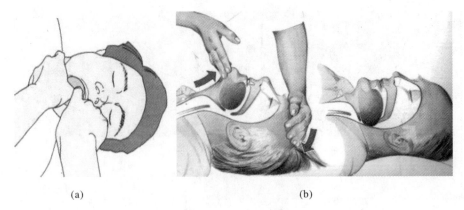

图 8-141 打开气道

(7) 人工呼吸 (Breathing, B)。有口对口人工呼吸法或呼吸气囊人工呼吸法。吹气 6~8 次/min，吹气量 400~600mL/次（成人）；次数比（按压：吹气）=30:2。采用口对口人工呼吸时吹完气要松开捏鼻子的手指。

每 5 个循环周期（C、A、B）可检查一次颈动脉搏动是否恢复，每次中断不超 10s。如仍未恢复继续心肺复苏，至少 30min（见图 8-142）。

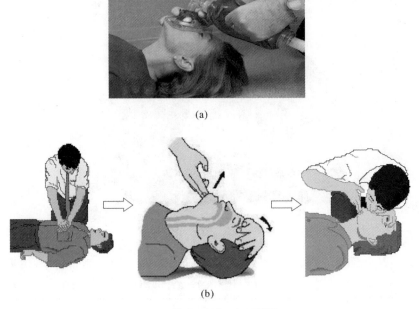

图 8-142 人工呼吸

3. 心肺复苏有效的指征

(1) 眼球活动，手脚抽搐，开始呻吟等；

(2) 双侧瞳孔缩小；

(3) 触摸到规律的颈动脉搏动；

(4) 自主呼吸逐渐恢复；

(5) 面色、口唇、牙床转为红润；

(6) 血压可测到，收缩压＞60～80mmHg。

附CPR流程如下（见图8-143）：

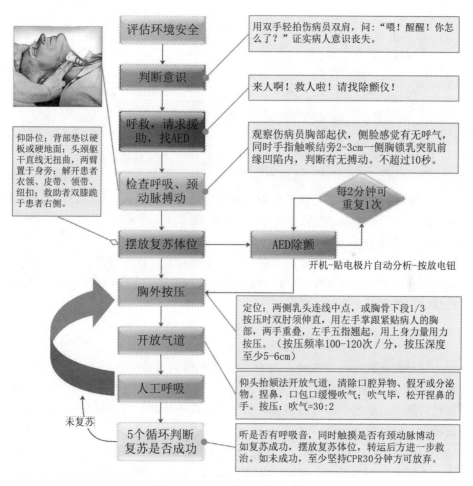

图8-143 心肺复苏术操作流程图

（三）止血

大量战伤出血，往往是导致伤员休克或死亡的主要原因。肢体大血管破裂或其他原因的大出血，在短时间内将危及伤员生命，或者引发严重的并发症，因此及时、准确、有效的止血将大大的减少火线伤亡。

1. 出血的判断

（1）出血的种类。

1）动脉出血：颜色鲜红，呈喷射状，有搏动，出血速度快且量多。

2）静脉出血：颜色暗红，呈涌出状或徐徐外流，出血量较多，速度不如动脉出血快。

3）毛细血管出血：颜色鲜红，从伤口向外渗出，出血点不容易判明。

（2）判断出血程度。

注意伤员全身情况的变化，出血多者常有下列特征：

1）皮肤和粘膜呈苍白色。

2）脉搏细速，四肢发凉。

3）皮肤潮湿，全身衰竭。

4）躁动不安，伴有烦渴。

5）严重者，有时出现昏迷等。

上述变化，多半因有效循环血量和血液成分减少，而导致急性缺血和缺氧所致。

2. 止血方法

（1）指压止血法。主要是根据动脉的走行位置，在伤口的近心端，用手指将动脉压在深部的骨骼上，以达到止血的目的，适用于头面颈部及四肢的动脉出血急救。

现将几个不同部位出血的指压止血法介绍如下：

1）头面部出血。一侧头面部大出血，可用拇指或其他四指压迫同侧气管外侧与胸锁乳突肌前缘中点之间，此处可摸到一个强烈的搏动（颈总动脉），将血管压向颈椎止血。但必须注意，一是要避开气管；二是严禁同时压迫两侧颈总动脉，以防脑缺血；三是不可高于环状软骨，以免颈动脉窦受压而引起血压突然下降（见图8-144）。

2）颜面部出血。一侧颜面部出血，可用食指或拇指压迫同侧下颌骨下缘、下颌角前方约2cm处的一个凹陷，此处可摸到明显的搏动（面动脉），压迫此点可以止血，有时需两侧同时压迫才能止住血。

3）顶部出血。同侧额部、头顶部、颞部出血时，可用食指或拇指压迫同侧颞浅动脉止血（见图 8－145）。

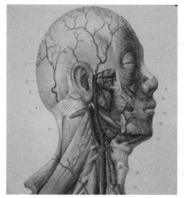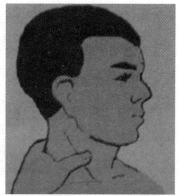

图 8－144　头部出血按压一侧颈总动脉

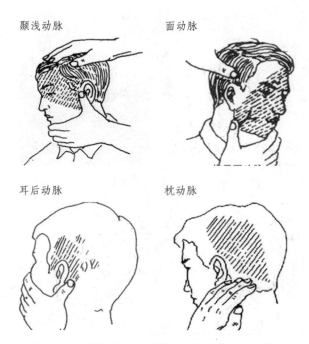

图 8－145　颜面部、头顶部出血常用按压止血部位

4）肩胛部和上肢出血。可用拇指压迫同侧锁骨上窝中部的搏动点（锁骨下动脉），将动脉压向深部的第一肋骨止血。5）前臂出血。可用拇指或其

它四指压迫上臂内侧肱二头肌与肱骨之间的搏动点（肱动脉）止血。适用于同侧上臂下1/3，前臂和手部出血。

6）手部出血。互救时可用两手拇指分别压迫手腕稍上处内外侧搏动点（尺、桡动脉）止血。自救时，用健手拇指、食指分别压迫上述两点。

7）手指部出血。由于指动脉走行于手指的两侧，故手指出血时，应捏在指根的两侧而止血。

8）大腿以下出血。大腿及其动脉出血，可用双手拇指重迭用力压迫大腿上端腹股沟中点稍下方一个强大的搏动点（股动脉）止血。

9）足部出血。可用两手拇指分别压迫足背中部近脚腕处（胫前动脉）和足跟内侧与内踝之间（胫后动脉）止血（见图8-146）。

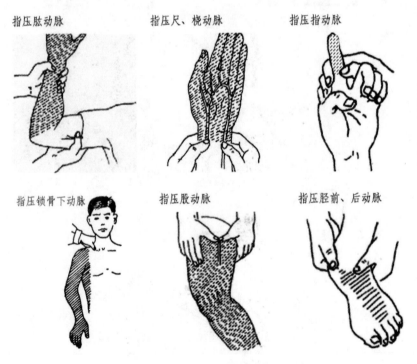

图8-146　四肢出血指压动脉止血法

（2）止血带法。是战伤救护中对出血伤员常用的止血方法，多用于四肢较大的动脉出血。止血带有橡皮止血带、加压充气止血带、卡式止血带和弹力止血带。

1）橡皮止血带使用方法：先在止血带部位用纱布等物衬垫肢体一周。

然后扎上止血带。将止血带的头端用一手的拇指、食指、中指夹持，将尾端绕肢体一周后压住止血带头端，再绕肢体一周，仍然压住头端，将尾端放至食指与中指中间夹紧，抽出被止血带压住的手指时不能松脱尾端，否则将导致止血过程失败。

2）应用指征：仅在其他方法不能止血的喷射性大、中血管出血时使用。

3）注意事项：

①先扎止血带，后包扎。

②扎止血带松紧适度。

③要避免止血带勒伤皮肤，止血带下面应垫有衬垫。

④止血带必须扎在靠近伤口的近心端。

⑤必须做出显著的标志，在伤员胸前挂上红色伤标。

⑥必须注明扎止血带的时间，以便在后送途中按时松解止血带。通常以每隔 0.5～1h 松一次为宜，每次松 2～3min。松开止血带期间改用指压法或直接压迫法止血。

⑦扎止血带的时间越短越好，最好不要超过 5h（见图 8-147）。

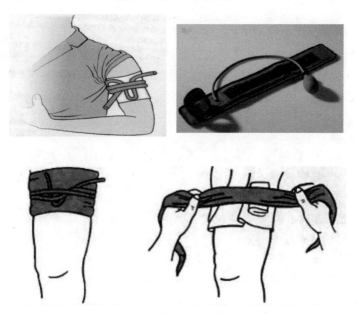

图 8-147　止血带止血法

（3）加压包扎止血法。对于一般性创伤出血应尽量采取这种方法止血，将急救包打开后将敷料敷盖在伤口上,用三角巾折叠呈带状或用绷带加压包扎。为火线急救止血的常用方法,无急救包时也可以用清洁的布类织物适当的包扎。敷料要垫厚,血管表浅的部位,也应有敷料的保护,以免绷带加压包扎造成"止血带"效应。包扎压力适当,均匀,包扎范围要大,以保证肢体远侧浅动脉正常搏动为原则,同时应该抬高伤肢,避免静脉回流受阻增加伤口出血现象(见图8-148)。

图8-148 加压包扎止血法

(4)填塞止血法。用于肌肉,骨端等渗血,用无菌敷料填入伤口内压紧,外加大型敷料加压包扎。用法比较局限,仅限于腋窝、肩部、大腿根部、臀部等用加压包扎难以止血的部位使用(见图8-149)。

图8-149 填塞止血法

(5)屈曲关节止血法。多在肘或膝关节以下出血,并且证实无骨关节损伤时才能采用此法,在肘窝或腘窝处垫绷带卷或者棉垫,将肘或膝关节尽可能屈曲固定,用三角巾或绷带固定,借衬垫压迫动脉达到止血的目的(见图

8-150)。

图 8-150　屈曲关节止血法

(6) 简易绑扎止血法。

1) 勒紧止血法。在四肢伤口上部用绷带或带状布条或三角巾折叠成带状，勒紧伤肢，第一道为衬垫，第二道压在第一道上适当勒紧止血。

2) 绞棒止血法紧急情况没有止血带可用三角巾、绷带、纱布条等便捷材料折叠成带状缠绕肢体一圈，两端拉紧打结，绞棒插在圈内并向上提起，边提边绞紧，直至伤口不出血，最后固定绞棒。类似的还有卡式止血带止血法（见图 8-151）。

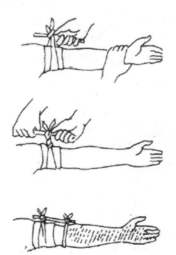 

图 8-151　绞棒止血法

(7) 止血粉、止血纸、止血栓止血法。依据创面的特性选用不同的止血用品，此法可与压迫止血法合用。

(四) 包扎

包扎是外伤现场应急处理的重要措施之一。及时正确的包扎，可以达到压迫止血、减少感染、保护伤口、减少疼痛，以及固定敷料和夹板等目的；相反，错误的包扎可导致出血增加、加重感染、造成新的伤害、遗留后遗症等不良后果。

(1) 包扎材料：以急救包（含三角巾）、绷带为主。特殊情况下可以利用便捷材料进行包扎。

(2) 包扎方法：主要由绷带卷包扎和三角巾包扎等方法，绷带包扎有环形包扎、螺旋反折包扎、"8"字形包扎和帽式包扎等。包扎时要注意绷带的起点、止点、着力点和走行方向顺序。三角巾包扎使用时应先撕开急救包胶合边一侧的剪口，取出三角巾将敷料放于伤口上，然后用三角巾包扎起来。三角巾包扎时操作简捷，且能适应各个部位，但不便于加压，也不够牢固。

(3) 三角巾各部名称及三角巾急救包常见包装（见图 8-152）。

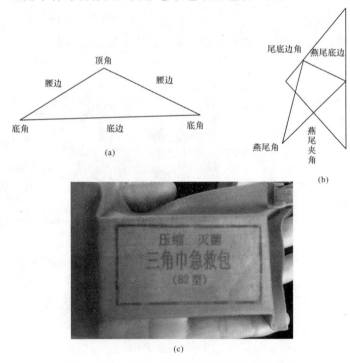

图 8-152 三角巾各部名称及急救包常见包装

(4) 人体各部位三角巾包扎法如下：

1) 头面部包扎。

①包括帽式包扎法：救护者站在伤员后面，将三角巾底边折叠约2指宽，放于前额上。顶角拉至枕后，左右两底角沿两耳上方往后，拉至枕外隆凸下方交叉，并压紧顶角；然后再绕至前额打结。顶角拉紧，并向上反折塞进两底角交叉处。此法适用于颅顶部的包扎。

②风帽式包扎法：将三角巾顶角和底边各打一结，形似风帽，顶角结放于前额，底边结至于枕外隆凸下方，然后将两底角拉紧，包绕下颌，至枕后打结固定。此法除适用于颅顶部包扎外，还适用于面部、下颌、伤肢残端的包扎。

③航空帽式包扎法：将三角巾底边中央打结，放于前额正中；将两底角向颌下拉紧，反折向上约3~4指宽，包绕下颌，拉至耳后打结；再将顶角反折至前额，固定于底边结上。

④单眼带式包扎法：把三角巾迭成约四指宽的带形，将2/3向下斜放于伤侧眼部，从耳下绕至枕后，经健侧耳下绕至前额，压住上端绕头一周打结。

其他的头面部包扎法还有面具式包扎法、单侧面部包扎法、双眼带式包扎法、下颌带式包扎法等（见图8-153）。

2) 肩部包扎法。

①单肩燕尾式：将三角巾折叠成燕尾式（夹角成80°左右），向后的角稍大于前角，后角压在前角上面。三角巾放于伤侧时，燕尾夹角对准颈侧面。燕尾底边两角包绕上臂上1/3，在腋前（后）打结。

②双肩燕尾式：将三角巾折成燕尾式，夹角成130°，放于颈后部，两燕尾角分别包绕肩部，经腋下和两底角打结（见图8-154）。

3) 胸（背）部包扎法。

①胸（背）部一般包扎法：三角巾底边横放于胸部，顶角从伤侧越过肩上折向背部；三角巾的中部盖在胸部的伤处，两底角拉向背部打结，顶角也和这两底角结打在一起。

②胸（背）部燕尾式包扎法：将三角巾折成燕尾式，置于胸前，两燕尾底角分别结上系带于背后打结，然后将两燕尾角分别放于两肩上，并拉向背后，与前结余头打结固定，背部包扎与胸部相反，即两底边角在胸部打结。

此外胸背部包扎法还有侧胸燕尾式包扎法、腋窝包扎法、胸背部双三角巾包扎法等（见图8-155）。

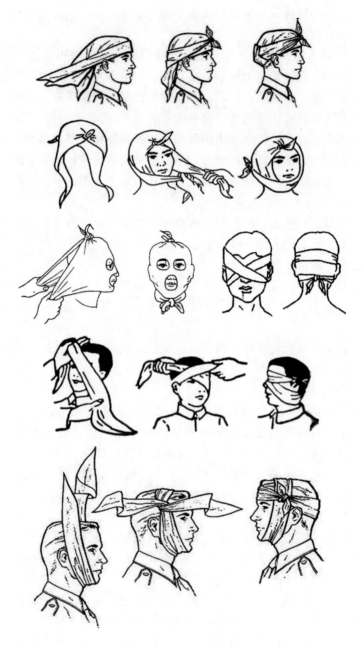

图 8-153 三角巾头面部包扎法

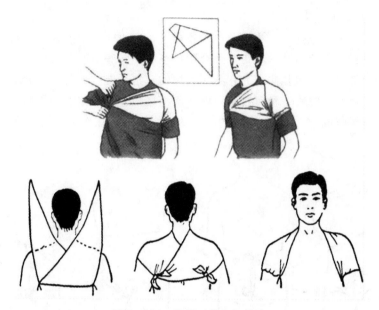

图 8-154 肩部三角巾包扎法

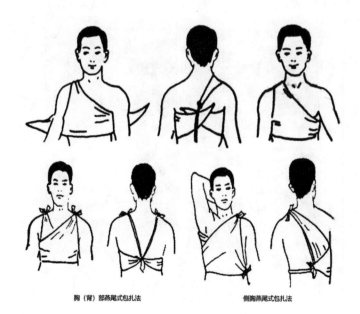

胸（背）部燕尾式包扎法　　　　侧胸燕尾式包扎法

图 8-155 胸背部三角巾包扎法

4）腹部包扎法。

①腹部兜式包扎法：将三角巾顶角朝下，底边横放于上腹部，两底角拉紧于腰部打结；顶角结一小带，经会阴拉至后面同底角的余头打结。

②腹部燕尾式包扎法：先在燕尾底边的一角系带，夹角对准大腿外侧正中线，底边两角绕腹于腰背打结；然后两燕尾角包绕大腿，并相遇打结。包扎时，燕尾角成90°左右，向前的燕尾角要大，并压住向后的燕尾角（见图3-156）。

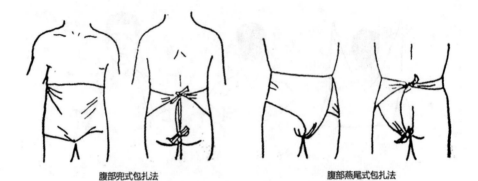

腹部兜式包扎法　　　　　　　腹部燕尾式包扎法

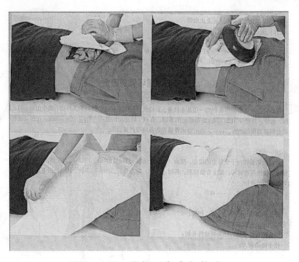

图8-156　腹部三角巾包扎法

此外还有腹股沟与臀部包扎法等（见图8-157）。

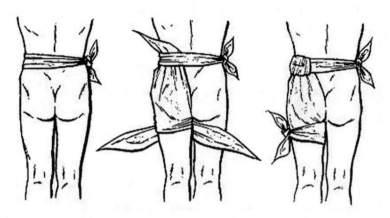

图 8-157 臀部三角巾包扎法

5）四肢包扎法。

①手（足）三角巾包扎法：将三角巾底边向上横置于腕部或踝部，手掌（足跟）向下，放于三角巾的中央，再将顶角折回盖在手背（足背）上，然后将两底角交叉压住顶角，再于腕部（踝部）缠绕一周打结。打结后，应将顶角再折回打在结内（见图8-158）。

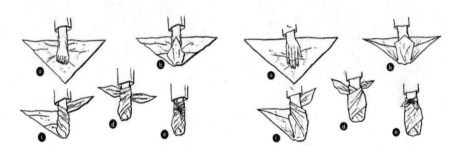

图 8-158 手（足）三角巾包扎法

②手（足）"8"字包扎法：将三角巾折成条带状横放于手掌、足跟或手背、足背处，在手背或足背（手掌、足跟）作8字交叉，绕腕（踝）打结（见图 8-159）。

此外还有膝（肘）部三角巾包扎法，残肢风帽式包扎法等（见图8-160）。

6）上肢悬吊法。

①大悬臂带：用于前臂伤和骨折（肱骨骨折时不能用），将肘关节屈曲吊于胸前，以防骨折端错位、疼痛和出血（见图 8-161）。

②小悬臂带：用于锁骨和肱骨骨折，肩关节和上臂伤，将三角巾折成带状吊起前臂而不要托肘。

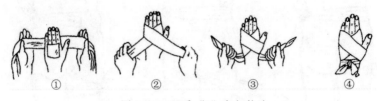

图 8-159　手"8"字包扎法

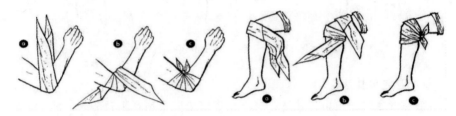

图 8-160　膝（肘）部三角巾包扎法

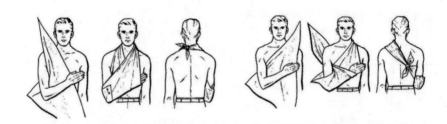

图 8-161　三角巾上肢悬吊法

(5) 绷带包扎法。

绷带包扎法是外科临床治疗和战伤外科常用的一项技术。其目的：固定敷料或夹板，以防止移位或脱落；临时或急救时固定骨折或受伤的关节；支持或悬吊肢体；对创伤出血，予以加压包扎止血。

1) 绷带的种类。常用的绷带有以下四种：

①卷轴带：一般长约 3～5m，可分宽、窄两种。5.5～7.5cm 宽的卷轴带，多用于包扎四肢和头颈部伤；12cm 宽的卷轴带，用于包扎大腿、腹股沟、和胸腹部伤。

②丁字带：可分单丁字带和双丁字带两种。单丁字带多用于女伤员；双

丁字带多用于男伤员。主要起扶托会阴部及外生殖器上的敷料作用。

③四头带：将长方形的细布两端剪开即成。四头带是用来固定头、下颌、鼻、眼或膝关节等部位的敷料。其大小可根据应用部位的不同而制作。

④多头带：主要用于包扎胸、腹部。

2）绷带包扎的注意事项。

①包扎时，每圈的压力须均匀，不能包的太紧；不能有皱折；但也不要太松，以免脱落。

②包扎应从远端缠向近端，开始和终了必须环形固定两圈，绷带圈与圈重叠的宽度以 1/2 或 1/3 为宜。

③四肢小伤口出血，须用绷带加压包扎时，必须将远端肢体都用绷带缠起，以免血液回流不畅发生肿胀。但必须露出指（趾）端，以便肢体的血运情况。

④固定绷带的方法，可用缚结，安全别针或胶布，但不可将缚结或安全别针固定在伤口处、发炎部位、骨隆凸上，四肢的内侧或伤员坐卧时容易受压及摩擦的部位。

3）基本包扎法。身体各部绷带包扎法，大部分是由以下六种基本包扎法结合变化而成。

①环形包扎法：卷轴带在身体的某一部分环形缠绕数周，每圈均应盖住前一圈。此法多用在额部、颈部及腕部。

②蛇形包扎法：用卷轴带斜缠绕，每圈之间保持一定距离而不相重叠。此法用于固定敷料、扶托夹板。

③螺旋形包扎法：呈螺旋状缠绕，每圈遮盖住前圈的 1/3 或 1/2。此法用于上下周径近似一致的部位，如上臂、大腿、指或躯干等（见图 8-162）。

图 8-162　绷带螺旋形包扎法

④螺旋折转包扎法：此法与螺旋包扎法相同，但每圈必须反折。反折时，以左手拇指压住绷带上的折转处，右手将卷带反折向下，然后围绕肢体拉紧，每周盖过前圈的 1/2 或 1/3，每一圈的反折必须整齐的排列成一直

线，但折转处不可在伤口或骨突起处。此法多用于肢体周径悬殊不均的部分，如前臂，小腿等。

⑤"8"字形包扎法：用绷带斜形缠绕，向上、向下相互交叉作8字形包扎，依次缠绕。每圈在正面与前圈交叉，并叠盖前圈1/3或1/2。此法多用于固定关节，如肘、腕、膝、踝等关节。

⑥回返包扎法：在包扎部先作环形固定，然后从中线开始，做一系列的前后、左右来回反折包扎，每次回到出发点，直至全部被包完为止。此法多用于指端、头部或截肢部。

4）各部位卷轴带包扎法。

①头部帽式包扎法：用绷带自前额沿耳上至枕外隆凸绕头两圈固定，然后在前额中央开始将绷带反折至枕后，并向左右两侧依次回返包扎，每次压盖前次1/2，直至头顶全部遮盖为止。

②胸部包扎法：在胸部由左向右环形缠绕两周后固定。自左肋下斜上过胸前到右肩部，沿背部斜下回到原处，绕胸一周，再自背部斜止到左肩，经胸前斜下回到原处。如此重复，直至将全胸包好。

其它还有单眼包扎法、双眼包扎法、耳部包扎法、肩部包扎法、单侧腹股沟包扎法、手部露指尖包扎法等。

(6) 注意事项：

1）包扎前要充分暴露伤口，动作要轻快，避免增加出血和疼痛。

2）包扎伤口位置要准确。打结时要注意避开伤口。

3）急救敷料尽可能干净，接触伤口的尽量用消毒的敷料。包扎范围应超出伤口边缘5~10cm。

4）包扎时动作要轻柔，压力适当，牢靠稳妥，防止滑脱，既要保证敷料固定和加压止血，又不能影响血液循环。

5）伤口嵌入的弹片、弹头和其他异物，一般不要随便取出，有外露污染的骨折端或内脏，不可轻易还纳。

(五) 固定

骨组织受到外力打击，部分或完全的被损坏时，称骨折。当伤员发生骨折后需要优先处理危及生命的情况，如出血、窒息等，然后要将骨折部位包扎固定好之后再搬运。

1. 骨折的分类

(1) 按骨折端是否与外界相通，可分为闭合性骨折和开放性骨折。

1）闭合性骨折：骨折时，皮肤粘膜未被穿破，不与外界相通，也称单纯性骨折。

2) 开放性骨折：骨折时，皮肤粘膜被骨端穿破，与外界或空腔脏器相通，也称复杂骨折。开放性者极易被细菌侵入而发生感染，所以其后果比较严重。

(2) 按骨质是否完全折断，可分为不完全骨折和完全骨折。

1) 不完全骨折：骨质未完全折断，如裂纹骨折、穿通骨折、"柳枝"骨折。

2) 完全骨折：骨质完全折断，成为两块或两块以上，如横断骨折、斜形骨折、粉碎性骨折。

2．骨折的症状与体征

(1) 疼痛：疼痛剧烈，活动时加重。

(2) 畸形和异常活动。

(3) 骨摩擦音（感）：骨折端在移动时相互摩擦所发出的声音。

(4) 功能障碍：由于骨折和疼痛所致，如不能站立，行走等。

(5) 肿胀：是由于骨折端出血和局部软组织的渗出液所致。

3．骨折的固定

(1) 固定目的。

1) 避免加重损伤：固定以后，可以避免锐利的骨折端刺破皮肤、周围软组织、神经及大血管。

2) 减轻疼痛：固定后，肢体得以休息，不致于疼痛而加重休克。

3) 便于后送。

(2) 固定的一般原则。

1) 凡骨与关节损伤，以及广泛的软组织损伤、大血管、神经损伤与脊髓损伤，均需在处理休克、预防感染的同时，进行早期固定。如疑有骨折、应按骨折处理。

2) 临时固定只要求大体复位，不必追求完全复位。

3) 伤口有出血的应该先止血，后包扎，再固定。

4) 大腿和脊柱骨折时应就地固定，四肢骨折应先固定近端，再固定远端。

5) 一般应就地固定（主要指大腿、小腿及脊柱等骨折而言）。固定前，不要无故移动伤员和伤肢。为了暴露伤口可以剪开衣服，以免增加伤员的痛苦和加重伤情。

6) 夹板的长度和宽度，要与骨折的肢体相称。其长度必须包括骨折的上下两个关节。如股骨骨折、夹板固定法对木板长度的要求：上至腋部下至足跟。

7）固定要轻、稳妥，牢靠、松紧适宜。固定器材不应直接接触皮肤，应在骨突部衬垫衣物或敷料，防止皮肤受压引起损伤。

8）四肢骨折固定时，要露出指（趾）端，以便观察血液循环情况，如发现指（趾）端有苍白、发冷、麻木、浮肿和青紫等表现时，则应松开一会儿，再重新固定。

9）对开放性骨折，不要把外露的骨折断端送回伤口内，以免增加污染。

10）固定后，应给于标志，迅速后送。

(3) 固定材料：常用的有木板、铁丝夹板、标准的预制夹板或石膏夹板、充气夹板（充气时，气压达 6.7～9.3kPa 即可）热塑料夹板、抗休克裤（可用于双下肢骨折、骨盆骨折的固定，有抗休克、止血的作用）、敷料及衬垫等。携带的固定物品用完后，也可就地取材（见图 8-163）。

图 8-163 卷式夹板

(4) 固定方法：先尽可能的牵引伤肢和矫正畸形；然后将伤肢放到适当的位置，固定于夹板或其他支架，先固定上端，后固定下端，固定范围一般应包括骨折远和近的两个关节，既要牢靠不移，又不可过紧。如无固定材料，也可行自体固定法。

(5) 几种常见骨折固定。

1）肱骨骨折固定。夹板固定法：用一块夹板放在上臂外侧然后用三角巾或绷带，在骨折的上下端扎紧，肘关节屈曲90°，前臂用三角巾悬吊（见图 8-164）。

2）前臂骨折固定。夹板放置骨折前臂外侧，骨折突出部分要加垫，然后固定腕肘两关节，用三角巾将前臂屈曲悬胸前，再用三角巾将伤肢固定于胸廓（见图 8-165）。

图 8-164　肱骨骨折简易夹板固定

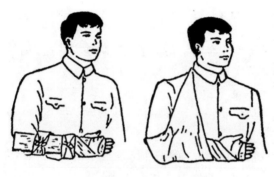

图 8-165　前臂骨折固定

3) 股骨骨折固定。夹板固定法：用一块长木板，放在伤肢外侧。木板的长度必须上至腋下，下至足跟。在骨突出部、关节处、凹陷处加垫，然后用三角巾或绷带，分别在骨折上下端、腋下、腰部、髋部和踝关节等处打结固定（见图8-166）。

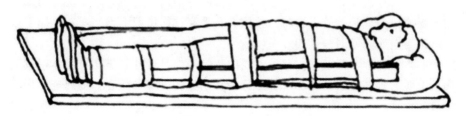

图 8-166　股骨骨折固定

4) 小腿骨折固定法。夹板固定法：用两块相当于大腿中部到足跟长的夹板，分别放在小腿的内外两侧，（如只有一块，则放外侧）。骨突出部加垫，用三角巾分别在骨折的上下端、大腿的中部、膝下、踝关节部打结固定。足部最好用三角巾作"8"字固定，使足尖和小腿成直角（见图8－167）。

图8－167　小腿骨折固定法

（六）搬运

搬运的目的是迅速安全的将伤员搬至隐蔽地方或送到上级救护机构，以防止伤员在战场上再次负伤，并能得到及时的救治。

1. 搬运伤员的注意事项

（1）搬运伤员动作要轻快，避免和减少震动，搬运前尽可能的做好初步急救处理。

（2）应根据敌情、伤情、地形等情况，选择不同的搬运方法和工具。搬运过程中要随时注意伤员的伤情变化，出现紧急情况（如面色苍白、头晕、眼花、脉搏细弱等休克体征）要处理后待伤情好转再继续转移。

（3）担架后送，伤员脚在前，头在后，便于观察伤情；上坡时则头在前，脚在后，下坡时头部应在后；尽可能保持担架平稳。

（4）遇有火力威胁或敌人空袭时，应妥善保护伤员的安全。

2. 火线上常用的搬运方法

（1）侧身匍匐搬运法。方法：救护者侧身匍匐到伤员处，将伤员的腰垫到大腿上，伤员两手放于胸前，救护者右手穿过伤员腋下抱胸，左手撑于地面，蹬足向前（见图8－168）。

（2）匍匐背驮搬运法。救护者同向侧卧于伤员处并紧靠伤员身体，拉紧伤员上臂后再抓住伤员臀部，合力猛翻将伤员转上身，低姿匍匐前进（见图8－169）。

（3）雨布拖运法。

3. 脱离火线后的常用搬运法

（1）单人搬运法：

1）抱持法：伤者一手搭在急救者肩上，急救者一手抱信住伤员腰背部，另一手肘部托部大腿。

2）背法：将伤者双上肢拉向急救者胸部，前胸紧贴后背，伤者屈髋屈脖，急救者双手得前臂托住伤者大腿中部。

图 8-168　侧身匍匐搬运法

图 8-169　匍匐背驮搬运法

3）驮法：将伤员捎在肩上，其躯干绕颈部，同时牵住其下垂之上肢（见图 8-170）。

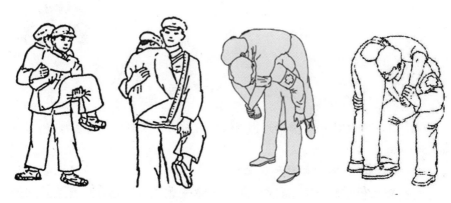

图 8-170　单人徒手搬运法

(2) 双人搬运法：

1) 椅托式：急救者二人手臂交叉，呈坐椅状。

2) 轿杠式：急救者二人四手臂交叉。

3) 拉车式：一急救者抱住伤员双腿，另一则双手从腋下抱住伤员。

4) 椅式搬运法：将伤员放在坐椅以搬运。

5) 平抬法：两位急救者双手平抱伤员胸背部及臀部、下肢（见图8－171）。

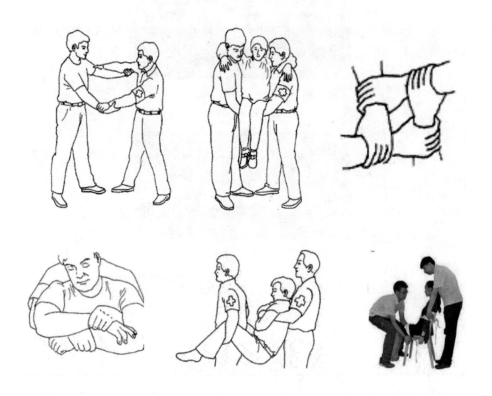

图 8－171 双人徒手搬运法

(3) 担架搬运法：应用制式担架或临时做成担架对伤员进行转移，是最常用，最舒适的一种搬运法。

4. 危重伤员的后送体位和注意事项

(1) 昏迷和颅脑损伤：患者应取侧卧或半俯卧位，以保持呼吸道通畅。为防止脑水肿，头部应用衣物垫高，固定头部以防震动。

(2) 胸部损伤的伤员,应取斜卧位或侧卧位后送,侧卧位时,伤侧在下,健侧在上,以免影响呼吸。

(3) 腹部损伤伤员,一般仰卧位,亦可采用斜坡卧位。为减少腹壁张力,可将伤员膝下用衣物垫高,髋关节和膝关节均处于半屈曲位置。

(4) 骨盆骨折伤员,应先用三角巾将骨盆包扎固定,然后仰卧于担架上,膝下稍垫高,使髋关节和膝关节屈曲,两下肢略外展。

(5) 脊柱损伤的搬运:不可使颈部和躯干前屈或扭转,使脊柱保持在伸直的姿势。绝对禁止一人抬肩,一人抬腿的搬运法。以免加重脊髓损伤。

1) 颈椎骨折:应先行颈椎固定,平置病人于硬板上,在头颈两侧填塞沙袋或布团以限制头颈活动,之后再搬运(见图8-172)。

图8-172 颈椎骨折的搬运固定方法

2) 胸腰椎搬运:使病人两下肢伸直,双上肢置于躯干两侧,由3~4人分别托病人的头背、腰臀及双下肢部位,协调动作,使病人成一整体,保持脊柱伸直位,施以平托法移至硬板上,搬运时整个身体要维持在一条线上。用仰卧位时,伤员的胸腰部要垫一薄枕,使此处脊柱稍向上突,然后用几条带子(一般4条:胸、肱骨水平,前臂、腰水平,大腿水平,小腿水平各1条)将病人固定在硬板上,避免其左右转动或移动,常用的搬运方法有滚动法和平托法两种(见图8-173)。

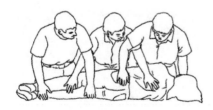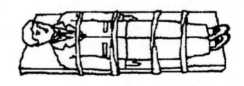

图8-173 胸腰椎骨折的搬运和固定方法

三、伤病员分类的标志

伤病员分类是根据伤情和病情的需要和医疗后送条件的可能,将伤病员区分为不同处置类型的活动。

1. 分类的标志:伤标是用各种颜色的布条或塑料做成的,表示几种特殊的伤病。

▰表示出血(红色伤标);

▱表示骨折(白色伤标);

▰表示传染病(黑色伤标);

▰表示军用毒剂染毒(黄色伤标);

▰表示放射性损伤(蓝色伤标)。

思 考 题 八

1. 如何做好防卫训练和军体拳训练前的准备工作?
2. 在刺杀和匕首操训练过程中如何确保参加人员个人安全?
3. 如何提升自我防卫和自救互救能力?

附录　西北工业大学学生军训安全工作及应急预案

为确保我校学生军训工作安全顺利进行，依据上级有关文件精神，结合我校实际情况，现就做好我校学生军训安全工作，提出如下实施意见。

一、成立学生军训安全工作领导小组

组长：由主管学生工作的校领导、军训师第一政委担任。

副组长：由学工部部长、学生处处长、武装部部长、军训师政委；承训部队带队首长；学工部副部长、学生处副处长、军训师副政委；武装部副部长、军训师参谋长；政治部主任；后勤部部长等六人担任。

成员：由各学院主管学生工作领导，军训师的团、连干部组成。

二、具体安全保障措施

（一）加强军训期间的学生管理

军训期间成立西北工业大学军训师，全面负责学生军训工作，按照我校学生军训实施方案和学生管理有关规定严格执行。

（二）加强军训期间的值班执勤

军训师机关在各训练场地派出检查人员，各团连干部跟班作业并设立值班员。

（三）加强拉练和靶场安全

（1）拉练前要对全体人员进行安全教育，行军过程中要遵守交通规则，连长在连队前，指导员在后负责收容，通过交通路口各团连负责派出调整哨，调整车辆和人员，军训师派出收容车。

（2）在预习和实弹射击中，要严格按照靶场规定和程序认真组织。要加强枪支、弹药和人员管理，严防丢失及伤亡事故的发生，确保安全。

(四) 加强医务人员现场巡诊

学校医院军训期间,在训练场、靶场、拉练途中派出医务人员,备齐必备的药品、急救箱,发生情况及时进行现场救治,并视情况护送其到相关医院。

(五) 加强饮食卫生安全管理

食堂工作人员必须要有卫生健康证,工作时间必须穿戴相关工作衣帽,保证个人卫生;食堂实行 24 h 留菜样制度,一旦发现情况,便于迅速查明原因。后勤主管部门对进货渠道进行跟踪检查,坚决堵住不安全进货渠道,要随时对食堂和大学生超市、教育超市等卫生状况进行检查,发现隐患及时进行处置和报告,确保食品、饮用水的安全。

(六) 加强疾病防控管理

(1) 军训师后勤部组织新生入学体检,以班级为单位对所有新生健康状况进行摸底排查,如发现有传染症状的学生,由校医院进行复查,并提出可否参训的意见,报学生军训师司令部。

(2) 学生住宿要保持卫生和通风换气,公寓物业负责定期进行卫生消毒。校医院要对参训人员进行预防传染病、中暑及食物中毒安全知识教育,增强参训人员的安全意识和自我保护能力。

(3) 各寝室指定一名学生为寝室长兼安全员,每天对学生进行健康检查。各连连长、指导员,各班班长要通过观察、询问等方式,及时发现有疾病症状的学生。

(4) 实行封闭式管理。军训期间参训学生不得随意离校,离开连队要逐级请假,返回连队要销假。外来人员不得随意进入学生宿舍、训练场地。确需进入的,须经值班人员批准后方可进入,并做好登记工作。

(5) 对患传染病症状的师生和教官要及时就医,并按医嘱做好医学观察。遇有确诊病例的,及时采取措施并对相关场所实施消毒,对密切接触者实施隔离观察等严防措施。

三、突发事件应急处置

学生军训期间,如发生突发性事故,要做到快速反应、妥善处理。

现场工作人员要采取果断措施,立即进行现场紧急处理,控制局面,做好学生思想工作,稳定有关人员情绪,并及时向学生军训师报告。重大事件,军训师及时向主管校领导汇报,协调有关部门和学院,做好学生的救治和事故处理工作。学生所在学院应配合军训师和有关部门的工作,及时与学生家长取得联系，做好学生家长的接待和安抚工作。

（一）发生中暑、发病或受伤

医务人员应采取紧急救护措施，及时进行救治，如学生病情或伤势严重，立即报告学生军训师，及时送往医院进行救治，并通知相关部门和人员。

（二）发现发热高烧的学生

校医务人员立即进行诊治，甄别情况；不能确诊的，要送医院就诊，并及时报告军训师。一旦发现有群体感冒发烧症状的，须立即报告学生军训师和校医院，真正做到早发现、早报告、早隔离、早治疗。

（三）发生食物中毒

要立即向学生军训师报告，立即组织对中毒人员进行救治，必要时送往医院进行检查治疗。同时对可疑的食品、饮水及其有关原料、工具设备和场所以及可能受污染的区域采取控制措施，组织开展现场调查，迅速查明原因。

（四）发生打架斗殴等重大违纪事件

现场工作人员要采取果断措施，制止事态扩大，救护受伤人员，隔离打架双方，立即停止其训练，联系学生所在学院、公安处处理。

（五）发现学生私自离校并下落不明

立即组织进行查找，及时报告军训师及学生所在学院，查明原因，对私自离校的学生进行必要的教育和处理。

（六）发生学生财物失窃被盗情况

现场人员保护好现场，报告学校公安处展开排查，必要时由公安处向公安机关报案，指导员要做好学生的安抚工作，避免学生情绪失控。

（七）发现有校外人员进入校园干扰军训

现场工作人员要立即报告学生军训师。

（八）发现学生心理变化和精神异常现象

指导员要及时处置和汇报，学校学生心理健康教育工作人员及时做好相关工作。

（九）发生重大自然灾害

所有参训人员要沉着冷静，及时通知有关职能部门，做好预防工作。灾害发生时，学校有关工作人员应立即组织学生就地寻找掩蔽地，或从训练场地撤离到安全地域；灾害发生后，及时勘察受害情况，并开展自救或求救工作，各学院要加强学生的思想教育和心理疏导，做好稳定工作。学校及时成立灾害工作领导小组,加强对灾后救援工作的指导和领导。

(十) 对其他学生突发事件的处理

参照《西北工业大学学生突发应急事件处理预案》等相关规定执行。做好军训期间的安全工作是全校师生员工的责任和义务,对发生重大安全事故和突发事件迟报、漏报、瞒报、虚报的,对获悉学生突发事件发生而未及时到位进行处理的,学校将追究有关单位和人员的责任。

参 考 文 献

[1] 艾跃进,李凡路,焦金雷. 大学军事课教程[M]. 北京:国防大学出版社,2015.
[2] 李先德. 新编高等学校军事理论与军事技能教程[M]. 北京:国防大学出版社,2015.
[3] 王宇波,贾曙光. 军事技能与军事理论[M]. 西安:西北工业大学出版社,2010.
[4] 王宇波,贾曙光. 大学生军训[M]. 西安:西北工业大学出版社,2010.
[5] 仝巍,王照峰. 大学生军事理论教程[M]. 西安:西北工业大学出版社,2016.
[6] 仝巍,王照峰. 大学生军事技能训练[M]. 西安:西北工业大学出版社,2016.